**스테이블코인
부의 대이동**

스테이블코인 부의 대이동

비트코인을 뛰어넘는 새로운 화폐 혁명의 시작

이지민 · 이은진 지음

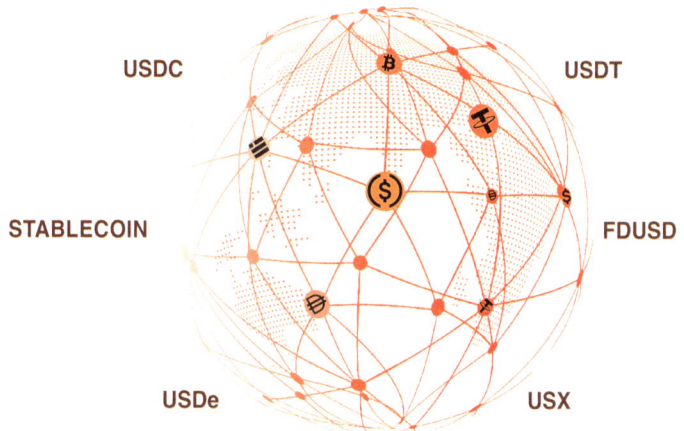

추천사

블록체인은 단순한 기술적 혁신을 넘어 인류의 사회조직 구조를 업그레이드할 잠재력을 지닌 문명 진화의 모멘텀이다. 이 책은 가장 디지털적이면서도 가장 권위적인 기존 중앙집권적 화폐·금융 제도의 역사와 미래를 함께 조망하며 다가오는 변화를 엿볼 수 있도록 안내한다.

그리고 그 변화의 한가운데에는 스테이블코인이 있다. 스테이블코인은 그간의 회의적인 시각을 잠재우며 강력한 대안으로 부상하고 있다. 또한 달러 패권과 금융기관의 헤게모니, 무역과 상거래 전반에 지각변동을 일으킬 수 있기에 더욱 이 책에 주목해야 한다.

박영훈, 은행권청년창업재단 디캠프 대표

디지털 자산을 둘러싼 논의가 급격히 확산하는 지금, 스테이블코인은 단순한 가상자산의 한 종류를 넘어 국가 경제와 금융 안정, 나아가 통화정책과 국제금융 질서에 중대한 영향을 미치는 핵심 의제로 부상하고 있다. 특히 우리나라는 스테이블코인, 예금 토큰, 중앙은행 디지털 화폐 CBDC의 도입이 동시에 논의되고 실험되고 있는 드문 사례다.

해외에서는 이미 자산이 '토큰'이라는 디지털 형태로 바뀌고 있다. 디지털화된 자산을 사고팔기 위해선 같은 방식의 디지털화된 결제 수단이 필요한데, 그게 바로 스테이블코인이나 예금 토큰이다.

이 책은 스테이블코인의 본질과 가능성을 기술적 차원에 그치지 않고, 제도적·정책적 관점에서 균형 있게 분석했다는 점에서 큰 의미가 있다. 특히 중앙은행 디지털 화폐와 예금 토큰과의 비교를 통해 새로운 통화질서의 청사진을 제시하고, 국제 규제 동향과 금융 시스템과의 접점을 짚어낸 것은 정책 관계자들에게 매우 유익한 통찰을 제공한다.

앞으로 스테이블코인의 제도화 과정은 단순한 산업 육성을 넘어 금융 안정, 자본시장 질서, 국제 협력까지 포괄하는 종합적인 과제가 될 것이다. 이 책은 그러한 논의의 출발점이자 향후 제도 설계에 있어 반드시 참고해야 할 귀중한 지침서라 할 수 있다.

스테이블코인 도입을 고민하는 금융권 실무자나 새로운 규범을 고민하는 학계 연구자뿐만 아니라 스테이블코인의 가능성이 궁금한 모든 이들에게 이 책을 강력히 추천한다.

류창보, 사단법인 오픈블록체인·DID협회 회장 겸 NH농협은행 디지털 전략 사업부 팀장

프롤로그 1

디지털 화폐의 등장 우연일까, 필연일까

디지털 화폐의 등장은 우연일까요, 필연일까요? 제 대답은 명확합니다. 돈이 디지털로 바뀌는 것은 마치 편지가 이메일로, 신문이 온라인 뉴스로 바뀐 것처럼 자연스러운 변화입니다. 우리는 지금 몇 초 만에 돈을 주고받고 국경을 넘나드는 실시간 거래를 당연하게 여기는 시대에 살고 있습니다. 오히려 금융 인프라가 부족한 국가일수록 모바일 금융이 더 빠르게 성장했죠. 새로운 디지털 환경에서 돈이 움직이면서 세상은 점점 더 빠르고 촘촘하게 연결되고 있습니다.

비트코인bitcoin과 블록체인의 등장은 이러한 흐름에 결정적 전환점이었습니다. 이들은 디지털 화폐의 유통, 새로운 금융 상품의 탄생, 디지털 경제 질서의 기반을 만드는 데 큰 역할을 하고 있습니다. 우리는 지금 화폐와 부의 본질이 재편되는 역사적 순간에 서 있습니다. 그 중심에 스테이블코인stablecoin이 있습니다. 비트코인을 포함한 암호화폐의 극심한 가격 변동성을 해결한 암호화폐이자 디지털 현금이 바로 스테이블코인입니다.

스테이블코인은 단순한 투자 자산이 아닙니다. 스테이블코인은 중앙 정부와 기관 중심의 경제 구조를 개인과 지역 중심으로 재편할 수 있는 강력한 수단입니다. 이 책의 제목처럼 스테이블코인은 부의 흐름을 뒤바꿀 새로운 경제의 시작입니다.

저는 글로벌 경영 컨설팅 기업 액센츄어Accenture에서 금융 전략 컨설턴트로 근무하던 시절, 전통 금융 시스템이 안고 있는 비효율성과 구조적 한계를 가까이서 목격했습니다. 또한 POS Point of Sales 시스템 회사를 거치며 우리가 일상적으로 사용하는 결제 인프라가 얼마나 많은 중개자와 복잡한 절차에 의존하고 있는지 체감했습니다. 이후 요가원을 직접 운영하며 자영업자로서 경험한 금융 서비스의 불평등은 더욱 충격적이었습니다. 무엇보다 '보안'이라는 명분으로 강요되는 각종 규제와 통제는 디지털 시대에 걸맞지 않은 낡은 유산처럼 느껴졌습니다. 스테이블코인은 이런 문제들에 대한 해결책을 제시합니다. 24시간 365일 국경 없이 이동할 수 있는 디지털 현금으로서 중개자 없이 직접적 가치 교환을 가능하게 합니다.

2024년 스테이블코인 시장의 연간 거래량은 27.6조 달러로, 비자VISA와 마스터MASTER카드의 합산 거래량을 넘어 미국 달러 공급량의

1%에 해당하는 규모로 성장했습니다. 스테이블코인 발행사들은 사우디아라비아보다 많은 미국 국채를 보유하고 있으며 글로벌 금융 시스템에서 그 영향력을 빠르게 확대하고 있습니다. 그러나 이것은 시작에 불과합니다. 스테이블코인이 만들어낼 새로운 경제 패러다임에 주목해야 할 때입니다. 이는 단순한 기술적 혁신을 넘어, 금융 시스템의 근본적인 재구성을 의미합니다.

2025년 트럼프 행정부의 스테이블코인 지지 선언, 주요 금융기관의 시장 진입 그리고 수익형yield-bearing 스테이블코인의 등장은 이 시장이 앞으로 더욱 폭발적으로 성장할 것을 예고합니다. 우리는 지금 스테이블코인 춘추전국시대의 서막을 목격하고 있습니다.

이 책은 스테이블코인으로 시작하는 새로운 경제 패러다임의 현장에서 업계의 주요 사업자를 인터뷰하고, 제3국 현지 사례와 인프라 기술 제공자들의 관점을 담았습니다. 저는 이 책에서 확정된 답을 제시하기보다 함께 질문하고 탐색하는 여정에 여러분을 초대하고자 합니다.

2025년 9월
이지민

프롤로그 2

신뢰할 수 있는
화폐란 무엇인가

저는 첫 사회생활을 싱가포르에서 시작해 지난 15년간 금융권에서 경력을 쌓아왔습니다. 오랜 시간 전통 금융업에 몸담으며 가장 깊이 깨달은 것은 금융의 본질이 곧 '신뢰'라는 점이었습니다. 겉보기로는 숫자와 시스템으로 작동하는 산업 같지만 실제로는 사람과 사람 사이의 신뢰를 바탕으로 움직인다는 사실을 매 순간 체감해 왔습니다.

이러한 관점에서 블록체인이라는 새로운 기술을 처음 접했을 때, 금융권 출신으로서 가장 주목했던 것도 바로 '신뢰할 수 있는 화폐인가'였습니다. 전통 금융업에 있으면서도 수많은 핀테크 기업이 혁신적 기술을 기반으로 빠르게 성장하고 확장해 나가는 모습을 지켜보며 이는 거부할 수 없는 흐름이라는 확신이 들었습니다. 기술은 끊임없이 진화했고 다양한 형태의 디지털 자산이 생겨났습니다. 하지만 그 모든 변화의 한가운데서 제 마음에 깊이 남은 질문은 하나였습니다.

"과연 진정으로 신뢰할 수 있는 화폐란 무엇인가?"

은행에 재직하던 시절, 싱가포르통화청MAS이 주최한 글로벌 중앙은행 디지털 화폐CBDC 챌린지에 참여했던 적이 있습니다. 이를 통해 디지털 금융 시장의 잠재력을 직접 체감했고, 디지털 자산이 금융의 미래를 여는 데 중요한 축이 될 것임을 확신하게 되었습니다. 이를 계기로 저는 전통 금융을 떠나 블록체인 업계로의 도전을 결심하게 되었습니다.

웹3web3 업계로 이직한 이후, 다양한 디지털 자산을 접할 기회가 생겼습니다. 그중에서도 제가 처음 맡았던 주요 업무는 전통적인 웹2web2 기업들이 웹3 기술을 더욱 쉽게, 그리고 확장 가능하게 도입할 수 있도록 지원하는 일이었습니다. 2022년 업계에 발을 들인 이후, 메타버스, NFT 등 다양한 트렌드와 키워드가 매해 등장했다가 사라지는 것을 목격해 왔습니다.

블록체인 산업은 금융권과는 비교할 수 없을 만큼 빠르게 움직였고 그 속도를 따라가며 끊임없이 고민하고 배워야 했습니다. 하지만 그 가운데에서도 시간이 흐를수록 더욱 관심이 가게 된 것이 바로 스테이블코인입니다. 스테이블코인은 기존 금융이 중시하는 신뢰와 블록체인이 제공하는 효율성을 동시에 갖춘 도구입니다. 웹2 기업이 자연스럽게 웹3로 전환해 가는 과정에서 스테이블코인이 가장 현실적이고 실용적인 진입점이 될 수 있다고 생각합니다.

최근에는 전통 금융과 디지털 자산의 경계가 점점 흐려지고 있습니다. 미국에서는 비트코인 현물 ETF가 승인되면서 기관 투자자들의 시장 진입이 가속화되었고, 디파이(탈중앙화 금융)와 전통 금융을 잇는 연결 고리로서 스테이블코인의 활용도 빠르게 확산되고 있습니다. 더불어 비트코인을 전략 자산으로 삼겠다는 입장을 밝힌 도널드 트럼프 대통령의 재임 성공 이후, 미국 내 가상자산 규제 완화에 대한 기대감 또한 커지고 있습니다.

이 책은 스테이블코인을 둘러싼 시대적 흐름 속에서 전통 금융과 디지털 자산이 어떻게 연결될 수 있을지, 그 중심에서 스테이블코인이 어떤 역할을 할 수 있을지 함께 고민해 보자는 마음으로 집필하게 되었습니다. 전 세계 디지털 자산 생태계의 변화 속에서 스테이블코인의 가능성을 깊이 있게 탐색할 수 있는 기회가 되기를 바랍니다. 웹3와 전통 금융의 경계를 잇는 이 여정 속에서 스테이블코인이 만들어갈 새로운 금융의 모습을 함께 그려보고자 합니다.

2025년 9월

이은진

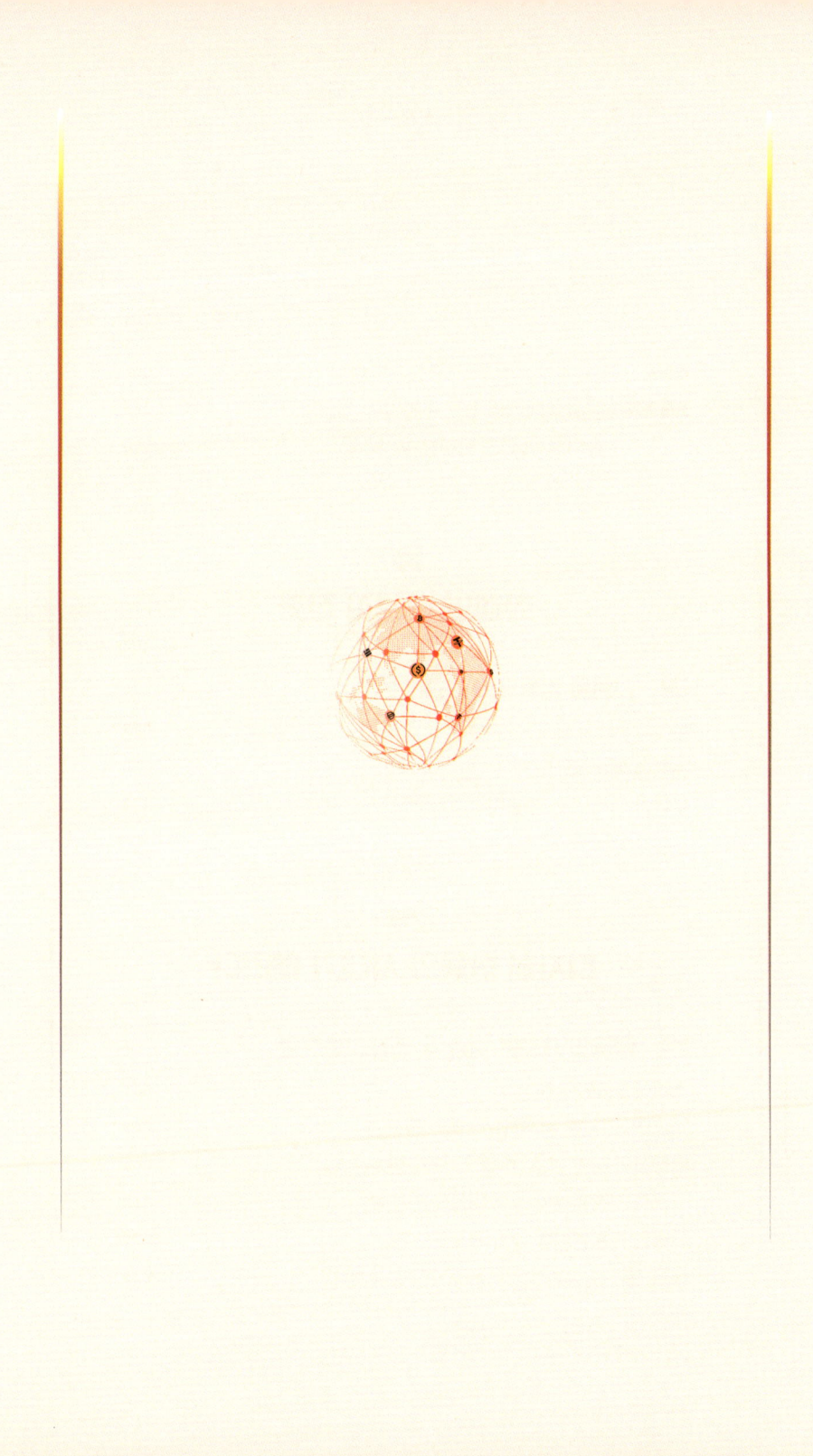

차례

추천사   004
프롤로그   디지털 화폐의 등장 우연일까, 필연일까   007
신뢰할 수 있는 화폐란 무엇인가   010

1부
화폐의 탄생과 진화

1장   신뢰와 믿음으로 세워진 돈

보릿자루에서 블록체인까지   023
돈은 빚에서 태어난다   030
무너진 달러의 신뢰와 미국의 대안   039

2부
디지털 화폐의 시대가 열리다

2장   금융의 새로운 해결책, 스테이블코인

스테이블코인의 탄생   051
1달러의 가치를 유지하는 스테이블코인   059
변동성이 심한 암호화폐도 담보가 될 수 있을까   063
오히려 시장의 변동성을 이용하는 전략   067
진정한 탈중앙화를 위한 새로운 시도   071
실물 자산을 담보로 안전성과 수익성을 높이다   076

3장 스테이블코인을 움직이는 기술
스테이블코인을 신뢰할 수 있는 이유   **085**
스테이블코인과 현실을 이어주는 다리   **102**
스테이블코인이 체인을 넘나드는 방법   **108**

3부
스테이블코인, 부를 재편하다

4장 새로운 금융 생태계의 탄생
돈이 나를 위해 일하는 시대   **123**
중개자 없는 금융 혁명, 디파이의 탄생   **136**

5장 스테이블코인으로 수익 창출하기
이자를 얻는 가장 쉬운 방법, 스테이킹   **159**
대출 프로토콜로 예치 수익 받기   **165**
이자의 순환, 루핑 전략   **171**
스테이블코인이 번 이자로 결제하는 시대   **177**
금융 위기의 실수를 반복하지 않을 수 있을까   **182**

6장 스테이블코인 투자의 함정들
스테이블코인이 1달러를 유지하지 못한다면   **191**
완벽한 코드란 없다   **200**
규제의 덫을 조심하라   **207**
7가지 투자 위험 신호 체크하기   **211**

4부
스테이블코인으로 달라진 일상과 비즈니스

7장　스테이블코인이 만든 금융 혁신
스테이블코인이 일상을 바꾸다　　　　　　　　　　　221
기업 간 거래에 불어온 스테이블코인 혁신　　　　　237
현실의 장벽을 어떻게 극복할 것인가　　　　　　　247

8장　기업들의 스테이블코인 전쟁
기업이 스테이블코인에 뛰어드는 이유　　　　　　257
한국의 스테이블코인 격전지　　　　　　　　　　　265
글로벌 은행의 반격　　　　　　　　　　　　　　　272
페이팔, 애플, 구글이 뛰어든다　　　　　　　　　　280

5부
스테이블코인을 향한 전 세계의 도전

9장　경쟁인가 협력인가? CBDC와 스테이블코인
중앙은행 디지털 화폐의 등장　　　　　　　　　　297
통화 주권과 프라이버시 사이의 갈등　　　　　　　311

10장　글로벌 디지털 화폐 패권 전쟁
달러 패권을 연장하기 위한 미국의 야망　　　　　325
세계 금융 질서를 노리는 중국의 디지털 위안화　333
유럽의 규제 우선주의가 가져올 미래　　　　　　337
보수적인 일본의 반전 전략　　　　　　　　　　　345
K-스테이블코인의 기회와 딜레마　　　　　　　　351

11장 세계는 이미 움직이고 있다

아르헨티나와 브라질의 인플레이션 방패   361
필리핀과 베네수엘라의 송금 혁명   365
은행 없는 금융 혁신의 실험장, 아프리카   370
금융 허브의 주도권을 노리는 싱가포르와 홍콩   375

6부
스테이블코인이 만들어갈 미래 세상

12장 자산의 경계를 지우는 토큰화 기술

부동산, 주식, 채권, 예술품이 디지털 자산이 된다   393
토큰화가 앞당길 디지털 자산의 미래   398
전 세계의 디지털 자산 실험   409
24시간 깨어 있는 시장   418

13장 스테이블코인, AI 그리고 인간 없는 비즈니스의 출현

인간 없이 움직이는 자율 경제의 서막   425
자율 경제를 움직이는 두뇌와 신체   430
국경 없는 디지털 기업의 탄생   436
AI 시대, 인간은 무엇을 해야 하는가   441

에필로그   디지털 사회에서 우리가 돈 버는 법   445
            변화의 물결 위에서 다시 신뢰를 묻다   448
주   452

1부

화폐의 탄생과 진화

1장

신뢰와 믿음으로 세워진 돈

은행의 데이터베이스에 기록된 숫자와
블록체인 위에서 실행되는 새로운 핀테크 실험.
이 중 무엇이 더 믿을 만한가? 금고 속 현물인가,
중앙은행의 장부인가 아니면 디지털 코드인가?

"오늘날의 금융 시스템은 모두를 위한 것이 아니다.
당신은 무엇을 믿겠는가?"

보릿자루에서
블록체인까지

사람들은 돈을 믿는다. 돈의 형태는 종이, 카드 속 숫자, 앱의 잔고, 심지어 디지털 코드까지 다양하다. 그런데 우리가 정말 돈 자체를 믿는 걸까? 아니면 남들도 그걸 믿는다는 합의를 믿는 걸까? 화폐는 단순한 교환 수단이 아니다. 그것은 인간이 '무엇을 가치 있게 여기느냐'를 결정하는 집단적 신뢰의 상징이다. 가장 먼저 '사람들이 무엇을 믿느냐'에 따라 화폐의 모습이 어떻게 달라졌는지, 그 역사적 흐름을 살펴보자.

신뢰를 거래하기 시작한 인류

기원전 3000년경, 고대 메소포타미아 수메르인은 보리를 화폐로 사용했다. 보리는 배고픔을 달래주고 창고에 저장할 수 있으며 누구나 원하는 삶을 살기 위한 필수품이었다. 시장에서 물건을 사고 신전에 세금을 낼 때나 노동의 대가를 지불할 때도 보리로 계산했다. 하루 품삯은 약 1리터(1실라)의 보리였다. 하지만 보리는 쥐나 곰팡이에 취약했고 보리가 담긴 무거운 자루를 옮기는 건 고역이었다. 이를 해결하기 위해 수메르인은 점토판에 보리의 양을 기록하기 시작했다. 이 점토판이 화폐의 출발이었다. 실물 없이 신뢰를 거래한 최초의 시도로서 화폐의 첫 추상화였다고 볼 수 있다.

기원전 2000년경부터 상商나라(기원전 1600~1046년)에 이르기까지 중국 내륙에서는 바닷조개가 부와 권력의 상징이었다. 바다와 멀리 떨어진 내륙까지 조개를 들여오는 일은 쉽지 않았기에 조개의 반짝이는 아름다움과 희소성은 자연스럽게 신뢰의 매개가 되었다. 왕은 신하들에게 조개를 하사하며 충성을 다짐받았고 백성들은 시장에서 조개로 쌀과 비단을 교환했다.

조개는 그만큼 귀하고 사랑받는 화폐였기에 나중에는 아예 청동으로 만든 모조 조개 화폐까지 등장했다. 그러나 시간이 흘러 무역과 운송 기술이 발달하고 조개가 대량으로 유통되면서 상황이 바뀌었다. 희소성이 사라진 조개는 점차 그 가치를 잃고 결국 금속 화폐로 대체되었다. 오늘날 중국어에서 '돈'을 뜻하는 글자(貝, 패)에 조개의 흔적이 남아 있는 것은 이 낭만적인 화폐의 유산이다.

조개의 대안으로 등장한 것이 바로 금과 은이다. 조개는 내구성이 약해 유통과 보관이 어려워 더 효율적인 화폐가 필요했는데, 금과 은은 조개처럼 눈에 보기에도 고귀하고, 쉽게 부식되지 않아 유통과 보관이 용이했다. 게다가 주조가 가능한 금과 은은 일정한 무게와 모양을 유지할 수 있고 국가나 왕실의 권위를 새겨 넣을 수 있기에 정치적 상징성과 통제력을 확보하기에도 적합했다.

기원전 7세기경, 지금의 튀르키예 서부 지역에 있었던 리디아 왕국은 세계 최초로 표준화된 금화와 은화를 주조했다. 리디아의 전설적인 왕 크로이소스*는 순도 높은 금·은 화폐를 만들어 국가 차원의 신뢰를 부여했고, 이는 이후 페르시아 제국과 그리스 세계로 퍼져나갔다. 로마 제국은 리디아의 전통을 이어받아 금화인 '아우레우스aureus'와 은화인 '데나리우스denarius'를 발행했다. 이들은 화폐의 함량과 순도를 엄격히 통제함으로써 광대한 제국 안에서 통일된 화폐 질서를 유지할 수 있었다.

하지만 금과 은에는 물리적 한계가 있었다. 무겁고 부피가 커서 장거리 이동과 안전한 보관이 어렵다는 점은 대규모 상업과 국제 무역이 확장되던 시대에 큰 제약으로 작용했다. 더구나 금화와 은화의 무게와 순도를 일일이 확인해야 했기에 거래의 즉시성과 효율성이 떨어졌다.

- 크로이소스(Kroisos, 기원전 560~546년경 재위)는 소아시아(지금의 튀르키예) 서부에 있던 리디아 왕국의 마지막 왕이다. 그는 역사상 처음으로 금화와 은화를 국가가 공식적으로 주조하는 통화 체계를 확립한 인물로 알려져 있다. '일렉트럼(electrum)'이라는 자연 합금(금+은)을 정제해 순도 높은 금화와 은화로 만들었다.

― 아우레우스는 고대 로마에서 발행한 금화로, 로마 제국의 귀족과 고위 장교들이 주로 사용했다. 데나리우스는 로마 공화정 말기부터 로마 제국 전기에 걸쳐 널리 쓰인 은화로, 일반 시민의 급여와 세금, 시장 교환에 사용되었다. 1 아우레우스는 약 25 데나리우스다.
©Shutterstock

이러한 제약은 '쉽게 이동할 수 있는 가치와 신뢰'라는 해법을 요구했다. 금과 은은 더 이상 직접 거래의 수단이라기보다는 그 가치를 담보하는 기초 자산으로 자리 잡기 시작했다. 이는 이후 금본위제*라는 제도적 틀로 발전해 나간다.

* 중앙은행이 발행하는 화폐의 가치를 정해진 비율의 금 보유고에 연동시켜 해당 화폐가 언제든 금으로 교환될 수 있도록 보장하는 통화제도다.

종이돈의 탄생과 '가짜 금'

거래의 즉시성, 효율성, 가치와 신뢰 등의 필요 속에서 등장한 것이 바로 종이돈, 즉 지폐다. 11세기 중국 송나라에서 발행한 세계 최초의 공식 지폐인 '교자交子'는 원래 실물 동전(주로 동전이나 금속 화폐)을 맡긴 사람에게 발급되던 교환 증표였다. 이 종이를 들고 가면 언제든 실물 화폐로 되돌릴 수 있다는 신뢰의 약속이 있었기 때문에 사람들은 종이를 화폐처럼 사용했다. 하지만 시간이 흐르면서 사람들은 다음과 같은 질문을 던지기 시작했다.

"모두가 이 종이를 받아준다면 굳이 금속을 보관하고 확인할 필요가 있을까?"

그 순간부터 화폐의 본질은 '실물'에서 '합의된 신뢰'로 이동했다. '금으로 바꿀 수 있어서'가 아니라 '정부가 이 종이를 돈이라 선언했기 때문에' 사람들이 그것을 돈으로 받아들이기 시작한 것이다. 이제 화폐는 실물 자산이 아니라 국가 권력과 제도적 신뢰에 의해 작동하는 표상적 장치이자 신용 시스템이 되었다.

비트코인, 실물이 아닌 시스템에 대한 신뢰

현대 화폐는 더 이상 금도, 종이도 아니다. 우리가 사용하는 돈은 중앙은행과 은행이 운영하는 디지털 장부에 기록된 신뢰다. 스마트폰 속 은행 앱에 찍힌 잔고는 실제로 어딘가에 보관된 현금이 아니라 시스템이 보장하는 숫자일 뿐이다.

이제 우리는 더 이상 실물 화폐를 직접 만지지 않는다. 신용카드로 결제하고, 모바일 앱으로 송금하며, QR코드를 스캔하는 방식으로 거래한다. 화폐는 완전히 디지털화되었기에 우리는 이제 '코드화된 신뢰'를 거래하는 셈이다. 이 디지털 장부는 중앙은행의 통화정책과 시중은행의 신용 시스템 그리고 법적 강제력으로 유지된다. 하지만 동시에 그 신뢰가 흔들리면 화폐의 가치도 위태로워진다.

2009년, 비트코인의 등장은 '신뢰의 설계 방식' 자체를 바꾸는 실험이었다. 비트코인은 블록체인이라는 새로운 데이터 저장 기술로 만든 장부 위에 구축된 디지털 화폐. 중앙은행이나 정부, 기업의 보증 없이 오직 수학적 암호와 데이터 서버 네트워크 참여자의 합의로 거래를 검증하며 새로운 코인을 발행한다는 개념은, 인류가 처음으로 '중앙 없이 운영되는 화폐 시스템'을 만들어낸 사건이었고, 신뢰를 법과 제도에서 '코드와 알고리즘'으로 옮긴 첫 사례였다.

화폐는 인간 심리의 거울이다

보리에서 조개, 금, 지폐, 디지털 숫자 그리고 블록체인의 코드에 이르기까지, 화폐의 진화는 단순한 기술 발전의 결과가 아니라 인간이 '무엇을 신뢰할 것인가'를 끊임없이 선택해 온 역사다. 과거의 인간은 보리를 신뢰했다. 어느 시대에는 조개껍질을, 또 어느 시대에는 금을 믿었다. 이제 우리는 코드를 믿는다. 화폐는 늘 인간 심리의 깊은 곳을 비추는 거울이었다. 이제 '신뢰'는 자연스럽게 형성되는 감정이 아니라 '코드와 시스템으로 설계가 가능한 구조'로 재편되고 있다.

우리는 매일 질문을 던진다.

무엇이 진짜 돈인가? 무엇을 믿을 것인가?

중앙은행의 장부인가? 코드로 운영되는 비트코인인가?

아니면 아직 세상에 나오지 않은 새로운 구조인가?

이 질문에 대한 답을 찾기 위해 신뢰의 설계자이자 화폐 발행자로 자리 잡은 중앙은행의 역할과 오늘날 금융 시스템이 안고 있는 구조적 한계에 대해 이야기해 보려 한다.

돈은
빚에서 태어난다

내 돈은 정말 내 것인가

"통장에 찍힌 숫자는 진짜 내 돈일까? 은행 서버가 멈추면 그 숫자는 그대로 사라지는 게 아닐까?"

내가 프리랜서로 전환하던 시기에 처음으로 진지하게 던졌던 질문이다. 대학을 졸업한 뒤 가정 형편이 어려워 신용 대출을 최대한으로 받아야 했고, 그 이후엔 "빚은 나쁘다"라는 믿음 아래 10년 가까이 자동차도 할부로 사지 않았다. 그렇게 조심스럽게 살아왔지만 결국 월세가 버거워 전세로 옮기려던 순간, 대출이 필요해졌고 나는 처음으로 은행의 문턱이라는 현실과 마주했다.

은행에 서류를 내고 상담을 받고 또 기다렸다. 하지만 돌아온 건 두 번의 대출 거절이었다. 그제야 알게 되었다. 정상적으로 경제활동을 하던 나도 고정 소득이 없다는 이유만으로 금융 시스템 밖의 사람이 될 수 있다는 사실을. 실제로 한 조사에 따르면 자영업자의 40% 이상이 '대출 거절 경험이 있다'라고 응답했다.

'직장 다닐 때 그냥 대출 받아둘걸' 하는 후회가 머릿속을 떠나지 않았다. 문제는 대출만이 아니었다. 휴면계좌를 해제하려 해도, 새로운 계좌를 열려 해도 복잡한 인증 절차가 기다리고 있었고 모바일 앱으로 이체할 수 있는 금액은 하루 100만 원으로 제한돼 있었다. 불편을 호소하자 창구 직원은 설명했다.

"2023년 개정된 자금세탁방지법에 따라 1인당 개설 가능한 계좌는 다섯 개로 제한되었고 보안 절차도 강화되었습니다."

은행은 이것을 신뢰와 안전을 위한 규제라고 말하지만, 문득 '우리는 과연 정말 평등한 금융 환경 속에 있는 것일까? 내 통장에 찍힌 잔고는 정말 내 돈인가, 아니면 내가 사용할 수 있도록 허락된 숫자에 불과한가'라는 의문이 들었다.

왜 우리는 이런 불편과 불평등을 이고 사는 것일까? 경제 원리를 공부하며 마주한 진실은 이것이었다. 금융의 중심에는 신뢰와 신용이 있다. 그리고 더 놀랍게도 그 이면에는 아무도 쉽게 말해주지 않는 구조, 즉 빚을 통해 돈을 창조하는 시스템이 조용히 작동하고 있었다.

'모두가 신뢰한다는 전제'를 신뢰하는 시스템

현대 금융 시스템은 두 개의 축 위에서 작동한다. 신뢰(신용)와 부채(빚)다. 누군가 은행에서 3억 원을 대출받는 순간, 은행이 그만큼의 현금을 금고에서 꺼내주는 게 아니다. 서버에 숫자를 입력하고 계좌에 잔고라는 형태로 기록을 남긴다. 그 돈은 종이나 동전이 아니라 전자 신호로 구성된 디지털 숫자에 불과하다.

이 시스템이 유지되는 이유는 단 하나다. 모든 사람이 동시에 인출하지 않기 때문이다. 하지만 만약 예금자 중 단 7%만이 동시에 돈을 찾겠다고 나서도 대부분의 은행은 감당하지 못하고 파산하게 된다. 실제로 한국은행은 현재 은행에 고객 예금의 약 7%만을 지급준비금으로 보유하도록 규정하고 있다. 이러한 제도를 부분지급준비제도라고 부른다. 즉, 은행은 신뢰를 기반으로 자신이 실제 보유한 현금보다 훨씬 더 많은 돈을 발행하고 있는 것이다.

미 연준	0~10%
유럽중앙은행	1%
일본은행	0.05~1.3%
한국은행	0~7%

— 주요 국가의 지급준비금 비율. 은행은 고객의 예금 인출에 대비해 예금 중 일부를 중앙은행에 의무적으로 예치해 두지만, 비율이 높지 않아 고객들이 동시에 돈을 찾으려 하면 파산할 위험이 있다.

— 2023년 3월, 미국 실리콘밸리 지역 내 최대 은행이자 2022년 말 기준 미국에서 16번째로 자산 규모가 큰 은행이었던 실리콘밸리은행이 뱅크런으로 인해 이틀 만에 파산했다. ©The New York Times

2023년 3월, 이 시스템의 취약성은 미국 실리콘밸리은행SVB 파산으로 여실히 드러났다. 당시 고객들은 하루 사이에 약 420억 달러(한화 약 56조 원)를 인출하려 했고 은행은 그 돈을 모두 인출해 주지 못해 이틀 만에 무너졌다. 이는 미국 역사상 가장 빠른 뱅크런*이었다.

비슷한 일이 1997년 한국에서도 있었다. 특히 1997년 11월 20일 오전 3시간 동안만 23개 종합금융사에서 약 2000억 원(약 1억 7500만 달러)이 빠져나갔다. 은행들은 순식간에 유동성 위기에 빠졌다. 일부 은행은 공중분해 됐고 일부는 외국계 은행에 인수됐다.

- 예금자들이 은행의 지급 능력을 불신해 한꺼번에 현금을 인출하려는 사태로, 은행의 유동성을 급격히 고갈시키는 금융 위기의 한 형태다.

두 사건이 말해주는 한 가지 사실은 금융이란 신뢰가 유지될 때만 작동하는 시스템이라는 것이다. 신뢰가 무너지는 순간, 통장에 찍힌 숫자는 더 이상 돈이 아니다. 내 돈이라 믿었던 자산은 순식간에 사라질 수 있다. 실제로 실리콘밸리은행 뱅크런 당시 한 고객은 이렇게 말했다.

"그 순간 깨달았다. 통장 속 숫자는 내 돈이 아니었다."

눈에 보이지 않는 이 약속이야말로 현대 금융 시스템의 가장 큰 힘이자 가장 치명적인 약점이다. 신뢰가 무너지면 숫자는 허공으로 사라진다.

돈이 넘쳐나는 시장

우리는 종종 정부가 돈을 푼다고 생각하지만 실제로 시장에 돈을 넘치게 하는 주체는 민간은행이다. 정부는 화폐를 발행하지만 은행은 신용과 빚을 기반으로 새로운 돈을 만들어낸다. 은행은 우리의 저축 예금과 적금의 수십 배에 달하는 대출을 시장에 공급한다. 이렇게 만들어진 신용화폐는 시장의 구석구석으로 스며든다.

국제결제은행BIS에 따르면 2022년 전 세계 은행의 총대출 규모는 약 100조 달러에 달했다. 한국도 예외는 아니다. 2024년 한국의 가계대출 규모는 약 1770조 원으로 이 중 76%는 주택담보대출(약 1124조 원), 24%는 신용대출(약 346조 원)이다. 은행은 1억 원의 예금을 기반으로 최대 10억 원까지 대출을 창출할 수 있고 이 과정에서 '없는 돈'이 실물 자산에 영향을 미치는 구조가 만들어진다.

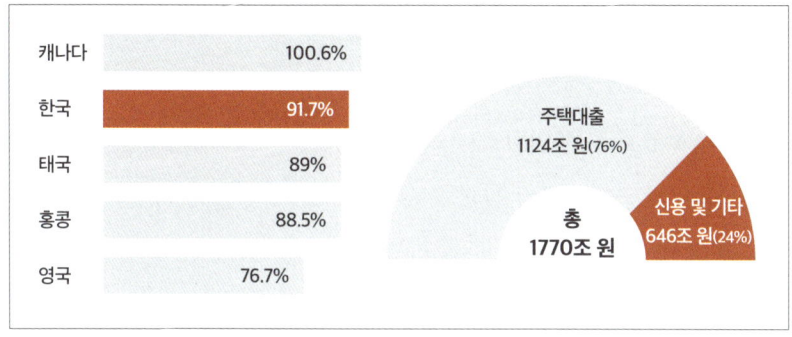

— 2024년 기준 국가별 GDP 대비 가계부채 비율과 한국의 가계부채 구성. ⓒBIS, 한국은행

    2020년부터 2022년까지 이어진 부동산 시장의 급등 역시 신용 팽창이 만들어낸 전형적인 결과였다. 2020년 한 해에만 주택담보대출은 17% 이상 증가했고, 전국 주택 가격은 약 20% 상승했다. 사람들은 빚을 기반으로 자산을 취득했고 '빚을 지고 부자가 된다'라는 말이 현실이 됐다.

    하지만 신용으로 만들어진 유동성은 실물 자산에만 머무르지 않는다. 신용 기반의 유동성은 금융 자산 시장으로 퍼져나가며 파생상품*이라는 복잡한 금융 상품 구조물에까지 흘러들어 간다.

    2008년 글로벌 금융 위기의 시발점이었던 서브프라임 모기지 사태는 신용으로 부푼 금융 시스템이 어떻게 붕괴할 수 있는지를 보여준 대표 사례다. 당시 미국에서는 1.5조 달러 규모의 서브프라임(저신용) 주택

- 주식, 채권, 금리, 환율, 부동산 등 기초 자산의 가격 변동에 따라 가치가 결정되는 금융 계약이다.

담보대출이 대거 발행되었다. 이 대출들은 신용평가에서 채무불이행 가능성이 극히 낮은 '매우 안정적인' 투자 대상으로 평가받아 가장 높은 등급인 'AAA 등급'을 부여받았다. 이후 이들은 수천 개의 파생상품으로 쪼개져 전 세계 금융기관에 팔렸다. 문제는 파생상품들의 기초 자산인 주택의 가치가 하락하면서 시작됐다. 이자 부담을 감당하지 못한 차입자들이 대출을 연체하자 파생상품의 가치가 빠르게 붕괴했고 글로벌 금융기관들은 도미노처럼 손실을 입기 시작했다. 결국 리먼브러더스가 파산하며 위기는 전 세계로 확산되었다.

이 충격은 한국 금융권에도 직접적인 타격을 입혔다. 미국계 투자은행들이 만든 파생상품에 투자했던 한국의 주요 시중은행은 원금 손실을 피하지 못했다. 2009년 상반기, 국내 주요 시중은행 5곳(국민·우리·신한·하나·외환은행)은 파생상품 관련 거래에서 약 1조 2176억 원의 손실(평가손실 포함)을 기록했다. 대부분은 구조를 완전히 이해하지 못한 채 해외 기관이 설계한 상품을 매입했던 결과로, 국내 금융기관의 리스크 관리 능력에 대한 비판이 제기되기도 했다.

서브프라임 사태는 단지 미국의 주택시장에서 시작된 일이 아니었다. 신용을 기반으로 만들어진 가짜 안전 자산이 어떻게 전 세계 금융 시스템을 뒤흔들 수 있는지 보여준 사건이었다. 이 사건이 남긴 교훈은 명확하다. 금융 시스템은 수많은 연결 고리 위에 세워진 신뢰의 구조물이며 그중 하나만 끊어져도 전체 시스템은 쉽게 무너진다는 것이다.

정부가 발행하는 화폐는 물가와 이자율을 조절하지만, 민간은행이 만들어내는 신용화폐는 개인의 부와 시장 가격에 직접 작용한다. 빚은 단지 개인의 부채가 아니라 경제를 팽창시키고 또 무너뜨릴 수 있는 강력한 도구다.

신뢰의 대가

그럼에도 우리는 여전히 정부와 은행을 신뢰하며 돈을 맡긴다. 그러나 그 믿음의 대가는 고스란히 우리 몫이다. 대표적인 예가 은행이다. 은행의 수익 모델은 간단하다. 낮은 금리로 예금을 받고 높은 금리로 대출을 해주는 예대마진으로 돈을 번다.

이러한 구조는 수십 년간 거의 바뀌지 않았다. 금융감독원에 따르면 2023년 국내 5대 시중은행(국민, 신한, 하나, 우리, 농협)의 예대마진 수익은 총 60조 원에 달했다. 은행별로 보면 국민은행이 9.5조 원, 신한은행이 8.4조 원, 하나은행이 7.4조 원, 우리은행이 6.6조 원, 농협은행이 7.6조 원을 벌었다. 이들의 평균 예대마진율은 1.7%, 즉 예금과 대출 금리 차이로 수익을 올린 셈이다. 반면, 같은 기간 개인 예금자의 실질 이자 수익률은 평균 2.6%에 불과했다. 2023년 소비자물가지수 상승률이 3.6%였던 점을 고려하면 사실상 마이너스 수익(-1.6%)인 셈이다.

이는 단지 수치의 문제가 아니다. 우리가 금융 시스템에 갖고 있는 신뢰와 그에 대한 보상 구조가 얼마나 불균형한지 보여주는 사례다. 이 시스템에서 가장 큰 이득을 얻는 것은 금융기관이고, 리스크 없이 시스템을 유지해 주는 비용은 개인이 감내한다.

당신은 무엇을 믿겠는가

현대 금융 시스템의 균열은 이제 더 이상 숨길 수 없을 만큼 깊어졌다. 높은 수수료, 폐쇄적이고 중앙집중적인 구조, 특정 계층에게 유리한 접근성은 오늘날의 금융 시스템이 모두를 위한 시스템이 아님을 보여준다. 이러한 한계는 전 세계적으로 핀테크 혁신을 촉발했고 그 흐름 속에서 비트코인과 스테이블코인이 등장했다. 이들 역시 기술 기반의 금융 실험이라는 점에서 핀테크의 확장된 형태라 할 수 있다.

금융은 본질적으로 빚으로 돈을 만들고 신뢰로 작동하는 시스템이다. 은행은 예금보다 훨씬 많은 돈을 대출 형태로 창출하고 금융 시스템을 신뢰하는 사람들 덕분에 통장은 돈처럼 기능한다. 빚은 자산을 만드는 엔진이고 신뢰는 그 엔진을 움직이게 하는 연료다.

그러나 문제는 금융 시스템의 신뢰가 생각보다 쉽게 무너진다는 데 있다. 1997년 외환위기, 2008년 리먼브러더스 파산, 2023년 실리콘밸리은행 뱅크런으로 이어진 모든 위기의 공통점은 신뢰의 붕괴다. 그래서 우리는 다시 질문 앞에 선다. "은행의 데이터베이스에 기록된 숫자와 블록체인 위에서 실행되는 새로운 핀테크 실험 중 무엇이 더 믿을 만한가? 금고 속 현물인가, 중앙은행의 장부인가 아니면 디지털 코드인가?"

이 질문은 단순히 기술을 고르는 문제가 아니다. 우리가 무엇을 신뢰하고 그 신뢰 위에 어떤 금융 질서를 세울 것인지에 대한 근본적인 선택의 문제다. 그리고 우리가 어떤 금융 생태계에서 살고 싶은지를 결정짓는 디지털 시대의 통화 선택권이기도 하다.

무너진 달러의 신뢰와 미국의 대안

 돈에 대한 신뢰의 붕괴는 우리에게 끝없는 의문을 품게 했다. "무엇이 믿을 만한 돈인가"라는 질문은 코드로 만들어진 디지털 화폐를 새로운 돈으로 받아들일 수 있는 토대가 되었다. 이러한 시점에 디지털 화폐를 더욱 빠르게 금융의 중심으로 끌어들이는 방아쇠가 된 배경이 있다. 바로 미국 달러에 대한 신뢰에 균열이 생긴 것이다.
 일상에서 사용하는 돈은 경제를 움직이는 혈액과 같다. 그러나 거대한 글로벌 경제의 순환 속에서 혈액을 조절하는 보이지 않는 손이 존재한다. 바로 미국 달러다. 달러는 단순한 지폐나 숫자가 아니라 사람들의 신뢰와 두려움 그리고 국가 간 힘의 균형이 만들어낸 결과물이다.

달러 패권에 균열이 생기다

20세기 이후 달러는 한 국가의 화폐를 넘어 전 세계 무역 결제의 약 45%, 각국 중앙은행 외환보유고의 약 58%를 차지하는 유일무이한 기축통화가 되었다. 이 지위는 미국에 경제적 이익뿐 아니라 지정학적 힘을 안겨주어, 오늘날 달러는 세계 경제의 방향을 결정하는 좌표가 되었다.

하지만 달러 패권은 언제나 도전받아 왔다. 최근 국제 정치경제 관련 뉴스에서는 달러의 시대가 저물고 있다고 말한다. 미국의 국방비 지출은 2024년 기준 9970억 달러에 달한다. 이는 전 세계 국방비의 약 40%를 차지하는 규모로, 미국의 군사력과 국제적 영향력을 떠받치는 재정적 토대다. 그러나 동시에 이렇게 막대한 지출은 미국의 재정 건전성에 대한 우려를 키우고 "달러가 무제한 발행할 수 있는 화폐라서 가능한 것 아니냐"라는 비판을 낳는다. 국방비는 달러 패권을 유지하는 힘의 원천이자, 달러에 대한 불신을 자극하는 취약성의 징후이기도 하다.

여기에 최근 일어나고 있는 지정학적 갈등이 달러 논쟁에 불을 붙였다. 미중 무역 갈등은 단순한 관세 전쟁을 넘어, 국제 결제망을 둘러싼 통화 패권 경쟁으로 확장됐다. 중국은 위안화 결제 시스템CIPS을 확대하며 일부 원유 거래를 위안화로 전환하고, 아시아·아프리카 국가들과의 무역에서 '탈달러 결제'를 시도하고 있다. 우크라이나 전쟁은 또 다른 불안 요인을 드러냈다. 서방이 러시아의 외환보유고를 3000억 달러 이상 동결하자 많은 신흥국은 언제든 달러 자산이 무기화될 수 있다는 사실을 목격했다. 이는 국제사회가 달러 의존도를 줄여야 한다는 목소리를 키우는 계기가 됐고, 이런 상황에서 미국은 달러 패권을 유지하기 위한 새로운 전략을 택해야만 했다.

달러 패권은 어떻게 유지되었는가

사실 달러가 오늘날의 위치에 오른 것은 우연이 아니다. 전략적 선택과 역사적 사건이 맞물린 결과다.

1차 세계대전 이후, 영국 파운드가 주도하던 국제 통화 질서가 흔들리기 시작했다. 전쟁으로 영국의 재정은 고갈됐고, 미국은 군수물자와 자본 공급을 통해 세계 최대의 채권국이 됐다. 이때부터 달러는 국제 금융 무대에서 점차 영향력을 확대하기 시작했다.

결정적 전환점은 1944년 브레턴우즈 협정이었다. 이 협정에서 미국은 금 1온스를 35달러에 고정하고, 다른 주요국 통화들을 달러에 연동시키는 금환본위제를 수립했다. 사실상 달러를 세계 기축통화로 제도화한 것이다. 당시 미국이 전 세계 금 보유량의 70% 이상을 쥐고 있었기에 가능한 일이었다. 달러는 언제든 금으로 교환될 수 있다는 신뢰를 등에 업고 국제 금융의 중심에 섰다.

그러나 이 구조는 오래 지속되지 못했다. 1960~1970년대에 걸친 베트남 전쟁과 복지 지출 확대는 미국의 재정 적자를 눈덩이처럼 불렸다. 전 세계가 달러를 금으로 교환해 달라고 요구하자 1971년 닉슨 대통령은 달러의 금 태환 중단을 선언했다. 이른바 닉슨 쇼크다. 그 순간 달러는 더 이상 금에 의해 담보되지 않는, 무제한 발행 가능한 명목 화폐로 바뀌었다. 이는 전 세계 금융 질서에 엄청난 충격을 주었고, 동시에 달러 패권을 새로운 차원으로 끌어올리는 계기가 되기도 했다.

미국은 여기서 그치지 않았다. 1973년 1차 오일쇼크가 세계 경제를 뒤흔들자 미국은 이 사건을 단순한 위기가 아니라 달러 패권을 재설계할 기회로 삼았다. 유가가 네 배로 치솟고 각국이 에너지 안보에 몰두하던 혼란 속에서, 미국과 사우디아라비아는 비밀 협정을 체결했다. 미국이 사우디 왕가의 안보를 보장하고 군사 지원을 약속하는 대신 사우디아라비아는 오직 달러로만 원유 가격을 책정하고 결제하기로 한 것이다. 이 합의는 곧 석유수출국기구OPEC 전역으로 확산하며 '페트로 달러 체제'를 탄생시켰다.

석유는 당시 세계 에너지 소비의 절반 이상을 차지하는 절대적 자원이었다. 산업, 교통, 가정 에너지까지 모두 석유에 의존했다. 따라서 원유가 달러로만 거래되는 순간, 전 세계는 석유를 얻기 위해 달러를 확보할 수밖에 없는 구조에 갇히게 되었다. 달러는 금이라는 실물 담보를 잃었지만 석유라는 필수 자원을 등에 업고 더 강력한 기축통화로 진화했다.

흔들리는 달러, 그러나 무너지지 않는 달러

달러가 기축통화라는 사실은 단순한 상징이 아니다. 이것은 미국이 가진 가장 강력한 무기다.

첫째, 미국은 국제 무역 거래에서 자국 통화로 결제한다. 환율 변동의 불안을 피하고, 거래 비용을 줄인다. 둘째, 경상수지 적자가 나더라도 달러를 발행해 메울 수 있다. 전 세계가 달러를 원하므로 미국의 적자는 곧 다른 나라의 외환보유고가 된다. 흘러 나간 달러는 다시 미국 국채와 자산으로 돌아오며, 미국 경제를 떠받친다. 셋째, 위기가 오면 달러는 오히려 강해진다. 전 세계 투자자들이 '안전 자산'으로 달러를 찾기 때문이다. 이때 연준Fed은 중앙은행의 중앙은행처럼 전 세계에 달러 유동성을 공급하며 국제 금융의 최종 안전망이 된다.

이 모든 구조는 단순한 회계 기술이 아니다. 그것은 신뢰의 정치학이다. 사람들은 미국 정부의 재정 건전성을 믿는 것이 아니라 "설사 미국이 빚을 더 내더라도 결국 달러는 지켜질 것"이라는 믿음, 다시 말해 '달러 없는 세상은 없다'라는 심리를 믿는 것이다.

재정 부담, 중국의 부상, 지정학적 갈등이 달러에 대한 도전을 키우고 있지만, 달러 패권의 역사는 반복돼 왔다. 달러는 위기마다 오히려 더 강력한 형태로 재탄생했다. 금환본위제가 무너진 뒤에도 페트로 달러 체제를 구축해 기축통화의 지위를 이어갔듯 미국은 언제나 핵심 기반 자산backbone asset을 장악하고, 그 자산에 접근하는 수단을 달러로 만들었다. 이것이 달러 패권의 본질적 전략이었다.

오늘날 미국이 암호화폐와 스테이블코인을 다루는 방식도 같은 맥락이다. 미국 정부는 불법 마켓에서 압수한 20만 개 이상의 비트코인을 보유하고 있으며, 비트코인 채굴 역시 중국에서 공식적으로 금지한 이후 미국이 지배적 위치를 차지했다. 블랙록Black Rock과 피델리티Fidelity 같은 대형 금융기관들은 암호화폐 커스터디(수탁) 서비스를 제공하거나 ETF를 출시하며 제도권의 입구를 마련했다. 미국은 비트코인을 대량 매수할 필요가 없다. 세계가 비트코인을 사용한다면, 그 접근 경로를 '달러 시스템'으로 통제하면 되기 때문이다.

스테이블코인 역시 달러 패권을 장악하기 위한 전략의 연장선이다. USDT와 USDC처럼 달러를 기반으로 하는 스테이블코인이 전체 시장의 90% 이상을 차지한다. 반면 유로 기반 스테이블코인(EURC, EURS 등)은 합쳐도 4억 달러에 불과하고, 아시아권 스테이블코인(XSGD, GYEN 등)은 1500만 달러 수준에 머물고 있다. 달러는 실물 세계뿐 아니라 디지털 코드의 세계에서도 여전히 압도적인 우위를 차지하고 있다.

달러 패권의 무대가 디지털 코드 위로 바뀌다

미국은 지난 100년간 달러의 기축통화 지위를 지켜내며 이를 강화하는 전략을 누구보다도 잘 이해하고 있다. 금에서 석유로 이동했듯, 달러는 이제 디지털 코드 위에서 전략적으로 새로운 패권을 구축하고 있다.

오늘날 미국은 같은 질문 앞에 서 있다. 새로운 질서, 새로운 도전 앞에서 달러는 어떻게 다시 패권을 잡을 것인가? 블록체인과 디지털 자산 그리고 스테이블코인은 달러가 21세기에도 패권을 유지할 수 있는 새로운 무대다. 미국은 이를 단순히 규제 대상으로만 보지 않는다. 오히려 제도권 안으로 끌어들여 달러의 영향력을 확장하는 도구로 바라본다.

2025년 7월, 스테이블코인에 대한 명확한 규정을 담은 '지니어스법GE-NIUS Act'을 통과시켜 법과 제도 안으로 끌어들이려는 것도 이러한 이유에서다.

    달러의 지위는 언제든 흔들리거나 강화될 수 있지만, 달러는 지금까지 세계 경제의 중심에서 내려온 적이 없다. 이는 단순히 '강대국의 운명' 때문만은 아니다. 미국이 끊임없이 새로운 질서에 맞춰 달러의 역할을 설계해 왔기 때문이다. 미국이 달러가 활약할 무대를 암호화폐 시장으로 옮기고 디지털 자산과 스테이블코인을 달러 패권을 유지하기 위한 수단으로 삼고 있는 지금, 스테이블코인의 잠재력은 그 어느 때보다 커지고 있다.

2부

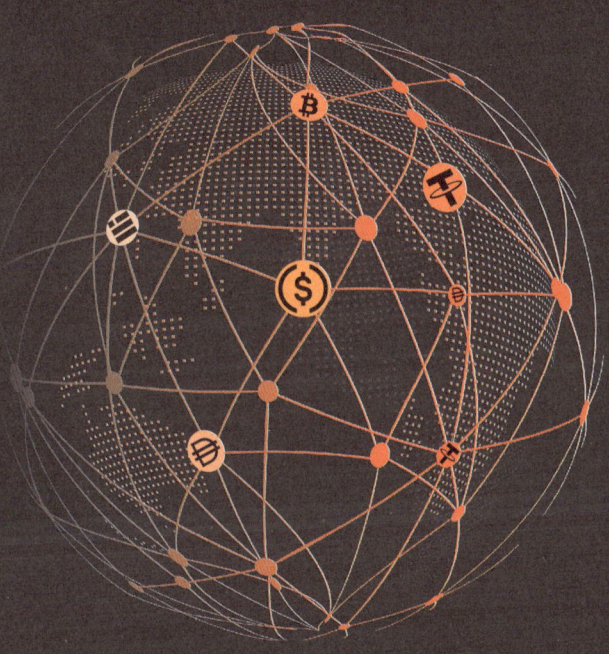

디지털 화폐의
시대가 열리다

2장

금융의 새로운 해결책, 스테이블코인

배가 파도에 흔들리지 않도록 닻을 내리는 것처럼 스테이블코인은 기준점에 자신을 고정한다. 하루 사이에도 수십 퍼센트씩 출렁이는 암호화폐 시장에서 값이 잘 변하지 않아 안전하게 보관할 수 있는 자산과 누구나 믿고 쓸 수 있는 거래 수단의 필요에 의해 스테이블코인이 탄생했다.

"스테이블코인은 시장의 기대와 수요에 응답하며 끊임없이 진화한다."

스테이블코인의
탄생

스테이블코인은 처음부터 세상의 금융 문제를 해결하겠다는 거창한 비전에서 출발하지 않았다. 그 시작은 훨씬 현실적이었다.

2010년대 초반, 암호화폐 시장은 태동기를 지나며 빠르게 팽창했다. 2009년에 등장한 비트코인은 몇 년 만에 온라인 포럼과 개발자 커뮤니티를 넘어 마운트 곡스Mt.Gox 같은 실제로 거래할 수 있는 거래소가 등장한 이후 전 세계 투자자의 관심을 끌기 시작했다. 이어 2014년 이더리움Ethereum, ETH이 ICOInitial Coin Offering*에 성공하며 '블록체인으로 더 큰 일을 할 수 있다'라는 상상력을 자극했고, 이때부터 암호화폐는 단순한 디지털 화폐를 넘어 새로운 기술 혁신의 무대가 됐다.

그 흐름은 2017년 한국에서 절정을 맞았다. 코인원, 빗썸, 업비트 등 거래소들이 본격적으로 문을 열면서 일반 투자자도 손쉽게 코인을 사고 팔 수 있게 됐고, 한국은 단숨에 글로벌 암호화폐 거래의 중심지로 부상했다. 지하철에서 스마트폰으로 거래소 앱을 확인하는 직장인, 새벽에 알람을 맞춰 해외 시세를 체크하는 대학생, 코인 투자 경험을 공유하는 주부 커뮤니티까지 등장했다. 2017년 말 기준, 한국은 전 세계 비트코인과 이더리움 거래량의 20% 이상을 차지할 정도로 암호화폐 투자 열풍의 한가운데 서 있었다.

하지만 암호화폐 시장에는 한 가지 치명적인 문제가 있었다. 극심한 가격 변동성이다. 비트코인은 2013년 11월 1000달러를 돌파한 직후 2014년 1월엔 300달러 아래로 곤두박질쳤다. 이더리움 역시 ICO 붐을 타고 2017년에 1400달러까지 상승했다가 2018년에는 80달러 선까지 추락했다.

이처럼 하루에도 수십 퍼센트씩 출렁이는 시장에서 투자자는 물론, 암호화폐 프로젝트를 운영하는 창업자까지 고민에 빠졌다. 단순히 개인의 자산 가치가 하루아침에 반 토막 나는 차원을 넘어 사업 자체가 존립 위기를 맞이하기도 했다. 대표적인 사례가 2017년의 ICO 붐이다. 당시 ICO의 주요 투자 수단은 이더리움이었다. 프로젝트 팀이 수백만 달러 규모의 투자를 받더라도 불과 몇 주 혹은 며칠 만에 이더리움 가격이 폭

- 블록체인 프로젝트가 자금을 조달하기 위해 투자자들에게 자체 발행한 암호화폐(토큰)를 판매하는 방식이다.

— 비트코인 가격의 역사. 비트코인은 처음 출시된 이후 여러 차례 급락과 상승을 반복하며 큰 변동성을 보였다. ©Investopedia

락하면서 실제 운영 자금이 반 토막 나거나 심지어는 고갈되는 상황에 내몰렸다. 일부 프로젝트는 개발자를 해고하거나 계획했던 기능을 축소해야 했고, 어떤 경우에는 아예 중도에 문을 닫기도 했다.

변동성이 큰 자산을 기반으로 하는 한 투자자 보호도, 사업의 안정적인 지속도 담보할 수 없었다. 결국 시장은 하나의 결론에 도달했다. 가격이 흔들리지 않는, 신뢰할 수 있는 공통의 교환 수단이 필요하다는 것이다. 이에 대한 해결책으로 등장한 것이 스테이블코인이다. 쉽게 말해 암호화폐 생태계 안에서 1코인을 1달러처럼 쓸 수 있다는 신뢰를 주는 암호화폐다. 스테이블코인은 미국 달러와 같이 국가가 발행하는 화폐에 가치를 고정peg해 암호화폐 생태계 내에서 쓸 수 있는 돈으로 자리 잡기 시작했다.

최초의 스테이블코인, 비트쉐어

스테이블코인의 시작은 2014년 여름으로 거슬러 올라간다. 블록체인 개발자 댄 라리머Dan Larimer는 비트쉐어BitShares라는 플랫폼에서 BitUSD라는 새로운 형태의 디지털 화폐를 만들었다. 이 코인은 1달러 가치를 유지하도록 설계됐고 플랫폼의 토큰을 두 배 이상 담보로 묶는 방식을 사용했다. 하지만 시스템이 너무 복잡했다. 담보의 가격이 크게 떨어졌을 때 어떤 식으로 일대일 페깅Pegging을 관리하고 담보를 정리(청산)하는지 명확하지 않았다. 플랫폼 자체의 거래량도 적어서 사람들 사이에 사용량이 적었다.

하지만 같은 해 10월, 테더Tether, USDT가 등장하며 시장은 완전히 바뀌기 시작했다. 테더는 복잡한 시스템 대신 '1USDT=1USD'라는 직관적이고 단순한 구조를 내세웠다. 과거 금본위제처럼 실제 은행 계좌에 보관된 달러를 담보로 동일한 금액만큼의 USDT를 발행하는 방식이다. 사용자 입장에서는 눈에 보이지 않는 암호화폐에 실제 법정화폐가 뒷받침된다는 점에서 훨씬 믿을 수 있는 자산으로 받아들여졌다. 특히 바이낸스Binance 등 중앙화 거래소CEX들과의 긴밀한 협업을 통해 빠르게 유통량을 늘리며 스테이블코인의 대표주자로 자리 잡았다.

이후 미국의 서클Circle사가 발행한 USDC, 바이낸스의 FDUSD, 팍소스Paxos의 USDP, 메이커다오MakerDAO의 DAI 등의 스테이블코인이 등장하며 생태계는 더욱 다양해졌다. 그 결과, 2014년 당시 수백만 달러에 불과하던 스테이블코인 유통량은 2025년 5월 기준 약 2320억 달러 규모

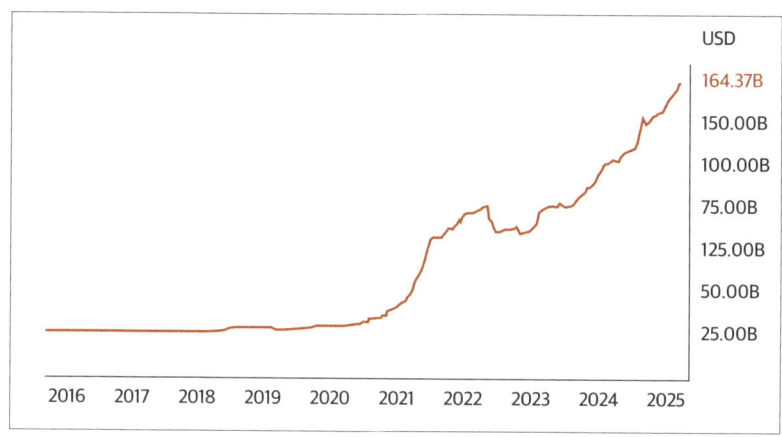

테더의 시가총액 추이. 2025년 7월 기준 약 1630억 달러 규모로 급격히 성장하고 있다.
ⓒCoinMarketCap

로 성장했다. 이 중에서도 USDT와 USDC 등 상위 스테이블코인이 전체의 70% 이상을 차지하며 시장을 주도하고 있다. 이제 스테이블코인은 단순한 실험이 아닌, 암호화폐 생태계의 실질적 기축통화 역할을 수행하고 있으며 디지털 자산 간 거래를 안정적으로 연결하는 제품-시장 적합성product market fit, PMF*을 입증한 대표 사례로 자리 잡았다.

스테이블코인이 가치를 유지하는 방식

스테이블코인은 가격 변동성을 해결하기 위한 자산이자 거래 수단의 필

• 고객이 원하는 제품을 정확히 제공해 시장에서 강한 수요와 반응을 얻는 상태를 의미한다.

요로 인해 등장했다. 그렇다면 1코인을 항상 1달러처럼 쓸 수 있다는 논리는 어떻게 가능할까?

스테이블코인을 운용하는 시스템의 핵심은 페깅 구조의 설계에 있다. 페깅은 스테이블코인의 가치를 특정 자산, 주로 미국 달러에 고정하는 메커니즘이다. 마치 배가 파도에 흔들리지 않도록 닻을 내리는 것처럼 스테이블코인도 어떤 기준점(1달러 등)에 자신을 고정한다.

배가 닻을 내리는 방식은 다양하다. 어떤 배는 무거운 쇠닻을 사용하고 어떤 배는 첨단 항법 시스템으로 파도를 극복한다. 스테이블코인도 마찬가지다. 기술, 철학, 리스크 관리 방식이 제각각이다. 현재 실전에서 사용되는 페깅 방식은 크게 다섯 가지로 나뉜다. 어떤 자산을 기반으로 하며 어떻게 안정성을 유지하는지에 따라 각 방식을 구분한다.

법정화폐 담보형 스테이블코인 fiat-backed stablecoin

가장 단순하고 직관적인 방식이다. 테더의 USDT나 서클의 USDC처럼 실제 은행 계좌에 있는 달러를 일대일로 예치한 후 설정액만큼만 스테이블코인을 발행한다. 예를 들어 은행에 1억 달러가 있다면 최대 1억 개의 USDC만 발행할 수 있다. 실제로 유통되는 스테이블코인 중 약 70% 이상이 이 모델을 따른다.

암호화폐 담보형 스테이블코인 crypto-backed stablecoin

이더리움처럼 가격 변동성이 큰 암호화폐를 담보로 잡는 방식이다. 다만 가격 변동성을 고려해 담보의 가치보다 적은 양의 스테이블코인을 발행한다. 예를 들어 이더리움 150달러어치를 담보로 맡기면 100달러어치의 스테이블코인을 발행할 수 있다. 담보의 가격이 떨어지면 담보를 팔아(청산) 일대일 페깅을 지키는 구조다.

델타-뉴트럴 방식의 스테이블코인 delta-neutral stablecoin

헤지펀드 전략을 차용한 방식으로 암호화폐의 가격 변동을 상쇄(헤지nedge)해 안정성을 확보하는 방식이다. 기본적으로는 암호화폐를 담보로 잡지만 동시에 해당 암호화폐의 가격 하락에 대비해 선물 시장에서 반대 방향의 포지션을 취한다. 이렇게 현물과 선물 시장에서 상반된 포지션을 동시에 운영하면 시장 가격이 오르든 내리든 전체 자산 가치는 큰 영향을 받지 않는다. 이처럼 가격 중립적인 상태(델타-뉴트럴 포지션) 위에 스테이블코인을 발행하는 구조를 취함으로써 실질적으로 자산 가격의 등락과 무관한 안정적 가치를 유지할 수 있도록 설계된 방식이다.

알고리즘형 스테이블코인 algorithmic stablecoin

담보 없이 수학적 알고리즘을 기반으로 페깅을 유지하려는 실험적인 모델이다. 수요가 늘어나면 공급을 늘리고 수요가 줄어들면 공급을 줄이는 식의 알고리즘을 통해 1달러에 가깝게 가격을 조절한다.

실물 자산 담보형 스테이블코인 commodity-backed stablecoin

미국 국채나 금 같은 실물 자산을 기반으로 스테이블코인을 발행한다. 예를 들어 실제 금 1온스를 담보로 1개의 토큰을 발행하는 구조다.

페깅 메커니즘의 다섯 가지 방식은 저마다 다른 철학과 구조로 1달러라는 가치를 지키기 위해 설계됐다. 지금부터 각각의 방식이 어떻게 작동하는지 하나씩 살펴보자.

1달러의 가치를
유지하는 스테이블코인

법정화폐 담보형 스테이블코인

법정화폐 담보형 스테이블코인은 가장 직관적인 스테이블코인 모델이다. 발행사가 은행이나 신탁 계좌에 실제 미국 달러 혹은 페깅할 화폐를 담보로 예치한 후, 그만큼의 스테이블코인을 발행한다. 사용자가 스테이블코인을 반환하면 발행사는 예치된 달러를 되돌려준다. 이처럼 일대일 환전 가능성 redeemability이 신뢰의 핵심이다.

하지만 이 구조는 발행사의 투명성과 책임 이행에 대한 신뢰에 전적으로 의존한다. 준비금이 실제로 전액 예치돼 있는지, 언제든 인출이 가능한 상태로 관리되고 있는지는 외부에서 직접 확인하기 어렵다. 만약 발행사가 준비금을 충분히 보유하지 않거나, 인출 요구에 응하지 못하는 상황이 발생하는 순간 이 스테이블코인은 더 이상 1달러로서의 기능을 할 수 없게 된다. 그런 이유로 법정화폐 담보형 모델은 신뢰 가능한 중앙 주체가 있다는 전제 위에 작동하는 디지털 현금이라 할 수 있다.

스테이블코인계의 기축통화, USDT

법정화폐 담보형 모델의 가장 대표적인 사례는 테더에서 발행하는 USDT다. 2014년 브록 피어스Brock Pierce, 리브 콜린스Reeve Collins, 크레이그 셀러스Craig Sellars가 설립한 테더는 암호화폐 시장 초기에 디지털 달러의 가능성을 열었다. 처음에는 리얼코인Realcoin이라는 이름으로 시작했지만 곧 테더로 브랜드를 변경하며 블록체인 생태계에서 핵심 자산으로 자리 잡았다.

초기에 테더는 100% 실물 달러로 준비금이 구성된다고 주장했다. 하지만 이후 상업 어음, 국채, 기타 현금성 자산이 포함된다는 사실이 밝혀지며 논란에 휩싸였다. 2021년 뉴욕 검찰과의 합의로 1850만 달러의 벌금을 납부한 뒤, 테더는 정기적으로 회계 법인의 확인서를 통해 준비금 내역을 공개하고 있다. 다만, 이는 엄격한 회계 감사와는 달라서 투명성 논란이 여전히 계속되고 있다.

그럼에도 테더는 압도적인 시장 점유율을 유지하고 있다. 2025년

— 1테더는 1달러와 페그되어 1달러의 가치를 가진다. 테더는 전체 스테이블코인 시장의 70% 이상을 차지한다. ⓒTether

기준, 테더의 시가총액은 약 1630억 달러로, 전체 스테이블코인 시장의 70% 이상을 차지한다. 테더의 성공 비결은 유동성과 접근성이다. 이더리움, 트론Tron, 솔라나Solana 등 다양한 블록체인에서 발행되며 바이낸스 등 대부분의 중앙화 거래소에서 기본 거래쌍으로 사용된다. 특히 튀르키예, 아르헨티나, 나이지리아처럼 인플레이션이 심한 국가에서는 디지털 달러 대체재로 각광받는다.

다만 테더의 복잡한 법적 구조는 비판의 대상이다. 본사를 홍콩에서 버진아일랜드, 스위스로 옮기며 법적 책임 소재를 모호하게 만들어 규제 리스크를 회피하는 등 신뢰도에 의문을 남기고 있다. 하지만 테더는 투명성 논란에도 위기 상황에서 오히려 수요가 증가했다. 2023년 3월, 실리콘밸리은행 파산으로 USDC가 일시적으로 1달러 페깅을 이탈했을 때, 투자자들은 테더로 몰려들었다. 사용자들이 완벽한 신뢰보다는 지금 바로 쓸 수 있는 것을 선택한 사례였다.

실리콘밸리은행 파산과 USDC의 준비금 위기

2023년 3월 10일, 미국 스타트업 생태계의 핵심 금융기관 중 하나였던 실리콘밸리은행이 파산했다. 대규모 보유 자산의 평가 손실이 현실화되자 불안에 휩싸인 예금주들이 일제히 자금을 인출하면서 유동성 위기가 순식간에 붕괴로 이어진 것이다. 이는 2008년 금융 위기 이후 가장 큰 은행 파산 사태였다. 또한 단지 한 은행이 무너졌다는 의미를 넘어 디지털 자산 시장에도 파장을 일으켰다.

직격탄을 맞은 대표적인 프로젝트가 바로 USDC였다. USDC는 블록체인 기업 서클에서 발행하는 달러 기반 스테이블코인으로, 테더의 USDT와 같은 법정화폐 담보형 스테이블코인이다. 실물 달러를 담보로 잡고 1USDC와 1달러의 일대일 교환을 보장한다.

하지만 준비금 약 400억 달러 중 약 33억 달러, 전체의 약 8%가 실리콘밸리은행에 예치돼 있다는 점이 문제가 됐다. 은행이 파산하며 해당 자산의 회수가 불확실해지자 시장의 신뢰도 급속히 흔들리기 시작했다. 블록체인상에서는 USDC가 여전히 존재했지만 1USDC를 1달러로 교환하지 못할 것이라는 의심이 커지면서 투자자들은 대규모 매도를 시작했고 USDC 가격은 단기간에 0.87달러까지 급락했다. 이는 USDC가 처음으로 1달러 페깅을 잃은 사건이었다.

이 사건은 단순한 가격 급변을 넘어 법정화폐 담보형 스테이블코인의 구조적 리스크를 세상에 드러낸 계기였다. 아무리 실물 달러를 담보로 하고 은행에서 담보를 보관하고 있어도 그 신뢰는 해당 은행과 규제 기관에 의해 좌우될 수밖에 없다. 다행히도 상황은 빠르게 진정됐다. 미국 연방예금보험공사 FDIC가 실리콘밸리은행의 예금 전액을 보장하겠다고 발표하면서 서클은 해당 자산에 다시 접근할 수 있었고 시장은 다시 안정을 되찾았다. USDC는 사건 발생 3일 만인 3월 13일경 1달러 페깅을 회복했다.

이 사건은 법정화폐 담보형 모델조차 완전히 안전하지 않다는 교훈을 남겼다. 블록체인이라는 새로운 시스템 안에서도 우리는 여전히 전통 금융기관의 불확실성과 직면해 있음을 보여준 순간이었다.

변동성이 심한 암호화폐도 담보가 될 수 있을까

암호화폐 담보형 스테이블코인

암호화폐 담보형 스테이블코인은 은행이나 회사 같은 중앙 기관 없이 블록체인 기술을 활용해 1달러 가치를 유지하는 디지털 돈이다. 이 시스템의 핵심은 스마트 콘트랙트smart contract다. 스마트 콘트랙트는 디지털 계약서로, 사람의 개입 없이 약속을 자동으로 실행한다. 예를 들어 "내가 10달러를 빌려주면 1주일 뒤 11달러를 돌려줘"라는 계약을 코드로 만들어놓으면 알아서 실행된다. 테더 같은 중앙 발행사가 하는 역할을 블록체인에서 대신하는 것이다.

스마트 콘트랙트는 스테이블코인의 발행과 관리는 물론, 필요시 담보의 청산까지 투명하게 처리한다. 모든 과정은 탈중앙화된 자율 조직 DAO가 규칙을 정하고 운영한다. DAO는 커뮤니티 구성원이 함께 투표로 시스템을 관리하는 조직으로, 마치 주민들이 마을 회의를 열어 규칙을 정하는 방식과 비슷하다. 이런 탈중앙화 구조 덕분에 많은 사용자가 암호화폐 담보형 스테이블코인을 선호한다.

먼저 암호화폐 담보형 스테이블코인을 발행하려면 사용자가 이더리움 같은 암호화폐를 담보로 맡긴다. 마치 집을 담보로 대출받는 식이다. 하지만 암호화폐 가격은 오르내리므로 빌리는 돈보다 더 많은 가치를 담보로 맡겨야 한다. 이를 과잉 담보overcollateralization라고 한다. 예를 들어 100달러짜리 스테이블코인을 받으려면 150달러어치 암호화폐를 맡겨야 하는 방식이다.

과잉 담보는 가격 하락 위험을 줄이지만 담보 가치가 일정 수준 아래로 떨어지면 청산이 이뤄진다. 청산은 스마트 콘트랙트가 자동으로 담보를 팔아 돈을 회수하는 과정을 거친다. 집값이 급락하면 은행이 집을 팔아 대출금을 돌려받는 것과 같다. 즉, 청산은 시장이 흔들려도 스테이블코인이 1달러의 가치를 지키도록 보호하는 핵심 장치다. 청산 방식은 담보를 경매로 팔거나 미리 준비된 자금 풀pool에서 즉시 처리하는 등 다양하게 이뤄진다.

암호화폐 담보형 스테이블코인의 대표주자, USDS

암호화폐 담보형 스테이블코인의 가장 대표적인 사례는 메이커다오가 2017년에 출시한 DAI다. 이는 2024년 거버넌스 구조 개편과 함께 USDS라는 이름으로 리브랜딩됐다.

창립자인 루네 크리스텐센Rune Christensen은 탈중앙화된 디지털 통화를 만들고자 했다. 이 프로젝트는 이더리움을 담보로 맡기고 스마트 콘트랙트를 통해 스테이블코인을 발행하는 구조로 설계됐으며 누구나 담보를 맡기고 자율적으로 스테이블코인을 생성할 수 있도록 운용된다. 출시 초기에는 이더리움만 담보 자산으로 인정했다. 하지만 2019년 다중 담보 다이multi-collateral DAI, MCD로 업그레이드되면서 USDC와 같은 스테이블코인이나 비트코인, 실물 자산 기반의 토큰real-world asset, RWA 등 다양한 자산을 담보로 받기 시작했다. 마치 집 담보 대출에서 집뿐 아니라 차나 금도 담보로 인정받는 것과 비슷하다. 이러한 구조의 변화는 이상론적 실험이 현실적인 리스크 분산의 필요를 수용한 결과였다.

USDS의 성장에는 디파이decentralized finance, DeFi 생태계의 확장도 결정적 역할을 했다. 디파이와 거의 같은 시기에 등장한 USDS는 대출

— 메이커다오가 2017년에 출시한 DAI는 2024년 USDS라는 이름으로 리브랜딩되었다. USDS는 DAI처럼 일대일 가치를 유지하면서 새로운 보상과 추가 기능이 더해졌다. ©MakerDAO

플랫폼, 탈중앙화 거래소decentralized exchange, DEX, 이자 농사 등 다양한 프로토콜의 기본 통화로 채택되며 탈중앙화 금융 시스템의 핵심 자산으로 자리 잡았다. 예를 들어 사용자는 USDS를 담보로 맡기고 다른 자산을 빌리거나 탈중앙화 거래소의 유동성 풀에 예치하고 이자를 받을 수 있다. 이는 기존 은행 시스템에서 예금에 대한 이자를 받는 구조와 유사하지만, 더 높은 수익률과 투명한 구조를 제공한다는 점에서 많은 사용자에게 매력 요소로 작용했다.

2025년 기준, USDS의 시가총액은 약 55억 달러에 달하며 탈중앙화 금융에서 가장 신뢰받는 스테이블코인 중 하나로 꼽힌다. 단순히 기술적 우수성이 뛰어나 성공한 것은 아니다. 커뮤니티 주도의 거버넌스, 투명한 담보 관리, 극심한 시장 변동성 속에서도 비교적 안정적인 페깅 유지력이 복합적으로 작용한 결과다. USDS는 단지 코드를 신뢰하는 화폐가 아니라 사람들이 함께 규칙을 만들고 지켜가는 하나의 금융 실험이자 탈중앙화 철학의 살아 있는 사례다.

오히려 시장의 변동성을 이용하는 전략

델타-뉴트럴 방식의 스테이블코인

최근 급부상 중인 델타-뉴트럴 기반 모델도 있다. 이 방식의 모델은 전통적 담보 구조와 완전히 다르게 접근한다. 시장의 변동성을 회피하거나 무시하는 것이 아니라 오히려 이를 정면으로 활용해 가격 안정성을 달성하려는 전략이다.

예를 들어 담보 자산으로 이더리움을 보유하면서 동시에 선물 시장에서는 이더리움 가격 하락에 베팅하는 숏 포지션을 취한다. 이로 인해 이더리움 가격이 상승하면 담보 자산의 가치가 오르지만 숏 포지션에서 손해가 발생하고, 반대로 이더리움 가격이 하락하면 담보 자산의 손실을 숏 포지션의 이익이 상쇄하는 식이다. 이렇게 양방향 가격 움직임에 균형을 맞추는 구조가 바로 '델타(△)를 0으로 만든다'라는 의미의 델타-뉴트럴 전략이다.

이 모델은 단순한 기술이 아니라 금융공학적 사고에 기반한 설계다. 디지털 자산의 급격한 가격 변동조차도 설계 가능한 위험 요소로 환원하고, 이를 통제 가능한 수익 메커니즘으로 전환하려는 시도다. 자산 가격에 수동적으로 끌려다니지 않고 능동적으로 대응하려는 새로운 철학이라 할 수 있다.

스테이블코인의 경계를 확장한 USDe

2024년 초 등장한 에테나Ethena의 USDe가 델타-뉴트럴 기반의 모델을 대중화한 대표 사례다. 에테나 프로젝트를 이끄는 인물은 전 헤지펀드 출신으로 파생상품 시장에 정통한 가이 영Guy Young이다.

에테나는 고유동성 자산을 담보로 활용한다. 주로 선물시장을 활용한 리스크 헤징 기반의 자산들이다. 에테나는 담보 자산의 가격이 변동할 경우 발생할 손실 위험을 줄이기 위해 선물 시장에서 이더리움 가격에 숏(매도) 포지션을 취한다. 이 포지션의 장점은 담보의 시장 가치가 하락하더라도 그에 상응하는 선물 수익이 발생함으로써 합이 '0'이 될 수 있도록 만들어 전체 구조의 안정성을 유지하는 것이다. 선물 포지션에서

— 2024년 초 등장한 에테나의 USDe. 출시 후 단 2개월 만에 총예치금액이 10억 달러를 돌파하며 비트코인 ETF 이후 가장 빠르게 성장했다. ⓒEthena

는 롱(매수) 포지션 보유자가 숏 포지션 보유자에게 지급하는 수수료인 펀딩비 funding fee*가 수익으로 잡힌다.

에테나는 델타-뉴트럴 구조에서 만들어지는 수익을 USDe를 보유한 사용자에게 '이자'의 형태로 돌려준다. 즉, 에테나는 '1달러를 유지하는 스테이블코인'이라는 틀을 넘어 '1달러를 유지하면서 수익을 창출하는 자산'이라는 새로운 패러다임을 제시했다.

에테나의 구조적 혁신은 시장에서도 빠르게 반응을 얻었다. 출시 후 2개월 만에 총예치금액 total value locked, TVL이 10억 달러를 돌파하며 비트코인 ETF 이후 가장 빠르게 성장한 디지털 달러라는 별칭을 얻기도 했다. 하지만 시장의 열광은 언제까지나 지속되지 않는다. 2024년 중반, 파생시장에서 펀딩비가 급격히 역전되며 에테나의 수익 구조가 잠시 마이너스 수익률을 기록했고, 에테나의 지속 가능성에 대한 시장의 의구심으로 이어지기도 했다.

그럼에도 에테나의 구조는 스테이블코인이 담보나 알고리즘을 넘어

• 선물 시장에서 롱과 숏 포지션 간의 균형을 유지하기 위해 트레이더들끼리 주고받는 수수료다. 예를 들어 롱 포지션이 많을 땐 롱 보유자가 숏 보유자에게 일정 수수료를 지불하게 된다. 이 수수료는 실시간으로 시장 수요에 따라 변한다.

금융 기법과 시장의 효율을 어떻게 활용할 수 있는지 보여주는 모델이 되었다. 델타-뉴트럴 기반 스테이블코인은 단순한 자산 유지 수단이 아니라 시장과의 정면 승부를 통해 설계된 안정성을 구현하려는 가장 진화된 형태라 할 수 있다.

진정한 탈중앙화를 위한
새로운 시도

알고리즘형 스테이블코인

알고리즘 기반의 스테이블코인은 담보 자산 없이 수요와 공급 조절만으로 1달러 페깅을 유지하려는 혁신적 시도이자 대담한 정책 실험이다. 이 구조는 스테이블코인 가격이 1달러를 초과하면 자동으로 공급을 늘려 가격을 낮추고, 반대로 1달러 아래로 떨어지면 공급을 줄이거나 소각해 가격을 끌어올리는 메커니즘으로 작동한다. 즉, 인간의 개입 없이 시장 균형을 유지할 수 있다는 가정하에 설계된 자동화된 통화정책 모델이다. 중앙은행의 역할을 코드로 대체하려는 이 실험은 블록체인 기술의 가능성을 탐구하는 동시에 전통 금융의 패러다임에 도전한다.

그러나 알고리즘 기반 스테이블코인은 근본적 취약점을 안고 있다. 이 시스템의 안정성은 시장의 신뢰에 전적으로 의존하며, 신뢰가 무너지면 통제 수단이 마땅치 않다. 특히 페깅이 일시적으로 깨지면 투자자들이 대규모로 이탈하며 가격이 더 빠르게 붕괴하는 '죽음의 소용돌이death spiral'로 이어질 수 있다. 이는 시스템의 설계가 외부 충격에 취약할 수 있다는 가능성을 드러내며 알고리즘만으로 안정성을 보장하기 어렵다는 비판을 낳았다.

알고리즘의 붕괴를 보여준 UST

알고리즘 기반 스테이블코인의 대표적인 사례이자 동시에 치명적인 위험을 보여준 스테이블코인이 바로 테라폼랩스Terraform Labs의 UST다. UST는 루나LUNA 토큰과의 상호작용을 통해 공급량을 조절하는 구조였다. UST 수요가 늘어나면 루나를 소각해 UST를 발행하고 UST 수요가 줄어들면 루나를 추가로 발행해 UST를 회수하는 구조였다. 이 메커니즘은 안정된 시장 환경에서는 효과적이었지만 극단적 상황에서는 치명적인 약점을 드러냈다.

2022년 5월, 투자자들은 시장의 불안감을 감지하고 UST를 대량 매도했고 루나/UST 시스템은 무너졌다. UST는 언제든 1달러어치의 루나로 교환할 수 있도록 설계됐지만 루나의 시장 가치가 유지된다는 전제가

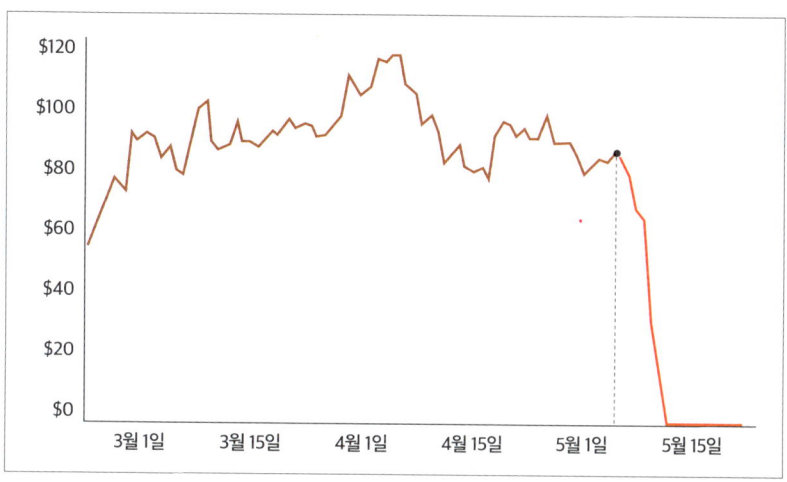

● 2022년 3월부터 5월까지 마지막 3개월 동안의 테라 가격. 달러에 대한 일대일 고정 대신 알고리즘과 루나 토큰을 기반으로 설계된 테라는 투자 심리 붕괴와 대규모 유출이 발생하면서 가격이 급락해 가치를 잃었다. ⓒCoinMarketCap

있어야만 작동하는 구조라는 한계가 있었다. 많은 사용자가 동시에 UST를 1달러로 교환하려 하자 시스템은 그만큼의 루나를 새로 발행해야 했고 그 결과 루나의 공급량은 기하급수적으로 증가했다. 발행량이 늘어날수록 희소성이 떨어져 루나의 가격은 급락했고 시간이 지날수록 새로 발행한 루나로도 1달러의 가치를 보상할 수 없는 상황에 이르렀다. 결국 UST 보유자에게 약속한 1달러 교환을 더 이상 이행할 수 없게 되자 사실상 환전 기능이 멈추어 버렸다. 시스템의 신뢰가 무너진 루나와 UST 모두 시장에서 외면받으며 두 자산의 가치는 거의 제로에 가깝게 붕괴했다. 이른바 죽음의 소용돌이 현상이 벌어진 것이다.

철학적 실험의 스테이블코인, RAI

알고리즘 스테이블코인의 취약점을 극복하려는 시도는 계속되고 있다. 알고리즘 스테이블코인 가운데서도 독특한 실험으로 꼽히는 사례가 리플렉서랩스Reflexer Labs의 RAI다. 2021년, 아민 솔레이마니Ameen Soleimani가 주도해 탄생한 이 프로젝트는 인간의 개입 없이도 스스로 균형을 찾아가는 통화 시스템을 목표로 했다.

RAI의 가장 큰 특징은 하이브리드 모델이라는 점이다. 이더리움을 담보로 하지만, 전통적 스테이블코인처럼 달러에 가치를 고정하지 않는다. 대신 스스로 기준을 세우고, 그 기준에 맞춰 가격을 조정해 나가는 자율적 통화 시스템을 지향한다.

RAI는 시스템이 정한 목표 상환 가격target redemption price을 중심으로 움직인다. 예를 들어 2025년 6월 기준, RAI의 시장 가격은 약 3.14달러였다. 달러와 직접 연결되지는 않지만, 다른 암호화폐처럼 무작위로 출렁이지 않고 목표 가격을 향해 점진적으로 수렴한다는 점에서 안정적인 암호 자산으로 평가된다. 이를 가능하게 하는 핵심 장치는 컨트롤러controller다. 컨트롤러는 시장 가격과 목표 가격이 벌어지면 자동으로 이자율을 조정해 두 가격의 괴리를 줄여나간다. 중앙은행이 금리를 통해 인플레이션을 관리하는 것과 유사한 메커니즘이 코드로 구현된 셈이다.

이러한 설계는 달러가 아닌 자체 기준에 따른 상대적 안정성을 구현하려는 철학을 담고 있다. 비록 대중적 확산에는 성공하지 못했지만, RAI는 알고리즘 스테이블코인의 실험 정신을 대표하는 사례로 높이 평가받

- RAI는 컨트롤러를 활용해 자체 가격 안정성을 자동으로 조절하며 작동하는 탈중앙화 스테이블코인이다. ©Reflexer Labs

았다. 특히 2022년 루나/UST 붕괴로 알고리즘 기반 모델에 대한 신뢰가 급락한 상황에서 RAI는 담보를 유지하면서도 법정화폐 의존을 최소화한 구조로 새로운 가능성을 제시했다. 이는 단순한 기술적 변주가 아니라 중앙은행이 없는 세상에서 통화정책이 어떤 방식으로 작동할 수 있는지를 탐구하는 철학적 제안으로 해석된다.

알고리즘 기반 통화정책의 가능성과 한계

RAI와 UST는 알고리즘 기반 스테이블코인의 설계 방식에 따라 결과가 극명히 갈릴 수 있음을 보여준다. 담보 없는 순수 알고리즘 모델은 여전히 극단적 위험을 안고 있지만 RAI와 같은 하이브리드적 접근은 안정성과 혁신의 균형을 추구하며 미래 통화정책 논의에 중요한 단서를 제공한다.

이들은 단순한 금융 상품을 넘어 분산화된 경제에서 통화의 본질과 안정성을 재정의하려는 대담한 실험이다. 알고리즘 스테이블코인은 여전히 초기 단계에 있지만 그 성공과 실패는 중앙화된 통화정책의 대안을 모색하는 데 귀중한 통찰을 줄 것이다.

실물 자산을 담보로 안정성과 수익성을 높이다

실물 자산 담보형 스테이블코인

실물 자산 담보형 스테이블코인은 미국 국채, 예금, 머니마켓펀드MMF* 등 블록체인 외부의 안정적인 전통 금융(오프체인) 자산을 담보로 발행된다. 이러한 자산들은 가격 변동 위험이 낮고 안정적인 수익률을 제공해 스테이블코인의 가격 안정성은 물론 이자 수익까지 높일 수 있는 기반이

---

* 단기 국채나 기업어음(CP), 양도성예금증서(CD)처럼 만기가 짧고 안정적인 금융 자산에 투자하는 초단기 펀드를 말한다. 일반적으로 하루만 맡겨도 이자가 붙고 은행 예금보다 유동성이 높으며 안정성도 높아 현금처럼 쓸 수 있는 투자 상품으로 분류된다.

된다.

실물 자산 담보형 모델은 반드시 과잉 담보를 요구하지는 않는다. 암호화폐 담보형처럼 가격이 급격히 변하는 자산이 아니라 상대적으로 안전한 자산을 기반으로 하기 때문에 발행사는 일반적으로 일대일 비율로 담보를 유지하거나 신뢰 확보 차원에서 소폭 초과 담보over-reserve를 설정한다.

담보 자산에서 발생한 수익은 블록체인상에서 이자 형태의 배당금으로 분배되거나 사용자 지갑에 보유 중인 토큰 수량을 자동으로 늘려 수익을 반영하는 리베이스rebase 방식으로 전달된다. 이 모델은 전통 금융의 신뢰성과 블록체인의 투명성을 결합해 새로운 투자 기회를 제공한다.

블랙록의 스테이블코인, BUIDL

실물 자산 담보형의 가장 상징적인 사례는 최대 자산운용사 블랙록이 2024년에 출시한 BUIDLBlackRock USD Institutional Digital Liquidity Fund이다. BUIDL은 미국 단기 국채를 기초 자산으로 하는 펀드를 담보로 한다. 체인링크Chainlink에서 개발한 체인링크 기술인 CCIPcross-chain interoperability protocol를 활용해 블록체인 간 데이터를 실시간으로 안전하게 연결해 주며 블록체인에 자산 가치를 투명하게 기록한다.

투자자는 CCIP를 통해 블록체인 외부에서 관리되는 자산의 상태를

— 블랙록 CEO 래리 핑크는 비트코인 반대론자였지만 2021년, 비트코인이 '디지털 금'이자 '정당한 자산'이고 암호화폐가 글로벌 결제 및 저축 수단이 될 것이라며 입장을 바꿨다.
ⓒCrypto News

실시간으로 확인할 수 있다. 매달 미국 국채에서 발행되는 배당금이 자동으로 지급되는 BUIDL은 ERC-20 토큰*으로 발행돼 블록체인과 전통 자본시장을 연결하는 혁신적 역할을 한다.

블랙록의 CEO 래리 핑크Larry Fink는 "금융의 미래는 자산의 토큰화에 있다"라고 밝히며 BUIDL이 단순한 상품이 아니라 토큰화 금융으로의 전략적 전환을 상징한다고 강조했다. BUIDL은 탈중앙화된 블록체인 환경에서 실시간 거래가 가능해 기존 ETF, 즉 주식처럼 거래소에서 거래되는 펀드의 규제된 거래 한계를 넘어선 실물 자산의 ETF화로 평가받

• 이더리움 블록체인에서 표준화된 디지털 자산 형식으로, 다양한 지갑과 플랫폼에서 쉽게 거래 가능한 토큰.

는다.

현재는 기관 투자자 중심으로 확산되고 있으며 최소 투자금은 약 500만 달러로 설정됐다. 하지만 블랙록은 개인 투자자 접근성을 높이기 위해 기존 토큰을 다른 블록체인이나 플랫폼에서 사용할 수 있도록 변환한 래핑wrapping 토큰과 소매 시장 확대를 검토 중이라고 밝혔다. 이는 자산운용사의 장기적인 토큰화 금융 전략의 일환이다.

개인 투자자를 위한 스테이블코인

개인 투자자에게 더 유리한 모델도 있다. 온도파이낸스Ondo Finance의 USDY와 마운틴프로토콜Mountain Protocol의 USDM이다. 2023년에 출시된 USDY는 미국 국채를 기반으로 한 수익을 담보로 하며 최소 투자금이 500달러로 비교적 낮아 접근성이 높다. USDY는 전문 금융기관이 자산을 안전하게 관리하는 구조이기에 기관 신탁을 통해 운영되며 미국 외 지역, 특히 아시아와 유럽에서 빠르게 채택되고 있다. 온도파이낸스는 골드만삭스 출신의 네이선 올먼Nathan Allman과 루머 리Lumor Li가 2021년에 설립한 회사로, 실물 자산을 토큰화해 디파이 생태계와 연결하는 데 강점을 보인다. USDY는 이자 수익과 디파이 플랫폼에서의 유동성을 동시에 제공해 개인 투자자들에게 매력적이다.

한편, USDM은 리베이스 방식으로 이자를 지급하는 독특한 설계를 채택했다. 매일 사용자의 지갑에 보유한 USDM 토큰 수량이 자동으로 증가해 이자를 반영하는 방식으로, 복리 효과를 극대화하고 사용자 경험이 간편하게 만들었다. 예를 들어 100USDM을 보유한 사용자는 다음 날 이자가 붙어 100.01USDM을 보유하게 되는 식이다. USDM은 또한 wUSDM(래핑된 USDM) 형태로 변환돼 토큰을 예치하고 거래 수수료를 얻는 다양한 디파이 유동성 풀과 연동되며 온체인 금융에서의 활용성을 높였다.

실물 자산 담보형 스테이블코인의 강점과 과제

실물 자산 담보형 스테이블코인은 규제를 준수하는 동시에 수익성을 충족하며 법적 안정성과 자산의 신뢰도를 중시하는 기관 및 보수적 투자자에게 매력적인 대안으로 떠오르고 있다. 미국 국채와 같은 안정적 자산을 블록체인으로 구현함으로써 사용자는 클릭 한 번으로 국채 수익을 얻는 실질적 가치를 누린다. 이는 전통 금융이 블록체인으로 전환하는 상징적 순간이자 투자자에게 새로운 기회를 제공하는 혁신이다.

그러나 500만 달러 수준으로 BUIDL에 책정된 높은 최소 투자금이나 지역별 규제 차이와 같은 진입장벽은 여전히 과제로 남아 있다. 블랙록과 같은 대형 자산운용사의 참여는 시장의 신뢰를 높이는 기회로 인식되지만 개인 투자자의 접근성을 확대하려면 래핑 토큰의 보급, 최소 투자금 완화 그리고 글로벌 규제의 조화와 같은 추가적인 노력이 필요하다.

미래 금융 시스템의 현주소

스테이블코인은 이제 하나의 정형화된 모델이 아니다. 담보 구조와 작동 방식에 따라 다양한 유형으로 진화하고 있으며 각각은 시장의 서로 다른 기대와 수요에 응답하고 있다.

법정화폐 담보형 스테이블코인은 여전히 가장 안전하고 변동성 없는 암호화폐로서 일상생활과 암호화폐 트레이딩에 계속해서 기초 자산으로 사용될 것이다. 반면 암호화폐 담보형 스테이블코인은 점차 수익형 스테이블코인으로 진화하고 있으며 자체적으로 수익을 창출하는 자산이라는 새로운 패러다임을 만들고 있다. 이는 핀테크 스타트업은 물론 전통 금융기관이 새롭게 도전해 볼 수 있는 영역이자 신규 수익원이 될 것으로 기대된다. 마지막으로 실물 자산 기반 스테이블코인은 부동산, 국채, 수익증권 등 전통 자산을 디지털화해 기관 투자자와 금융사를 위한 맞춤형 금융 상품으로 점차 그 시장 범위를 넓혀갈 것이다.

이처럼 각기 다른 메커니즘은 단순한 기술적 차이를 넘어 우리가 디지털 화폐를 통해 어떤 신뢰를 설계하고 어떤 수요를 충족하며 어떤 금융을 만들어갈 수 있을지를 보여주는 중요한 단서가 되고 있다.

# 3장

스테이블코인을
움직이는 기술

우리는 비자카드가 어떻게 결제를 처리하는지 몰라도 카드를 사용한다.
스테이블코인도 마찬가지다. 사용자는 스테이블코인이 어느 체인에서
움직이는지, 원하는 시기에 교환이 가능한지 등의 정보를 알고 싶어 하지 않는다.

"기술만으로는 충분하지 않다.
사용자가 그 기술을 느끼지 못하게 만드는 것이 진짜 목표다."

스테이블코인을 신뢰할 수 있는 이유

이 책을 읽는 여러분만큼은 스테이블코인을 단순한 디지털 화폐로만 이해하지 않길 바란다. 우리가 사용하는 현금이 전체 금융 시스템, 나아가 경제에서 유동성의 전달자이자 신뢰의 매개체로 작동하듯 스테이블코인 역시 디지털 금융 시스템에서 핵심적인 축을 담당한다. 스테이블코인은 단순히 돈을 디지털화한 것이 아니라 디지털 환경에서 신뢰와 자동화를 기반으로 작동하는 새로운 금융 구조의 일부다.

문제는 그 구조를 이해하지 못하면 이 새로운 화폐를 안전하게 다룰 수 없다는 점이다. 스마트폰을 떠올려 보자. 내부의 반도체 회로나 앱의 소스코드를 알 필요는 없지만 스마트폰은 기기일 뿐, 다양한 서비스는 앱을 다운받아야 사용할 수 있고 그 서비스는 인터넷이 연결되어야 작동한다는 것을 누구나 알 것이다. 또 보안을 위해 문자 피싱을 주의하거나 보안 앱을 설치해야 한다는 정도는 알고 있어야 한다. 스테이블코인도 마찬가지다. 내부를 이루는 담보 구조와 알고리즘, 이를 지탱하는 기술적 장치를 모른 채 스테이블코인을 단순히 '디지털 화폐'로만 받아들인다면 위기가 닥치더라도 속수무책일 수밖에 없다. 스테이블코인을 일상적인 결제 수단으로 쓰든 기업의 자금 운용 전략에 접목하든 기본 구조를 이해하는 일은 선택이 아니라 필수다.

블록체인과 스마트 콘트랙트

스테이블코인 구조의 바탕에는 블록체인과 스마트 콘트랙트라는 두 가지 핵심 기술이 자리 잡고 있다. 먼저 블록체인은 중앙 서버나 중개자 없이도 거래의 기록을 안전하게 유지하고 검증할 수 있도록 설계된 공개형 데이터베이스 시스템이다. 모든 거래 내역은 블록 단위로 기록되어 체인처럼 연결되고 이 정보는 전 세계 수천 개의 컴퓨터(서버 혹은 노드)에 동시에 복제되어 저장된다. 이를 통해 누구나 거래 내역을 열람하고 검증할 수 있다. 한번 기록된 정보는 임의로 변경할 수 없다. 이 구조는 기존 금융 시스템이 은행이나 정부 같은 중앙 기관의 신뢰를 바탕으로 작동했던 것과는 근본적으로 다르다. 쉽게 말해 블록체인은 신뢰의 주체를 기관에서 코드로 이전한 시스템이다.

많은 사람이 블록체인을 비트코인으로 오해하지만 블록체인은 비트코인과 다르다. 블록체인은 비트코인을 포함한 수많은 디지털 자산과 서비스를 가능하게 하는 기반 기술이다. 마치 인터넷이 있어야 이메일, 스트리밍, 검색 서비스가 모두 가능하듯 블록체인이 있어야 디지털 자산, 디파이(탈중앙화 금융), 게임, 토큰화 등 다양한 응용이 가능하다.

블록체인 위에서 작동하는 것이 스마트 콘트랙트다. 스마트 콘트랙트는 조건이 충족되면 자동으로 실행되는 프로그램이다. 예를 들어 "A가 B에게 100달러를 송금하면, B는 C에게 10달러를 자동으로 지급한다"라는 규칙을 코드로 만들어 블록체인에 올리면 중개자 없이도 조건이 충족될 때 자동으로 실행된다. 이로써 계약, 송금, 이자 계산, 담보 관리 등 복잡한 금융 프로세스가 사람의 개입 없이 자동으로 처리될 수 있다.

결론적으로 블록체인은 신뢰를 기반으로 기록을 저장하고 공유하는 데이터베이스 네트워크이고, 스마트 콘트랙트는 그 위에서 신뢰를 실행하는 프로그램이다. 스테이블코인은 두 기술이 만나 만들어낸 결과물이며 디지털 금융 시스템의 핵심 동력 중 하나로 자리 잡고 있다. 이제 하나씩 자세히 살펴보자.

스테이블코인에 블록체인이 필요한 이유

이론적으로 보면 스테이블코인은 꼭 블록체인 위에서 작동하지 않아도 된다. 한 기업이 중앙 서버를 통해 자산 잔고를 관리하고 거래를 기록하며 계약 조건을 수동으로 처리하는 방식도 가능하다. 하지만 스테이블코인이 어떤 블록체인 인프라 위에서 작동하느냐는 단순한 기술적 선택이 아니다. 신뢰성, 투명성 그리고 금융 시스템의 본질을 좌우하는 핵심 요소다. 블록체인의 개방성과 통제 수준에 따라 스테이블코인은 전혀 다른 성격을 띠게 된다. 현재 블록체인은 크게 세 가지 유형으로 나뉜다.

첫째, 프라이빗 블록체인 유형이다. 특정 기업이나 기관 내부에서만 접근 가능한 폐쇄형 시스템이다. 예를 들어 한 은행이 내부 결제 프로세스를 효율화하기 위해 자체 블록체인을 운영할 수 있다. 하지만 이런 구조에서는 외부 사용자의 참여나 검증이 불가능해 스테이블코인의 개방성과 신뢰성이라는 핵심 가치와는 거리가 있다.

둘째, 허가된 퍼블릭 블록체인 유형이다. 여러 기관이 공동으로 운영하지만 접근 권한이 제한되는 구조다. 일부 정부 주도 프로젝트의 경우, 접근은 통제되지만 개방성은 어느 정도 유지된다. 다만 여전히 특정 주체가 시스템을 통제할 수 있는 구조이기 때문에 신뢰의 분산에는 한계가 있다.

셋째, 퍼블릭 블록체인 유형이다. 이더리움, 솔라나, 아발란체Avalanche 등 누구나 자유롭게 참여하고 검증할 수 있는 완전한 개방형 네트워크다. 코드가 곧 규칙이고 누구에게도 허락받을 필요 없이 시스템에 접근할 수 있다. 오늘날 대부분의 스테이블코인은 퍼블릭 블록체인을 기반으로 운영된다. 바로 이 개방성과 탈중앙화 구조 덕분에 스테이블코인은 진정한 의미에서 '신뢰 없는trustless' 시스템 위에 구축될 수 있다. 퍼블릭 블록체인의 힘은 단순히 누구나 참여할 수 있다는 데 그치지 않는다. 중앙은행, 빅테크 등 어떤 주체도 시스템을 임의로 변경할 수 없다는 데 그 본질적 가치가 있다. 이 구조는 스테이블코인의 작동 방식과 가치를 정의한다. 실제로 USDT는 이더리움의 ERC-20이나 트론의 TRC-20 토큰으로 발행되며 퍼블릭 블록체인의 투명성과 불변성 위에서 거래된다.

대표적인 토큰 발행 표준 프로토콜

이더리움의 표준, ERC-20: ERC-20 Ethereum Request for Comments 20은 이더리움 블록체인에서 토큰을 생성하고 관리하기 위한 표준 프로토콜이다. 스마트 콘트랙트를 통해 구현되며 토큰 전송, 잔액 조회, 총공급량 확인 같은 필수 기능을 정의한다. ERC-20은 이더리움의 강력한 생태계와 높은 보안성을 기반으로 운용되며 USDT, USDC 같은 주요 스테이블코인을 포함해 수많은 토큰이 이 표준을 따른다. 대부분의 이더리움 지갑과 거래소가 ERC-20을 지원하며 디파이 프로토콜과의 호환성도 뛰어나다. 하지만 이더리움 네트워크는 거래 수수료(가스비)가 높고 처리 속도가 상대적으로 느려 대규모 거래에서는 비용 부담이 생길 수 있다.

트론의 표준, TRC-20: TRC-20 Tron Request for Comments 20은 트론 블록체인에서 토큰을 발행하기 위한 표준으로, ERC-20과 유사한 기능을 제공한다. 트론 네트워크는 높은 처리량(초당 거래 수TPS)과 낮은 수수료로 빠른 거래를 지원한다. 트론 기반 USDT는 TRC-20으로 발행되며, 특히 비용 면에서 효율적인 거래를 원하는 사용자에게 인기가 높다. 하지만 트론은 이더리움에 비해 덜 탈중앙화돼 있다는 비판을 받으며, 생태계의 다양성과 호환성 면에서도 제한적이다.

스테이블코인의 엔진 '스마트 콘트랙트'

블록체인은 신뢰를 저장하는 강력한 기반이다. 하지만 그 자체로는 단순한 장부에 불과하며 거래를 기록하고 보관하는 데 초점이 맞춰져 있다. 스테이블코인이 디지털 금융의 중심축으로 작동하려면 담보 관리, 이자 지급, 가치 안정화, 유통량 조절 같은 복잡한 작업이 필수다. 디지털 금융 관련 작업을 사람 손으로 일일이 처리하려면 수많은 부서와 인력이 필요하다. 기존 금융기관이 복잡한 조직 구조를 유지했던 이유이기도 하다. 디지털 시대에는 비효율적이고 실수에 취약한 수작업을 대신하는 시스템이 필요하다.

여기서 스마트 콘트랙트가 등장한다. 스마트 콘트랙트는 특정 조건이 충족되면 자동으로 실행되는 프로그램으로, 스테이블코인의 심장 역할을 하며 복잡한 금융 로직을 자동화한다. 기존에 사람이 하던 일을 코드로 대체해 효율성과 신뢰성을 극대화하는 기술이다.

카카오톡 예약 메시지를 떠올려 보자. 지정한 시간(조건)이 되면 설정해 둔 메시지가 자동으로 상대방에게 전송된다(실행). 입력된 규칙이 그대로 작동하는 방식이다. 스마트 콘트랙트도 이와 비슷하다. 예를 들어 "이더리움 가격이 10% 하락하면 담보를 경매에 올려 스테이블코인을 회수한다"라는 규칙을 코드로 작성하면 시장 상황이 조건에 맞는 순간 해당 로직이 자동으로 실행된다. 이 코드는 퍼블릭 블록체인에서 오픈소스로 공개돼 누구나 작동 방식을 확인할 수 있다. 블록체인이라는 공개형 데이터베이스에 저장된 코드는 수정이 불가능해 사람이나 기관이 아닌 대형 프로그램 자체에 신뢰를 맡기는 구조를 만든다.

대표적인 사례로 2장에서 다뤘던 암호화폐 기반의 스테이블코인 중 하나인 메이커다오의 USDS(구 DAI)를 살펴보자. USDS는 이더리움 블록체인의 스마트 콘트랙트를 통해 운영된다. 사용자가 이더리움이나 다른 자산을 담보로 맡기면 스마트 콘트랙트가 담보의 가치를 평가해 USDS를 발행한다. 만약 담보 가치가 청산 기준 이하로 떨어지면 스마트 콘트랙트는 자동으로 담보를 경매에 부쳐 손실을 줄이고 시스템 안정성을 유지한다. 모든 과정은 사람의 개입 없이 실시간으로 코드에 의해 처리된다. 이런 자동화와 투명성 덕분에 USDS는 1달러 가치를 안정적으로 유지하며 스테이블코인을 프로그래머블 머니programmable money로 재정의한다.

스마트 콘트랙트는 스테이블코인뿐만 아니라 디파이에서 대출, 이자 계산, 자산 교환을 중개자 없이 처리하는 데에도 쓰인다. 단, 한 가지 꼭 짚고 넘어가야 할 점이 있다. 블록체인은 분산화되고 수정 불가능한 데이터베이스로, 해킹에 매우 강하다. 전 세계 수천 개 노드에 거래 기록이 분산 저장되고 한번 기록된 데이터는 거의 변경할 수 없다. 하지만 그 위에서 작동하는 스마트 콘트랙트는 이야기가 다르다. 스마트 콘트랙트는 사람이 작성한 코드로 만들어진 프로그램이다. 코드에 설계 오류나 논리적 허점이 있다면 해커의 표적이 되기 쉽다.

흔히 뉴스에서 블록체인 해킹이라고 부르는 사건 중에서 블록체인 자체가 뚫린 경우는 거의 없다. 대부분은 스마트 콘트랙트의 코드 취약점을 노리거나 관련 웹 애플리케이션의 보안 허점을 악용한 경우다. 때로는 사용자가 피싱 사기에 속아 비밀번호나 프라이빗 키를 노출해 자산을 잃기도 한다. 대표적인 사례로 2016년 더다오The DAO 해킹 사건을 들 수 있다. 더다오는 이더리움 기반의 탈중앙화 투자 펀드였다. 하지만 스마트 콘트랙트에 재귀 호출 공격reentrancy attack 취약점이 있어 해커가 코드의 논리적 허점을 악용해 약 360만 개의 이더리움을 갈취했다. 이 사건은 스마트 콘트랙트 코드의 철저한 감사audit가 필수적임을 전 세계에 각인시켰으며 결국 이더리움 네트워크의 하드포크˙로 이어졌다.

더다오 해킹 사례는 스마트 콘트랙트가 스테이블코인을 구동하는 강력한 동력이지만 보안이 완벽하지는 않음을 보여준다. 일반 사용자가 스마트 콘트랙트 코드를 직접 들여다보고 제대로 짜여 있는지를 판단하기는 어렵다. 그렇다면 어떻게 스마트 콘트랙트를 신뢰할 수 있을까? 몇 가지 실질적인 점검 사항을 챙겨 봐야 한다.

먼저 스마트 콘트랙트가 전문 감사를 받았는지 확인해야 한다. 트레일오브비츠Trail of Bits처럼 신뢰할 수 있는 감사 기관에서 검증을 받았는지, 최신 감사 보고서가 공개됐는지 살펴보자. 또 스마트 콘트랙트를 개발한 팀의 이력과 평판도 꼼꼼히 확인해야 한다. 이 팀이 과거에 어떤 프로젝트를 성공적으로 운영했는지, 커뮤니티에서 신뢰를 얻고 있는지, 오픈 소스 코드를 투명하게 공개하는지 체크하면 좋다. 대표적으로 메이커다오 같은 팀은 다년간의 운영 경험과 투명한 코드 공개로 신뢰를 쌓아왔다.

스마트 콘트랙트는 스테이블코인을 디지털 금융의 핵심으로 만드는

• 블록체인 프로토콜이 업데이트되고 변경되는 것을 말한다.

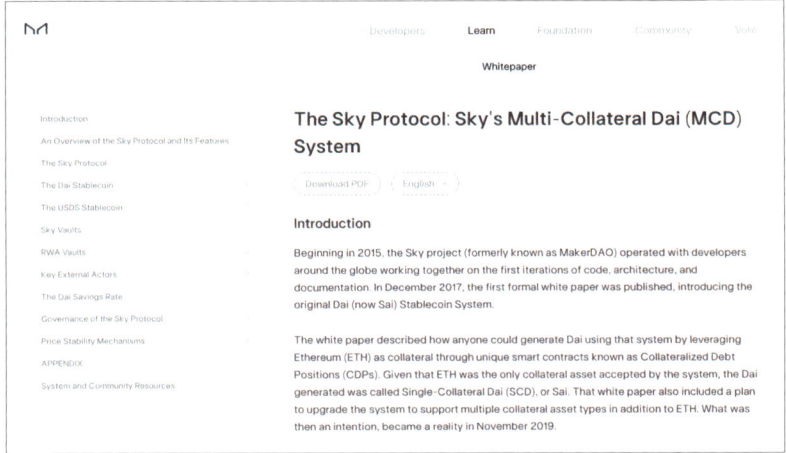

— 메이커다오 홈페이지에서 공개하는 백서. ⓒMakerDAO

강력한 기술이지만 그 보안은 코드의 품질과 개발자의 책임감에 달려 있다. 꼼꼼한 점검과 신뢰도 평가가 이를 안전하게 사용하는 열쇠다.

비트코인은 왜 스테이블코인이 될 수 없는가

비트코인은 블록체인의 시작이었지만 스테이블코인은 될 수 없다. 우리는 그 둘의 차이를 더 명확히 이해해야 한다.

비트코인은 블록체인 기술을 활용한 최초의 디지털 화폐로 사토시 나카모토가 중앙 기관 없이 작동하는 전자 현금 시스템peer-to-peer electronic cash system을 목표로 제안했다. 하지만 아이러니하게도 비트코인은 자산, 스테이블코인은 현금과 같은 개념으로 인식된다. 그것은 둘의 근본적인 구조 차이 때문이다. 비트코인과 스테이블코인의 차이를 이해하기 위해 먼저 비트코인의 작동 방식과 한계를 살펴보자.

비트코인은 다른 스테이블코인과 마찬가지로 거래 기록을 안전하게 저장하는 디지털 장부로 블록체인을 사용한다. 하지만 비트코인 구조에는 스마트 콘트랙트가 없다. 비트코인은 UTXO unspent transaction output 모델을 기반으로 작동한다. UTXO는 말 그대로 '계좌의 잔고를 기록하지 않고, 사용되지 않은 거래 출력'을 추적해 누가 얼마를 가지고 있는지 계산하는 방식이다. 현금 거래에 비유하면 A가 B에게 1비트코인을 보낼 때 A의 '사용하지 않은 돈'이 B로 이전되고 이 거래는 블록체인에 기록된다. UTXO는 각 거래의 입력과 출력을 추적하며 거래 흐름을 통해 소유권을 계산한다. 이러한 방식은 보안성과 단순성을 제공하지만 복잡한 금융 기능, 예를 들어 담보 청산이나 이자 지급 같은 자동화된 로직을 처리하기에는 한계가 있다. 게다가 비트코인은 느린 거래 처리 속도와 높은 수수료로 일상적 결제 수단으로서는 제약이 많다.

2010년대 중반부터 기관 투자자와 개인은 비트코인의 희소성(총 발행량 2100만 개)과 탈중앙화된 특성을 높이 평가하며 인플레이션 헤지나 경제 위기 대응 자산으로 비트코인을 인식하기 시작했다. 실제로 금리 인상이나 시장 불안정 시기에 비트코인은 디지털 금 같은 가격 움직임을 보여왔다. 흥미롭게도 비트코인은 결제 수단보다 스테이블코인이나 중앙은행 디지털 화폐와 같은 다른 디지털 화폐의 담보로 활용되는 경우가 늘고 있다. 비트코인의 탈중앙성과 안정적이지 않은 가치가 결제보다 자산 보유에 더 적합한 성격을 띠기 때문이다.

결론적으로 비트코인은 블록체인의 잠재력을 처음으로 보여준 혁신적인 디지털 화폐지만 스테이블코인처럼 법정화폐와 연동된 안정성이나 스마트 콘트랙트 기반의 금융 기능은 제공하지 않는다. 비트코인이 디지털 금에 비유되는 반면, 스테이블코인은 디지털 달러처럼 안정적인 화폐를 목표로 한다.

스테이블코인과 이더리움

스테이블코인은 주로 이더리움 블록체인에서 발행된다. 2015년 비탈릭 부테린이 창안한 이더리움은 출시 이후 빠르게 주목받으며 블록체인 기술의 새로운 지평을 열었다. 비트코인이 단순한 거래 기록을 위한 디지털 장부에 머물렀다면 이더리움은 스마트 콘트랙트를 지원하는 최초의 블록체인으로, 복잡한 금융 로직을 실행할 수 있는 플랫폼을 제공한다. 덕분에 이더리움은 스테이블코인, 디파이, NFT 같은 다양한 디지털 금융 생태계의 중심지로 자리 잡았다.

이더리움은 계좌/잔고account/balance 모델을 채택한다. 은행 계좌에 비유하면 각 사용자의 잔고를 직접 기록하고 거래나 프로그램 실행에 따라 잔고를 실시간으로 업데이트한다. 계좌/잔고 모델은 마치 엑셀 스프레드시트처럼 다양한 계산과 조건을 처리할 수 있다. 예를 들어 스마트 콘트랙트는 "A가 100USDS를 빌리면 매달 1% 이자를 계산해 B에게 지급한다"와 같은 로직을 자동으로 실행한다. 이런 유연성 덕분에 이더리움은 스테이블코인의 핵심 기술적 기반이 됐다.

이더리움의 계좌/잔고 모델은 계좌 상태를 실시간으로 관리하고 스마트 콘트랙트를 통해 프로그래밍할 수 있어 스테이블코인 같은 금융 애플리케이션에 최적화돼 있다. 이러한 기술적 강점 덕분에 이더리움은 스테이블코인 시장의 중심에 서 있다. 2025년 기준, 이더리움에서 유통되는 스테이블코인의 총가치는 2000억 달러를 넘어섰으며 전체 블록체인 생태계에서 핵심적 역할을 하고 있다.

왜 리플이나 솔라나가 아니라 이더리움인가

비트코인, 솔라나, 리플, 바이낸스체인, 트론 등 다양한 블록체인이 존재하지만 스테이블코인은 주로 이더리움에서 발행되고 유통된다. 솔라나는 초당 6만 5000건의 거래를 처리하므로 초당 15~30건에 불과한 이더리움보다 훨씬 빠르고 수수료가 저렴하다. 리플은 국제 송금에 특화된 효율적 블록체인으로 금융기관과의 협력으로 주목받고 있다. 그런데 2025년 1분기 솔라나의 스테이블코인 총가치(시가총액)는 10억 달러인 반면, 이더리움의 스테이블코인 총가치는 약 1300억 달러로 시장의 50% 이상을 차지한다. 두 수치가 모순된 것처럼 보일 수 있지만 거래량과 총가치는 다른 개념이다. 이를 명확히 이해하고 이더리움이 스테이블코인의 중심으로 자리 잡은 세 가지 이유를 살펴보자.

첫째, 높은 탈중앙화 수준을 자랑한다. 탈중앙화는 블록체인의 신뢰

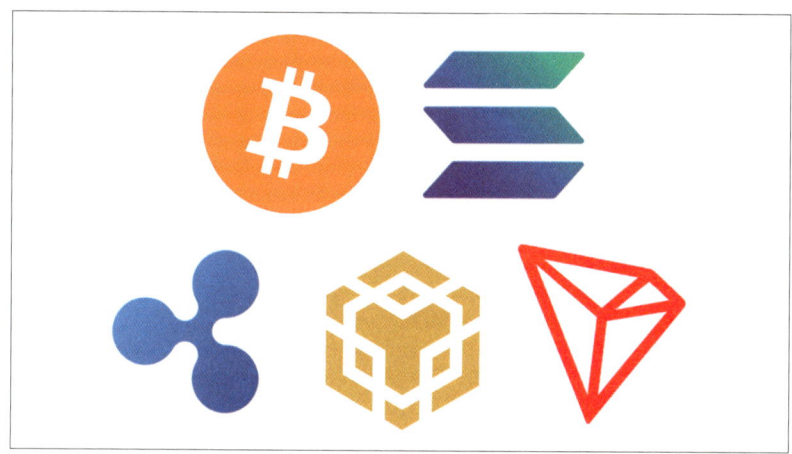

— 현재 블록체인 생태계에는 비트코인, 솔라나, 리플, 바이낸스체인, 트론 등 대형 체인부터 실험용 체인까지 수천 개의 체인이 존재하며, 서로 다른 목적과 기술로 빠르게 확장하면서 다변화되고 있다. ⓒBitcoin, Solana, Ripple, Binance Chain, Tron

를 보장하는 핵심 요소다. 중앙 기관 없이 수많은 서버(노드)가 네트워크를 운영하며 데이터를 분산 저장한다. 이더리움은 약 15만 개의 노드로 운영되며 솔라나(약 1000개의 노드)나 리플(약 150개의 신뢰된 노드)보다 훨씬 높은 분산성과 보안성을 제공한다. 솔라나는 속도가 빠르지만 노드 수가 적어 중앙화 논란이 있으며, 리플은 신뢰된 검증자 중심의 허가된 네트워크로 완전한 탈중앙화와 거리가 멀다. 따라서 이더리움의 분산 구조가 스테이블코인 발행사와 사용자에게 더 큰 신뢰를 준다.

둘째, 풍부한 개발자 기반과 개발 도구가 있다. 이더리움은 오픈소스 도구, 잘 정리된 개발 문서, 활발한 개발자 커뮤니티를 통해 스테이블코인 개발에 최적화된 환경을 제공한다. 솔라나도 개발 도구를 제공하지만 이더리움의 생태계만큼 성숙하거나 다양하지 않다. 리플은 스마트 콘트랙트 지원이 제한적이어서 스테이블코인 발행에 적합하지 않다. 이더리움의 개발 인프라는 스테이블코인을 빠르게 만들고 통합하는 데 큰 강점으로 작용한다.

셋째, 성숙한 디파이 생태계 위에서 작동한다. 스테이블코인은 대출, 예금, 거래 같은 디파이 서비스와 긴밀히 연결된다. 이더리움은 메이커다오, 아베Aave, 유니스왑Uniswap, 커브Curve와 같은 선도적인 디파이 프로토콜이 탄생한 플랫폼이다. 최근 솔라나의 디파이 생태계도 성장하고 있지만 이더리움의 프로토콜 다양성과 사용자 기반을 따라잡기는 어려워 보인다. 리플 역시 송금에 특화된 플랫폼이라 디파이 생태계가 거의 없어 스테이블코인으로 활용하기에 제한적이다.

솔라나와 리플은 각각 거래 속도와 송금 효율에서 강점을 보이지만 탈중앙화, 개발 환경, 디파이 생태계라는 핵심 동력으로 스테이블코인의 본거지로 자리 잡은 이더리움에는 미치지 못한다.

디파이 생태계의 주요 플랫폼

메이커다오: 이더리움 블록체인에서 작동하는 탈중앙화 자율 조직. 스마트 콘트랙트를 통해 USDS(구 DAI) 스테이블코인을 발행한다. 사용자는 이더리움 등의 자산을 담보로 맡겨 가치가 1달러에 연동된 스테이블코인을 생성하고 관리할 수 있다.

아베: 이더리움 중심의 디파이 대출 플랫폼. 사용자가 USDC, USDS 같은 스테이블코인을 포함한 암호화폐를 예치해 이자를 얻거나 담보로 대출받을 수 있다.

유니스왑: 이더리움 기반의 탈중앙화 거래소. 사용자는 스테이블코인을 포함한

> 다양한 암호화폐를 거래할 수 있다.
>
> **커브:** 스테이블코인 거래에 특화된 이더리움 기반의 탈중앙화 거래소. 사용자는 스테이블코인을 거래할 수 있다.

이더리움의 확장성 문제와 레이어 2 솔루션

이더리움은 스테이블코인의 핵심 플랫폼이지만 해결해야 할 숙제가 있다. 네트워크가 붐비면 거래 수수료(가스비)가 급등하고 처리 속도가 떨어진다. 예를 들어 이더리움의 서버(노드)가 모든 거래를 직접 검증하고 저장하기 때문에 혼잡한 시기에는 1달러 송금에 5달러 이상의 가스비가 들 수 있다. 다시 말해 보안성과 탈중앙성을 확보하는 데는 탁월하지만 느리고 비싸다는 단점이 있다.

이를 해결하기 위해 레이어 2Layer 2 솔루션이 등장했다. 아비트럼Arbitrum, 옵티미즘Optimism, 스크롤Scroll 같은 레이어 2는 거래를 메인넷 밖, 즉 오프체인에서 처리한 뒤 요약된 데이터만 이더리움 메인넷에 기록해 비용을 낮추고 속도를 높인다. 개념적으로는 레이어 1Layer 1은 이더리움 메인넷에 거래나 보안성, 데이터를 기록하고, 레이어 2는 이더리움이 아닌 레이어 2 체인에서 거래를 처리한 뒤 메인넷에 결과를 기록한다.

그중 스크롤은 ZK 롤업(영지식 롤업)이라는 고도화된 기술을 사용하는 레이어 2 솔루션이다. 스크롤은 수백 개의 거래를 하나의 증명으로 압축한 후 그것이 유효하다는 사실만 메인넷에 알린다. 이 증명은 위변조가 불가능하며 이더리움이 직접 실행하지 않아도 거래가 정확히 처리됐음을 보장한다. 이 구조는 단순한 성능 향상을 넘어 프라이버시와 비용 효율성까지 동시에 해결한다.

스크롤의 강점은 명확하다. 먼저 프라이버시 보호의 측면에서 거래 내역이 암호화되어 외부에 드러나지 않는다. 디파이 사용자의 거래 내역, 자산 이동 기록이 불필요하게 공개되지 않는다. 다음으로 압도적인 효율성이다. 수수료는 극도로 낮고 속도는 빠르다. 예컨대 스크롤에서 1USDC를 전송하는 데 드는 비용은 약 0.002달러, 즉 3원 남짓에 불과하다. 이는 전통 은행이나 해외 송금 서비스와 비교해 현저히 저렴하다.

이처럼 스크롤은 이더리움의 확장성 문제를 해결하는 동시에, 스테이블코인 활용을 일상화할 수 있는 환경을 만들어간다. 거래 처리 속도, 수수료, 프라이버시라는 세 가지 난제를 동시에 해결함으로써 디파이 사용자들에게 실질적 이점을 제공하고 있다.

다수의 지역 중심 스테이블코인이 스크롤을 주요 플랫폼으로 선택하는 것도 이 때문이다. 스테이블코인이 더 자주 쓰이고 더 많이 활용되려면 빠르고 싸고 안전한 인프라가 필수적이다. 스크롤은 그 요구에 정확히 부합하며 디지털 화폐가 현실 경제에 스며드는 길목에 서 있다. 이는 단지 레이어 2의 기술적 진보가 아니라 디지털 현금의 실용화를 위한 인프라 혁신이기도 하다.

> ### 영지식 증명이란?
>
> 영지식 증명 zero-knowledge proof, ZK은 암호학에서 매우 중요한 개념으로 어떤 정보의 세부 사항을 공개하지 않고도 그 정보가 참임을 증명할 수 있는 기술이다. 쉽게 말해 "나는 특정 사실을 알고 있다"라는 것을 다른 사람에게 설득하면서도 그 사실의 구체적 내용은 전혀 드러내지 않는 방법이다. 예를 들어 친구가 나에게 "나는 미로의 출구를 안다"라고 설득하는 상황을 생각해 보자. 나는 미로의 구조를 전혀 알지 못한다. 친구는 입구에서 출구까지 빠르게 걸어 나오기만 한다. 그럼 나는 친구가 미로의 구조와 출구를 안다고 믿을 수밖에 없다.
>
> 스크롤 같은 ZK 롤업은 수백 개의 거래를 하나의 암호화된 증명으로 압축해 이더리움 메인넷에 제출한다. 이 증명은 거래가 정확히 처리됐음을 보장하면서도 누가 누구에게 USDC를 보냈는지와 같은 세부 내역을 공개하지 않는다. 결과적으로 메인넷의 부담을 줄이고 수수료를 낮추며 프라이버시를 강화한다.

블록체인은 신뢰를 기록하는 기술이고 스마트 콘트랙트는 그 위에서 약속을 실행하는 도구다. 이더리움은 이 기술을 가장 널리 확장한 플랫폼이며 스테이블코인은 그 위에서 가장 실용적이고 핵심적인 디지털 자산으로 자리 잡았다. 블록체인과 스마트 콘트랙트의 개념을 명확히 이해하면 스테이블코인과 디파이로 구성되는 디지털 경제를 더 쉽게 이해할 수 있을 것이다.

스테이블코인과 현실을 이어주는 다리

스테이블코인이 1달러의 가치를 유지하려면 어떻게 해야 할까? 이더리움 가격이 급락했을 때 담보를 자동으로 청산하려면 무엇이 필요할까? 바로 블록체인과 스마트 콘트랙트다.

블록체인과 스마트 콘트랙트가 스테이블코인의 신뢰와 자동화를 구현하지만 한 가지 중요한 질문이 남는다. 1달러 가치를 유지하는지 혹은 이더리움이 10% 하락했는지는 어떻게 알 수 있을까? 블록체인은 거래를 기록하는 장부이고, 스마트 콘트랙트는 조건을 실행하는 코드일 뿐이다. 하지만 실시간 환율이나 자산 가격 같은 데이터는 블록체인 안에 존재하지 않는다. 이러한 데이터는 외부 세계, 즉 현실에서 가져와야 한다.

이때 필요한 기술이 바로 오라클Oracle이다. 오라클은 블록체인과 외부 데이터를 연결하는 다리 역할을 하며 스테이블코인이 현실과 동기화되도록 돕는다.

오라클의 정의와 필요성

오라클은 블록체인 외부의 데이터를 블록체인 안으로 안전하게 가져오는 기술이다. 블록체인은 보안을 위해 외부 API나 인터넷에 직접 접근할 수 없도록 설계됐다. 만약 블록체인이 외부 데이터를 무분별하게 받아들인다면 악의적 공격자가 잘못된 데이터를 입력해 계약을 조작할 수 있기 때문이다. 그런 이유로 블록체인은 모든 데이터를 내부적으로만 처리하며 노드 간 합의를 통해 신뢰를 유지한다. 이러한 보안을 위한 조건은 실시간 환율, 주식 시세, 날씨 같은 외부 데이터가 필요한 경우에 한계로 작용한다.

USDT, USDC 같은 스테이블코인처럼 1달러 가치를 유지해야 하는 자산은 실시간 환율, 암호화폐 가격 등 외부 정보 없이는 제 기능을 할 수 없다. 만약 USDC가 달러와 일대일로 페깅된 상태를 유지하려면 이더리움이나 솔라나상의 USDC 가격이 진짜 1달러와 어느 정도 차이가 나는지를 스마트 콘트랙트가 인식해야 한다. 이때 오라클이 외부 가격 데이터를 받아 와 스마트 콘트랙트에 전달한다.

예컨대 "이더리움 가격이 10% 하락하면 담보 청산을 개시한다"라는 로직도 오라클 없이는 작동하지 않는다. 오라클은 이더리움 가격 데이터를 외부 거래소에서 수집해 평균을 내 스마트 콘트랙트가 이해할 수 있는 방식으로 제공한다. 마치 날씨 앱이 여러 관측소의 데이터를 종합해 사용자에게 현재 기온을 알려주는 것과 같다. 이 과정을 요약하면 다음과 같은 방식으로 이뤄진다.

1. "이더리움 가격이 10% 떨어지면 담보를 청산한다."
2. 블록체인 자체는 이더리움 가격을 직접 알 수 없다.
3. 오라클이 여러 거래소에서 이더리움 가격을 모아 온다.
4. 수집한 가격의 평균을 내고 정리해 스마트 콘트랙트에 알려준다.
5. 스마트 콘트랙트는 전달받은 가격이 규칙에 맞는지 본다.
6. 조건이 맞으면 담보 청산을 즉시 진행한다.

오라클은 스테이블코인을 넘어 디파이 전반에서 사용된다. 대출 플랫폼 아베는 시장 이자율 데이터를, 거래소 유니스왑은 자산 가격 데이터를 오라클 기술로 가져온다. 오라클이 없다면 블록체인은 단순한 계산기에 불과하며 스테이블코인의 실생활 활용은 불가능할 것이다.

오라클의 주요 기술

오라클은 단순한 데이터 전달기에 그치지 않는다. 핵심은 제공하는 데이터의 정확성과 신뢰성을 어떻게 보장하느냐에 달려 있다. 여기서 가장 보편적으로 사용되는 방식이 분산형 오라클 네트워크Decentralized Oracle Network,DON다. 분산형 오라클 네트워크는 단일 출처가 아닌 여러 독립적 노드가 동시에 데이터를 수집해 평균값을 산출한다. 예를 들어 체인링크는 A, B, C거래소에서 이더리움 가격을 받아 오고 어느 한 곳의 데이터가 이상치일 경우 과반수의 결과에 따라 해당 값을 배제한다. 마치 마피아 게임에서 한 명의 거짓말쟁이를 걸러내는 방식과 유사하다.

분산형 오라클 네트워크는 다양한 방식으로 안전성과 무결성을 보장한다. 데이터 전송 시 암호화 서명을 추가해 변조 가능성을 차단하고 평판 기반의 노드 선정 방식을 통해 불량 노드를 배제한다. 이와 같은 구조는 오라클 자체가 조작되거나 중단되는 리스크를 줄여준다.

가장 널리 사용되는 오라클 네트워크는 체인링크Chainlink다. 체인링크는 이더리움, 솔라나, 스크롤 등 주요 블록체인에서 데이터 피드 서비스를 제공하고 있으며, 2025년 기준 디파이 시장의 총예치금액 중 약 60% 이상(약 420억 달러 규모)을 커버한다. 체인링크 외에도 레드스톤Red-Stone, 파이스Pyth 등의 프로젝트도 있다. 레드스톤은 오프체인 데이터를 체인 외부에 저장한 뒤 필요할 때 온체인으로 끌어오는 방식으로, 가스비 절감과 유연성을 강조한다. 파이스는 저지연low-latency 가격 피드 제공을 강점으로 한다. 특히 거래 속도가 중요한 트레이딩 봇, 옵션, 파생상품을 주력으로 하는 프로토콜에서 선호된다.

실전에서의 활용과 한계

스테이블코인 시스템에서 오라클은 핵심 중의 핵심이다. 메이커다오의 USDS는 이더리움 담보 가격을 실시간으로 반영하기 위해 체인링크 오라클을 사용한다. 담보가 기준선 아래로 떨어지면 자동으로 청산 절차가 실행되는데, 이는 오라클이 제 역할을 해야만 가능한 시나리오다.

물론 오라클도 완전하지 않다. 대표적인 리스크가 바로 오라클 문제Oracle Problem인데, 오라클 자체가 부정확하거나 조작된 데이터를 가져올 경우 스마트 콘트랙트가 잘못된 결정을 내릴 수 있는 구조적 위험을 말한다. 실제로 2020년에 일어난 bZx 해킹 사건은 유니스왑의 단일 가격 피드에 의존했던 것이 원인이었다. 당시 해커는 수백만 달러를 탈취했다. 2022년 망고마켓Mango Markets에서는 공격자가 토큰 가격을 인위적으로 상승시킨 뒤 이를 담보로 대출을 일으켜 약 1억 달러를 가져갔다. 2019년에는 신세틱스Synthetix가 오라클 버그로 인해 잘못된 환율을 반영하면서 대량 초과 발행 사고를 겪었다. 이러한 사례들은 오라클이 단순히 편리한 연결을 넘어 전체 시스템의 보안성과 직결된 요소임을 보여준다.

블록체인의 눈과 귀

블록체인은 계산과 기록이라는 면에서는 탁월하지만 외부 세상의 정보를 인식할 수 없는 시스템이다. 마치 귀는 있지만 들을 수 없고 눈은 있지만 볼 수 없는 구조와 같다. 오라클은 블록체인에 귀와 눈을 달아주는 존재다. 스테이블코인에서 오라클이 없다면 1달러를 유지한다는 약속은 공중에 뜬 허상에 불과하다. 오라클이야말로 현실과 블록체인을 연결하는 신경망이며 오라클이 제공하는 데이터의 신뢰성이 곧 디지털 자산의 신뢰를 만드는 기반이 된다. 정확하고 조작 불가능한 오라클이라는 인프라 없이는 스테이블코인도 진정한 화폐가 될 수 없다.

스테이블코인이
체인을 넘나드는 방법

해외여행 중 식당에서 신용카드를 거부당한 경험이 있는가? BC카드로는 결제가 불가능했지만 비자카드로는 결제할 수 있었던 적도 있을 것이다. 이처럼 결제 수단이 있는 것과 실제로 쓸 수 있는 것은 전혀 다른 문제다. 디지털 화폐도 마찬가지다. 이더리움에서 발행된 스테이블코인 USDC를 스크롤이나 솔라나에서 사용하거나 거래할 수 없다면, 우리는 여러 개의 카드를 들고 다니며 매번 필요한 카드를 제시하거나 이 은행에서 저 은행으로 돈을 옮겨야 하는 불편을 겪어야 할 것이다.

　디지털 현금의 본질은 누구나, 어디서나, 즉시 사용할 수 있다는 데 있다. 이는 기술적 연결뿐 아니라 사용자가 아무런 장벽 없이 동일한 경험을 해야 한다는 말과도 같다. 언제 어디서든 누구라도 신용카드를 내밀기만 하면 결제가 되는 것처럼 말이다. 이를 가능하게 하는 핵심 기술이 바로 상호운용성interoperability이다.

왜 상호운용성이 필요한가

2025년의 블록체인 생태계는 이더리움, 솔라나, 수이Sui, 아발란체, 스크롤 등 수많은 체인으로 나뉘어 있다. 문제는 각 체인이 고유한 언어(코드)와 법(프로토콜)을 가진 독립 국가와 같아서 이들 간의 연결이 원활하지 않다는 점이다. 체인 간 상호운용성이 필요한 세 가지 이유가 있다.

첫째, 사용성의 단절이다. 현재로서는 스테이블코인이 있다고 해도 어디서나 쉽게 쓸 수 없다. 체인마다 지갑을 따로 만들어야 하고 가스비 코인을 별도로 보유해야 하며 익숙하지 않은 인터페이스를 배워야 한다. 단일 자산을 여러 체인에서 사용하려면 사용자는 수많은 장벽을 넘어야 한다.

둘째, 가치의 일관성 문제다. 동일한 스테이블코인이 체인마다 다르게 가격이 형성되거나 브릿지 과정에서 시간차, 수수료 차이로 인해 1달러라는 기준 가격에서 이탈하는 경우가 발생한다. 이는 스테이블코인의 가장 기본적 특성인 '항상 동일한 가치'라는 점을 훼손한다.

마지막으로 유동성의 파편화다. 예를 들어 이더리움에는 USDC가 풍부하지만 솔라나에는 부족하다면 솔라나에서 USDC를 활용한 거래나 대출은 제약을 받는다. 유동성이 부족하면 상대 주문을 매칭하기 어려워 사용자가 원하는 가격보다 높거나 낮게 거래하게 된다. 사용자가 기대했던 가격과 실제 체결된 가격 간의 차이가 발생하는 것인데, 이를 슬리피지slippage 현상이라고 한다. 이런 경우 프로토콜(플랫폼)의 효율성도 떨어진다. 예치한 자금이 바로 대출로 이어져야 이자가 생기고, 대출 수요가 있어야 프로토콜이 돌아가는데, 유동성이 부족하면 이 흐름이 끊겨 이자도 줄고 거래도 멈춰 시스템 자체가 작동하지 않는다.

연결을 위한 첫걸음, 브릿지와 래핑

체인 간 자산을 옮기려 할 때 가장 먼저 등장하는 기술이 브릿지bridge다. 브릿지는 두 체인 사이의 다리 역할을 한다. 사용자가 이더리움의 USDC를 스크롤로 옮기고 싶을 때, 브릿지는 이더리움에서 해당 USDC를 잠그고 스크롤에서 그와 동일한 가치를 가진 토큰을 발행한다. 실제 토큰이 이동하는 것이 아니라 원본은 보관되고 복사본이 생성되는 구조다. 이 복사본을 흔히 래핑 토큰wrapped token이라고 부른다. 예를 들어 사용자가 이더리움에서 스크롤로 100USDC를 보내고 싶다면 다음과 같은 방식으로 처리된다.

1. 사용자가 이더리움의 브릿지 콘트랙트에 100USDC를 예치(자산 잠금)

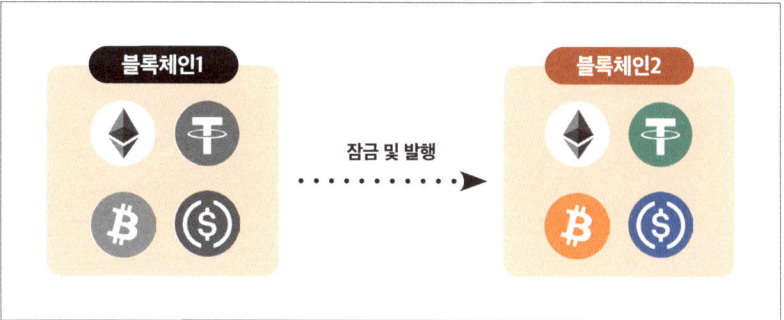

— 체인 간 다리 역할을 하는 브릿지.

2. 브릿지가 이를 확인하고 스크롤에서 100개의 Wrapped USDC를 생성

3. 사용자는 스크롤 체인에서 해당 래핑 토큰을 수령하고 디파이에서 사용

브릿지가 이뤄지는 방식은 마치 디지털 환전소와도 같다. 대표적인 브릿지로는 웜홀Wormhole, 스타게이트Stargate, 셀러네트워크Celer Network가 있다. 2025년 기준 웜홀은 약 50억 달러의 자산을 이동시켰다. 하지만 브릿지에는 보안 위험이 따른다. 브릿지를 해킹하면 원본 금고를 탈취하는 셈이어서 공격의 표적이 되기 쉽기 때문이다. 실제로 2022년에는 웜홀 브릿지 해킹으로 3억 달러 이상의 자산이 도난당한 사건이 일어나기도 했다.

정보만 옮기는 메시지 기반 상호운용성

브릿지가 자산을 복제하거나 래핑하는 반면, 자산을 직접 옮기지 않고 명령만 전달할 수도 있다. 메시지 기반 상호운용성이다. 예를 들어 "이더리움의 지갑 A에서 솔라나의 지갑 B로 100USDC를 보내라"라는 메시지를 전송한다. 그러면 이더리움에서 USDC가 사라지거나 복제되지 않고 각 체인의 스마트 콘트랙트가 메시지를 처리해 결과를 만든다. 작동 방식은 다음과 같다.

1. 이더리움에서 "100USDC를 B에게 보내라"라는 명령을 생성
2. 명령을 메시지로 스크롤 체인에 전달
3. 스크롤에서 메시지를 읽고 B에게 100USDC 지급 작업 실행

이는 마치 은행 앱에서 송금 버튼을 누르면 다른 은행 계좌에 돈이 입금되는 방식과 같다. 자세히 들여다보면 물리적으로는 자산이 이동하지 않지만 모바일 앱에서는 이동한 것처럼 보인다.

다만 이 방식은 메시지가 손상되거나 중간에서 가로채이면 큰 혼란이 생길 수 있기 때문에 암호화된 통신, 복구 시스템, 다중 서명 검증 등을 갖춰야 한다. 쉽게 말하면 보내는 쪽과 받는 쪽이 서로 확인 전화를 한 뒤 돈을 보내는 시스템이다. 대표적인 프로젝트로는 코스모스Cosmos와 레이어제로LayerZero가 있다.

코스모스는 메시지 기반 상호운용성을 본격적으로 도입한 선도적인

생태계다. 코스모스의 IBCInter-Blockchain Communication 프로토콜은 서로 다른 체인들이 자유롭게 메시지를 주고받도록 설계되었으며, 2025년 기준 50개 이상의 체인이 IBC를 통해 연결되어 있다. 이를 통해 단순 자산 이동을 넘어 체인 간 대출, 스테이킹, 금리 조정 같은 금융 활동까지 확장할 수 있다. 코스모스는 2025년 기준 약 115개 이상의 체인을 연결하고 있으며, 수십억 달러 규모의 자산이 매년 코스모스 생태계를 통해 이동하고 있다.

레이어제로는 특정 생태계에 국한되지 않고 이더리움, 솔라나, 스크롤 등 다양한 블록체인 간 메시지를 연결하는 범용 인프라다. 특히 USDC의 다중 체인 발행을 지원하며, 이더리움과 솔라나 간 자산 전송을 비롯해 실제 수억 달러 규모의 트랜잭션 처리에 활용되고 있다. 레이어제로는 전체 스테이블코인 발행량의 약 61.2%에 해당하는 1500억 달러 규모를 지원하는데, 다양한 체인 간 자산 발행과 이동에 광범위하게 활용되고 있다는 점에서 주목할 만하다.

인프라 통합 기술

인프라 통합이라는 말은 복잡하게 들리지만 본질은 간단하다. 단순히 자산이나 메시지를 이동시키는 기술을 넘어 체인 간 연결을 안전하고 효율적으로 관리하는 운영 시스템이다. 대표적으로 다자간 연산MPC 기반 API 인프라와 커스터디 브릿지가 있다. 이들은 스테이블코인의 크로스

체인 활용을 위한 필수적 지원군 역할을 한다.

다자간 연산 기반 API 인프라는 체인 간 자산 이동을 안전하게 지원하는 핵심 기술이다. 파이어블록스Fireblocks는 이 분야의 선두 주자로 다자간 연산을 활용해 프라이빗 키를 분산 저장함으로써 중앙화 리스크를 줄인다. 이를 통해 자산 전송, 키 관리, 접근 제어를 통합적으로 관리하며 여러 블록체인 간 연결을 더욱 안전하고 자동화된 방식으로 구현한다. 예를 들어 이더리움에서 발행된 USDC를 스크롤이나 솔라나로 이동시키는 작업을 몇 번의 클릭만으로 실행할 수 있다.

파이어블록스는 2025년 기준 30개 이상의 체인과 통합돼 있으며 1800개 이상의 고객을 확보하고 있다. 거래소, 수탁기관, 은행, 트레이딩 데스크, 이커머스 기업 등 다양한 산업군에서 활용하고 있다. 아베, 유니스왑 같은 디파이 프로토콜과의 연동을 통해 기관이 유동성 공급이나 대출에 쉽게 참여할 수 있도록 돕는 것도 강점이다. 또한 최근 실물 자산, NFT, 중앙은행 디지털 화폐 같은 자산의 크로스체인 전송에서도 핵심 인프라로 자리 잡고 있다.

블록체인의 언어를 맞추는 일

표준 기반 상호운용성이란 체인마다 사용하는 기술 언어와 규격을 맞춰주는 것을 말한다. 마치 웹사이트를 만들 때 HTML이라는 공통 규격을 사용하는 것처럼 서로 다른 체인도 같은 규칙을 따르게 하는 것이다.

특히 이더리움 생태계에서 표준화는 중요한 역할을 한다. 이더리움 가상 머신EVM은 이더리움이 스마트 콘트랙트를 실행하는 핵심 환경이다. EVM-호환 체인은 동일한 코드와 실행 방식을 공유하는데, 예를 들어 이더리움과 스크롤 간에 별도의 크로스체인 프로토콜을 통해 스마트 콘트랙트가 데이터를 요청하거나 작업을 실행하도록 지시할 수 있다. 이러한 표준은 메시지 전송의 신뢰성과 보안성을 보장하기 위한 규칙이다. 이 표준이 정착되면 마치 비자 로고가 있는 곳 어디서나 카드로 결제할 수 있는 것처럼 스테이블코인도 어디서든 동일하게 작동할 수 있다.

블록체인을 쉽게 만드는 체인 추상화 기술

상호운용성은 서로 다른 블록체인 간에 자산과 정보를 주고받을 수 있게 만들어주는 기술이다. 하지만 여전히 사용자는 어떤 체인인지 확인하고 지갑을 전환하고 가스비를 따로 준비하고 트랜잭션을 수동으로 승인해야 한다. 기술은 연결돼 있지만 경험은 연결되지 않은 것이다.

 체인 추상화chain abstraction는 상호운용성을 사용자 인터페이스UI 차원에서 완성하는 기술이다. 쉽게 말해 상호운용성은 체인을 연결하는 백엔드 기술이고 체인 추상화는 그 기술을 사용자가 보지 못하도록 숨겨주는 프론트엔드 경험이다. 결과적으로 사용자가 체인의 존재를 인식하지 않아도 자유롭게 블록체인을 활용할 수 있게 만든다.

 다시 은행 앱을 떠올려 보자. 사용자가 계좌번호와 금액을 입력하고 비밀번호를 누르면 송금이 완료된다. 돈이 어떤 결제망을 거치고 어떤 인증 서버를 통과했는지는 사용자가 전혀 알 필요가 없다. 체인 추상화도 마찬가지다. 사용자에게는 하나의 지갑, 하나의 인터페이스만 보이고 그 뒤에서는 여러 블록체인이 자동으로 연결되고 동기화된다.

파티클네트워크Particle Network는 체인 추상화 기술을 구현한 대표적인 프로젝트 중 하나다. 이들은 모듈형 계정 추상화account abstraction를 기반으로 사용자가 하나의 지갑에서 여러 체인을 동시에 다룰 수 있도록 설계했다. 별도의 설치 과정 없이 소셜 로그인을 통해 지갑을 만들고 가스비 없이 이더리움, 스크롤, 솔라나 같은 다양한 네트워크에서 자산을 전송하거나 디파이 서비스를 이용할 수 있다.

예를 들어 이더리움에서 받은 스테이블코인을 스크롤 체인에서 바로 사용하거나 솔라나 기반의 앱에서 결제하는 것이 가능하다. 파티클은 이를 위해 유니버설 어카운트Universal Account, 유니버설 리퀴디티Universal Liquidity, 유니버설 가스Universal Gas 같은 모듈을 개발해 사용자가 한 개의 지갑으로 모든 체인을 넘나들도록 돕고 있다.

또 다른 예로 니어프로토콜NEAR Protocol은 체인시그니처chain signatures라는 기술을 통해 여러 체인에서 하나의 서명만으로 거래를 승인할 수 있도록 지원한다. 예를 들어 사용자가 니어 계정으로 로그인한 후 이더리움에서 토큰을 전송하고 폴리곤Polygon에서 대출을 실행하고 솔라나에서 NFT를 구매하는 것을 한 번의 승인으로 처리할 수 있는 구조다. 마치 카카오페이 하나로 온오프라인 결제를 처리하는 것처럼 체인을 넘나드는 경험을 단순화한다.

체인 추상화는 아직 완벽하지 않다. 어떤 팀은 지갑을 쉽게 만드는 데 집중하고 어떤 팀은 블록체인 간 메시지 주고받기를 간단하게 만들고 또 다른 팀은 앱 화면을 더 편리하게 디자인하려고 노력한다. 하지만 목표는 모두 같다. 사용자가 블록체인을 사용하며 기술과 관련된 걱정 없이 편하게 즐길 수 있는 단순한 인터페이스를 제공하는 것이다. 체인 추상화 기술이 더 발전하면 블록체인은 스마트폰 앱처럼 누구나 쉽게 쓰는 도구가 될 것이다.

체인을 넘나드는 유동성의 시대

스테이블코인은 사용할 수 있는 곳이 많을수록 그 가치가 커진다. 그리고 그러한 사용 가능성을 만드는 기반이 상호운용성이다. 브릿지, 메시징, 멀티체인 발행은 각기 다른 방식으로 연결성을 구현한다. 하지만 기술만으로는 충분하지 않다. 사용자가 그 기술을 느끼지 못하게 만드는 것이 진짜 목표다.

우리는 비자카드가 어떻게 결제를 처리하는지 몰라도 카드를 사용한다. 스테이블코인도 마찬가지다. 사용자는 스테이블코인이 어느 체인에서 움직이는지, 원하는 시기에 교환이 가능한지 등의 정보를 알고 싶어 하지 않는다. 이를 실현하려면 체인 간 연결성과 유동성 흐름을 확보하는 것이 핵심이다.

3부

스테이블코인, 부를 재편하다

4장
새로운 금융 생태계의 탄생

기술이 더 정교해지고 규제가 명확해질수록
스테이블코인은 지금보다 더 안전하고 효율적인 수익 창출 도구로 진화할 것이다.
그리고 우리는 점점 더 자주 묻게 될 것이다.

"왜 내 돈은 아직도 잠들어 있는가?"

돈이 나를 위해 일하는 시대

돈은 원래 잠들어 있어서는 안 된다. 세계적인 투자자 중 한 명인 로버트 기요사키의 『부자 아빠 가난한 아빠』에서도 "가난한 사람들은 돈을 위해 일하고, 부자들은 돈이 그들을 위해 일하도록 만든다"라고 강조한다. 은행에서 예금을 기반으로 대출하고 다시 예금을 운용하듯 돈을 일하게 만들어야 한다. 하지만 대부분의 사람이 여전히 돈을 보관하는 데 그치고 만다. 금융 지식의 높은 장벽이 만든 현실이다. 하지만 2025년의 스테이블코인은 조용히 기존의 금융 공식을 바꾸고 있다.

2024년 미국 대선 캠페인에서 도널드 트럼프는 스테이블코인을 "미국 달러 패권을 강화할 무기"라고 평가했다. 정치적 수사일 수도 있지만 그 말에는 변화의 핵심이 담겨 있었다. 스테이블코인은 더 이상 마이너한 기술이 아니다. 달러의 미래 그리고 자산의 방향성을 바꾸는 도구로 진화 중이다.

씨티은행은 2030년까지 스테이블코인 시장이 최대 3.7조 달러 규모로 성장하리라고 전망했다. 이는 현재 한국 GDP의 두 배 이상에 해당하는 규모다. 이런 성장이 단순한 디지털 달러 때문일까? 아니다. 이제 스테이블코인은 단순히 보관되는 화폐가 아니라 수익을 생산하는 자산으로 변모하고 있기 때문이다.

돈이 스스로 일하기 시작했다

현재 스테이블코인은 크게 두 가지 유형이 있다. 하나는 결제형 스테이블코인 transactional stablecoin이다. 이 유형은 테더의 USDT, 서클의 USDC처럼 가치 안정성을 기반으로 거래소 간 자금 이체나 글로벌 송금 등에서 사용된다. 빠르고 저렴하며 변동성이 없어 국제 거래에서 특히 각광받았다. 2025년 7월 기준 약 250억 달러 규모로 스테이블코인 시장에서 압도적인 비중을 차지하고 있다.

또 최근 빠르게 성장 중인 수익형 스테이블코인 yield-bearing stablecoin이 있다. 이 유형은 단순히 1달러의 가치를 유지하는 데 그치지 않고 연평균 5% 이상의 이자를 제공할 수 있는 구조를 갖춘 스테이블코인이다. 디파이 기반의 수익 창출 전략을 통해 이자라는 고전적 금융 상품 개념

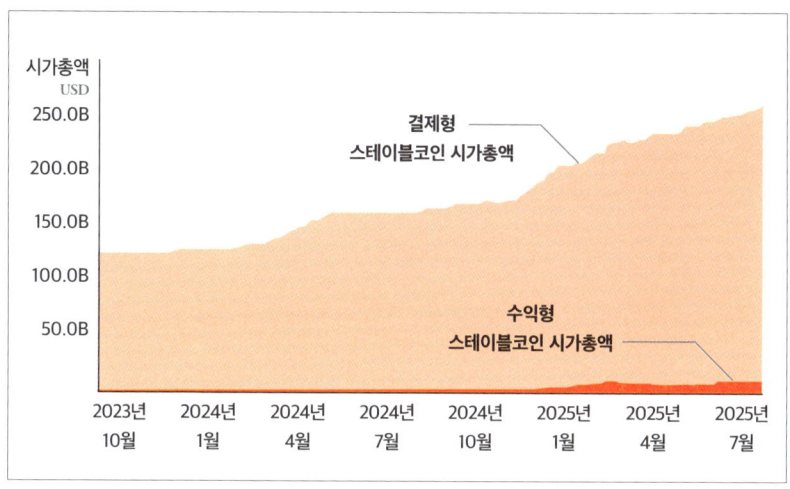

— 2023년 10월부터 2025년 7월까지 결제형 스테이블코인과 수익형 스테이블코인 시가총액. 결제형 스테이블코인이 대부분이었지만 2025년 5월 기준 수익형 스테이블코인의 시장 규모가 110억 달러까지 늘어나며 전체 스테이블코인 시장의 4.5%를 차지할 정도로 성장했다. ©Stablewatch

을 블록체인 위에 새롭게 구현한 것이다.

스테이블코인의 대표적인 두 축은 서로 대체되지 않는다. 오히려 상호보완적으로 디지털 금융 생태계를 구성한다. 하나는 안정성과 접근성을, 다른 하나는 수익성과 자산성을 제공한다. 쓸 수 있는 돈과 굴릴 수 있는 돈, 스테이블코인은 이 둘을 동시에 품은 최초의 화폐다.

수익형 스테이블코인의 성장 속도는 눈부시다. 이 그래프는 2023년 10월부터 2025년 7월까지 결제형 스테이블코인과 수익형 스테이블코인의 시가총액 변화를 보여준다. 주황색 영역이 결제형 스테이블코인, 빨간색 영역이 수익형 스테이블코인을 나타낸다.

2024년 초만 해도 수익형 스테이블코인 시장은 사실상 제로에 가까웠다. 그러나 불과 1년 반 만에 판도가 달라졌다. 2025년 5월 기준 시장 규모가 110억 달러까지 늘어나며 전체 스테이블코인 시장의 4.5%를 차지할 정도로 성장했다. 이 같은 확장은 단지 유행이나 기대감 때문만이 아니다. 다양한 형태의 수익형 스테이블코인이 등장하고 실제 수익을 통해 시장에서 검증받고 있기 때문이다. 물론 아직 전체 시장에서 차지하는 비중은 작지만 현재의 성장 곡선이 이어진다면 머지않아 스테이블코인 시장의 중심축 중 하나로 자리매김할 가능성이 크다.

결제형 스테이블코인은 여전히 시장의 대세다. 실제로 2025년 상반기에 지니어스법이 미국 의회를 통과하면서 스테이블코인을 합법적 결제 수단으로 인정하는 법적 토대가 마련됐다. 이는 스테이블코인이 국제 송금, 기업 간 결제, 소상공인 거래까지 일상적 금융 인프라로 스며들 수 있는 기반이 되었음을 의미한다.

스테이블코인은 더 이상 단순한 디지털 달러가 아니다. 은행 금리보다 높은 이자를 주고 글로벌 결제보다 빠르게 송금되며 자산처럼 관리되고 있다. 돈이 잠들지 않고 깨어 있는 시대다. 기술의 진화, 규제의 명확화, 글로벌 수요의 증가는 앞으로 더 다양한 형태의 스테이블코인을 만들어낼 것이다. 우리는 이제 단순히 코인의 종류를 이해하는 데서 그쳐선 안 된다. 돈의 본질이 어떻게 바뀌고 있으며 그 변화에 내가 어떻게 참여할 수 있는지 살펴야 한다. 이제 돈은 스스로 일하기 시작했다.

스테이블코인이 이자를 창출하는 비밀

은행 예금 이자가 연 5%를 넘는다면 믿겠는가? 2025년, 한국의 시중은행 정기예금 기본 금리는 2.0~2.5% 수준이다. 급여 이체, 카드 사용 같은 우대 조건을 충족해도 최대 4.5%가 한계다. 적금은 형편이 조금 나은 편이지만 조건을 채우려면 더 복잡하고 수익은 제한적이다. 예를 들어 하나은행의 '달달 하나 적금'은 연 7.0%의 이율을 이점으로 내세우지만 매달 30만 원을 꼬박꼬박 넣어야 하고 중도 해지 시 이자가 대부분 사라진다. 저축은행은 조금 더 나은 편이라 최대 연 5.5~7.5%를 제공하지만 여전히 조건이 까다롭다.

이런 상황에서 만약 하루만 맡겨도 연 5~15%의 수익을 낼 뿐만 아니라 언제든 입출금까지 가능한 상품이 있다면 누구라도 관심을 가질 것이다. 바로 수익형 스테이블코인이 그 주인공이다. 수익형 스테이블코인은 말 그대로 이자를 주는 스테이블코인이다. 1달러의 가치를 안정적으로 유지하면서도 마치 은행 예금처럼 보유하는 것만으로 수익을 창출한다. 대표적으로 에테나의 USDe, 스크롤의 USX, 아반트의 avUSDx, 팰컨 파이낸스의 USDf 등이 있다. 이름은 생소할 수 있지만 구조는 매우 논리적이다. 이들은 크게 두 가지 방식으로 이자를 만들어낸다.

첫째, 안전 자산 투자를 통해 수익을 배분하는 방식이다. 사용자가 맡긴 자금을 미국 국채나 머니마켓펀드MMF 같은 안전한 금융 상품에 투자해 수익을 낸다. 그 수익을 스테이블코인 보유자들과 나누는 구조다. 마치 펀드가 수익을 내면 배당을 주듯 일정 비율로 수익이 배분된다.

둘째, 디파이를 활용한 수익 창출 방식이다. 유동성 공급, 스테이킹, 대출 등의 방식으로 스테이블코인을 블록체인 생태계에 투입해 그 과정에서 발생한 수수료나 인센티브를 수익으로 전환한다. 이러한 방식의 구조는 다층적이지만 본질은 명확하다. 시장 안에서 일어나는 자산의 이동과 거래 활동을 체계적으로 수익화하고 이를 공유한다는 것이다.

수익형 스테이블코인의 대표주자

각 프로젝트가 어떤 방식으로 수익을 창출하는지 구체적으로 살펴보자.

에테나의 USDe

USDe는 현재 수익형 스테이블코인 중 가장 규모가 크고 시장에서 가장 빠르게 성장하고 있는 프로젝트다. USDe 코인의 핵심 수익 모델은 자산 운용에서 비롯된다. 예를 들어 이더리움과 비트코인의 선물 시장에서 발생하는 펀딩비, 즉 펀딩 수수료를 활용한다. 한 투자자는 미래 가격 상승에 베팅하고, 다른 투자자는 하락에 베팅할 때 그 차이를 조정하기 위해 오가는 일종의 프리미엄 수수료가 바로 펀딩비다. 에테나는 양쪽 포지션을 동시에 구축하는 델타-뉴트럴 전략을 통해 수수료를 안정적으로 확보한다. 시장의 방향성과 상관없이 수익을 낼 수 있는 구조를 만든 것이다. 전통 금융의 헤지펀드에서 사용되는 전략과 유사하지만 이더리움 생태계에서 블록체인 기반으로 구현됐다는 점이 다르다.

— 에테나의 웹사이트(https://ethena.fi/). 에테나의 USDe는 수익형 스테이블코인 중 가장 규모가 크다. ©Ethena

에테나의 델타-뉴트럴 전략 기반의 수익 모델은 시장에서 빠르게 신뢰를 얻었다. 2024년 2월 650만 달러였던 운용 규모가 2025년 2월 35억 달러를 돌파하며 1년 만에 50배 이상 성장했다. 이는 수익형 스테이블코인 시장에서 약 77%의 점유율을 차지하는 수치다.

하지만 아무리 혁신적인 전략이라 해도 위험은 존재한다. 첫째, 거래소 유동성에 의존한다는 점이다. 펀딩 수수료는 선물 시장 참여자가 많아야 발생한다. 만약 시장이 얼어붙거나 거래량이 급감하면 수익은 곧바로 줄어든다. 둘째, 규제 리스크다. 에테나는 전통 금융의 파생상품과 유사한 구조를 갖고 있어 규제 당국이 이를 무허가 금융 서비스로 간주할 가능성이 있다. 특히 미국 같은 주요국에서 규제의 칼을 빼 들 경우, 플랫폼 운영에 직접적인 영향을 줄 수 있다.

온도 파이낸스의 USDY

USDY는 미국 단기 국채T-bills와 은행 요구불예금demand deposits 같은 안정적 기초 자산에서 발생하는 이자를 스마트 콘트랙트를 통해 토큰 보유자에게 분배한다. 즉, 안정성과 수익성을 제공하는 수익형 스테이블코인이다. 구체적으로 살펴보면 투자자의 자금은 온도 USDY 유한책임회사Ondo USDY LLC라는 특수목적법인을 통해 국채와 예금에 투자되며 이러한 자산이 발생시키는 이자(약 연 4~5%)는 토큰 보유자에게 전달된다. 이자는 보유 수량 증가의 형태로 반영된다. 예를 들어 1USDY의 가치가 1년 후 1.05달러로 증가할 경우, 사용자가 지갑에 1000USDY를 보유하고 있고 연 5% 이자가 발생하면 1년 후 각 USDY의 가치는 1.05달러가 되어 총자산 가치는 1000×1.05=1050달러로 증가한다. 이러한 과정은 스마트 콘트랙트에 의해 자동으로 처리되며 지갑의 USDY 개수는

— 온도 파이낸스의 웹사이트(https://ondo.finance/). 수익형 스테이블코인 시장에서 빠르게 성장하며 주목받고 있다. ⓒOndo Finance

변하지 않지만 각 토큰의 시장 가치가 상승한 것으로 표시된다. USDY의 이자 창출 방식은 전통 금융의 안정적 자산을 블록체인 기술과 결합해 디파이 프로토콜에서 USDY를 담보 자산이나 유동성 풀에 활용해 추가 수익을 창출할 수 있도록 설계됐다. USDY는 2023년 8월 출시 이후 2025년 7월 기준 시가총액 약 5.8억 달러에 달하며 수익형 스테이블코인 시장에서 빠르게 성장하며 주목받고 있다.

단, USDY의 수익률은 미국 단기 국채 금리에 크게 의존하기 때문에 금리가 하락하면 기대 수익이 줄어들 수 있다. 또한 발행 후 40~50일 동안 토큰 전송이 제한되는 록업 기간이 있어 단기 유동성이 필요한 투자자에게 불편을 초래할 수 있다.

아반트의 avUSD

아반트는 2024년 6월에 설립된 디파이 플랫폼으로 간단한 기본 구조를 갖고 있다. USDC, USDT 같은 기존 스테이블코인을 예치하면 그 대가로 avUSD가 발행되고 다시 avUSD를 예치하면 더 높은 수익률을 추구하는 savUSD가 발행된다. savUSD는 일종의 주니어 트랜치, 즉 고위험 고수익 상품의 형태로 고도화된 전략에 투입된다. 예치된 자산은 제로엑스파트너스0xPartners 같은 검증된 금융 운용 전략 파트너가 관리하며 마켓 뉴트럴 전략market neutral strategy*을 통해 안정성과 수익성을 동시에 추구한다. 이는 시장이 오르든 내리든 수익을 내는 구조로, 방향성보다는 가격 차이와 구조적 기회를 활용하는 방식이다. 쉽게 말해 안전한 편에 서서 이익을 거둘 수 있는 기회만 가져가는 전략이라 할 수 있

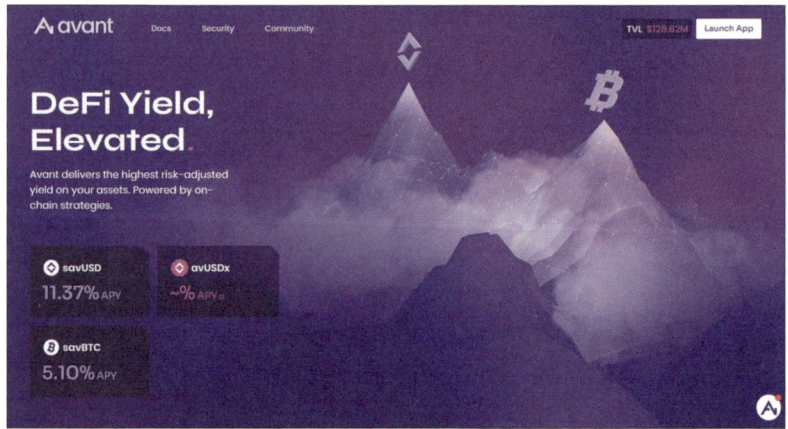

— 아반트의 웹사이트(https://www.avantprotocol.com/). 높은 수익을 추구하는 마켓 뉴트럴 전략을 통해 안정적인 수익을 제공한다. ©Avant

다. 아반트는 아발란체 네트워크 위에 구축돼 있으며 상대적으로 신생 프로젝트리는 점에서 충분한 검증 기간이 필요한 상태다. 그럼에도 전통 금융의 트랜치 구조를 온체인에서 구현하고 리스크와 수익의 균형을 섬세하게 조절하려는 시도가 시장에서 높은 주목을 받고 있다.

USX

USX는 2025년 9월에 론칭한 차세대 스테이블코인이다. 기존에는 초고액 자산가나 기관 투자자만 접근할 수 있었던 헤지펀드 전략을 일반

• 시장 가격이 오르든 내리든, 자산 간의 가격 차이나 구조적인 비효율을 이용해 시장 전체의 방향성과 무관하게 수익을 내는 전략이다. 예를 들어 한 자산을 매수하면서 동시에 유사한 자산을 매도해 가격 차이만 취하는 구조를 만든다. 헤지펀드나 퀀트펀드가 자주 사용하는 전략으로, 리스크를 줄이면서 수익의 안정성을 추구하는 데 목적이 있다.

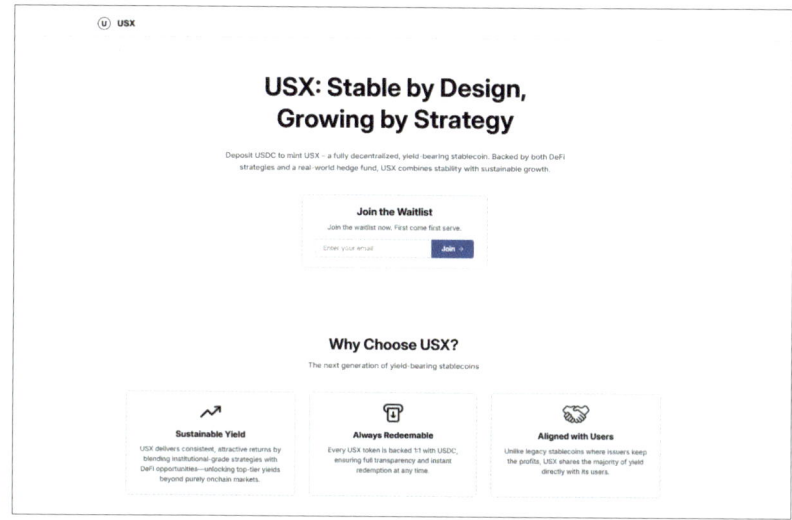

— USX의 웹사이트(https://www.usx.capital/). 전통 금융의 헤지펀드 전략과 디파이 전략을 융합해 안정성과 지속 가능한 수익을 동시에 추구한다. ⓒUSX

투자자에게도 개방했다는 점에서 의미가 크다. 여기에 디파이 전략까지 더해져 안정성과 수익성을 동시에 추구하는 구조를 갖췄다.

사용자는 USDC를 예치해 일대일로 USX를 발행받고, 필요할 때 언제든 다시 상환할 수 있다. 수익을 얻으려면 발행한 USX를 예치해 sUSX로 전환하면 된다. 예치된 자산은 두 축으로 운용된다. 첫째, 오프체인에서는 규제된 헤지펀드가 마켓 뉴트럴 전략을 집행한다. 스팟-선물 차익거래, 거래소 간 가격 차이를 활용한 크로스 거래 등 가격의 구조적 비효율을 수확하는 전략으로, 상승장과 하락장에서 모두 작동한다는 점이 핵심이다. 둘째, 온체인에서는 아베와 같은 검증된 디파이 프로토콜에 분산 배치된다. 스마트 콘트랙트가 담보 비율과 한도를 관리하고, 전략 간 상관관계를 낮추도록 설계돼 안정적이고 반복적인 수익을 확보한다. 한 줄로 요약하면, USX는 담보와 상환 구조에서 신뢰를 얻고 가격의 비효율을 체계적으로 수확해 수익을 창출하는 스테이블코인이다.

전통 금융이 놓친 영역

수익형 스테이블코인이 제공하는 가장 큰 혁신은 투명성과 접근성이다. 전통 금융의 예금 구조는 자산 관리는 우리가 알아서 할 테니 이자만 받아 가라는 방식이다. 사용자는 자산이 어떻게 운용되는지, 어떤 리스크가 있는지 알기 어렵다.

반면 수익형 스테이블코인은 어디에 자산을 투자했고 얼마의 수익이 발생했으며 소유자가 받을 몫이 얼마인지까지 블록체인 위에서 실시간으로 확인할 수 있다. 전통 금융의 예금이 고정적이고 폐쇄적인 구조라면 이들은 역동적이고 투명한 수익 창출 메커니즘을 제공한다. 접근성의 문턱도 낮다. 은행은 계좌 개설부터 각종 서류, 심사, 조건이 따르지만 수익형 스테이블코인은 인터넷만 있으면 누구나 접속할 수 있다. 국적도, 소득 수준도 필요 없다. 전 세계 어디서든 24시간 내내 몇 달러든 투자할 수 있다.

물론 수익형 스테이블코인도 완벽하진 않다. 스마트 콘트랙트의 취약점, 시장 변동성, 정책 변화 같은 리스크는 존재한다. 하지만 지금까지 알려진 위험들도 점차 체계적으로 관리되고 있고 전통 금융의 불투명성과 비교하면 오히려 더 예측 가능한 측면도 있다.

수익형 스테이블코인은 한마디로 예금의 얼굴을 가진 자산이다. 기존 금융 시스템에서 우리는 보관과 보존에 집중했다. 하지만 수익형 스테이블코인 시대에 우리는 생산과 공유에 초점을 맞춘다. 단순한 기술의 진보를 넘어 돈이라는 개념 자체의 재설계가 실현되고 있는 것이다. 앞으로 기술이 더 정교해지고 규제가 명확해질수록 스테이블코인은 지금보다 더 안전하고 효율적인 수익 창출 도구로 진화할 것이다. 그리고 우리는 점점 더 자주 묻게 될 것이다.

"왜 내 돈은 아직도 잠들어 있는가?"

중개자 없는 금융 혁명, 디파이의 탄생

은행에 돈을 맡기면 이자를 받는다. 그런데 이자는 정확히 어디서 나올까? 간단히 말하면 은행이 돈을 일하게 만들어 벌어들인 수익이 바로 이자다. 예금자의 돈을 누군가에게 빌려주면 돈을 빌려 간 대출자는 그 돈에 대해 이자를 내야 한다. 이 과정에서 예금자는 이자를 받는다.

　은행이 예금자의 돈을 일하게 할 경우 예금자는 이자 중 얼마를 받는 것일까? 우리가 받는 이자는 은행이 자금을 운용하며 만든 수익의 일부다. 사실상 은행이 예금자에게 떼어준 몫에 가깝다. 구체적으로 살펴보면 운영비, 마케팅비, 임직원 급여, 건물 임대료, 심지어 주주 배당금까지 모든 비용을 제하고 남은 것 중 극히 일부가 예금자의 통장으로 들어온다. 그동안 은행이 지급하는 이자에 익숙해져 무심코 넘겼던 구조를 다시 들여다보면 예금자의 돈으로 벌어들인 수익을 예금자가 다 가져가지 못한다는 사실이 명확해진다.

누가 진짜 수익을 가져가는가

예금자에게 이자를 지급하는 구조를 구체적인 숫자로 살펴보자. 한국의 주요 시중은행의 정기예금 금리는 현재 연 3% 내외다. 이들 은행의 대출 금리는 신용대출이 연 4~8%, 주택담보대출도 4~6% 수준이다. 예를 들어 은행의 고객이 1000만 원을 1년 만기 정기예금(세전 금리 3%)에 맡길 경우, 1년 후 이자는 30만 원이다. 계산의 편의를 위해 세금은 고려하지 않았다. 만약 은행이 다른 고객에게 똑같은 1000만 원을 연 6%로 대출해 준다면 은행 입장에서는 60만 원의 이자 수입, 즉 예대마진이 발생한다. 앞서 1000만 원을 맡긴 예금자는 고작 30만 원을 받고 나머지 30만 원은 은행의 운영비와 수익으로 돌아간다.

전형적인 전통 금융의 모순이다. 전통 금융의 구조 안에서 우리는 안정적으로 이자를 받지만 은행은 대출을 통해 더 높은 수익을 창출한다. 물론 은행의 입장에서 생각하면 신용 위험과 운영비를 부담하며 자본을 중개하는 대가로 이자를 가진다고 볼 수 있다. 하지만 예대마진이 크다는 점에서 예금자가 상대적으로 적은 수익을 얻는다고 느낄 수 있다.

은행의 예대마진은 전통 금융의 핵심 모델이다. 여기서 우리는 '자본을 제공한 사람이 가장 적은 수익을 가져가는 구조를 바꿀 수 없는가?'라는 질문을 던져볼 필요가 있다. 바로 이러한 문제의식에서 디파이가 탄생했다.

디파이, 중개인을 제거한 금융 혁명

전통 금융 환경에는 대출 심사관, 리스크 매니저, 지점 직원, 콜센터, 경영진 등 수많은 인력이 필요하다. 일반적으로 이들의 급여와 운영비는 모두 금리 차이에서 창출된다. 하지만 디파이는 전통 금융 환경과는 개념부터 다르다. 은행 같은 중개자 없이 스마트 콘트랙트, 즉 자동화된 프로그램이 돈을 굴리는 시스템이다. 은행 직원 대신 사전에 정의된 규칙에 따라 코드가 대출 승인, 담보 관리, 이자 계산, 청산까지 자동으로 실행한다.

디파이 환경에서는 예금자가 제공한 유동성(예금)에서 발생하는 수익의 대부분을 고스란히 예금자에게 돌려주고, 디파이 플랫폼을 운영하기 위한 호스팅 서버 등 극히 일부의 프로토콜 수수료(보통 10~20%)만 가져간다. 실제 수치를 비교해 보면 그 차이가 극명하다. 한국은행 예금이 연 3%의 이자를 제공할 때 주요 디파이 스테이블코인 예치 수익률은 5~15% 수준에서 형성된다. 즉, 똑같은 1000만 원이라도 디파이 플랫폼에서는 50만 원에서 150만 원의 연간 수익을 얻을 수 있다.

수익형 스테이블코인은 디파이 생태계 내의 다양한 프로토콜에서 돈을 일하게 한다. 만약 디파이가 무엇이고, 왜 안전한지 이해하지 못한다면 마치 ETF에 투자하면서 편입 종목을 모르는 것과 같다. 내 돈을 어디서 일하게 할 것인지, 어떤 프로토콜이 어떻게 수익을 내는지 알아야 스테이블코인의 수익 모델을 파악하고 투자 리스크를 줄일 수 있다. 디파이의 수익 구조는 세 가지로 나눌 수 있다. 하나씩 살펴보자.

빌려주고 이자 받는 '대출 프로토콜'

대출 프로토콜은 전통 금융의 은행과 유사한 기능을 수행한다. 사용자가 스테이블코인이나 이더리움 같은 암호화폐를 프로토콜에 예치하면 다른 사용자는 이를 담보로 대출을 받는다. 이 과정에서 발생하는 이자는 예치자에게 돌아간다.

대출 프로토콜의 과정을 간단히 살펴보자. 먼저 사용자는 자신의 자산(스테이블코인)을 대출 프로토콜에 예치한다. 예치된 자금은 다른 사용자에게 대출된다. 자금을 빌려 가는 차입자는 대출에 대한 이자를 낸다. 이 이자율은 해당 자산의 수요와 공급에 따라 실시간으로 변동한다. 차입자가 낸 이자는 유동성 공급자에게 분배된다.

이런 구조는 은행과 유사하지만 몇 가지 결정적인 차이가 있다. 신용등급이나 심사 과정 없이 담보만 충분하면 누구나 대출받을 수 있다. 이자율은 회의실에서 정해지는 것이 아니라 실시간으로 변동하는 수요와 공급에 따라 스마트 콘트랙트가 자동 조정한다. 수요와 공급 데이터

— 아베의 웹사이트(https://aave.com/). 디파이 대출 플랫폼의 표준으로, 가장 많은 자금이 예치되어 있다. ⓒAave

는 약 12초마다 생성되는 블록 단위˙로 반영된다. 주요 대출 플랫폼으로는 아베와 펜들이 있다.

아베

아베는 디파이 대출 시장의 아마존이라 할 수 있다. 전 세계에서 가장 많은 자금이 몰리는 대출 플랫폼으로 현재 약 470억 달러(약 65조 원) 규모의 자산이 예치돼 있다. 스테이블코인을 포함한 암호화폐를 맡기면 이자를 받을 수 있고 반대로 담보를 걸고 자산을 빌릴 수도 있다. 결제형 스테이블코인이나 이자 수익 창출형 스테이블코인 모두 아베에 예치하고 이자 수익을 창출하거나 대출 담보로 활용해 대출을 받을 수 있다.

- 블록체인에서는 일정 시간마다 새로운 블록이 생성된다. 이더리움 기준으로 약 12초마다 한 개의 블록이 생성되며 이 주기를 블록 단위라 부른다. 스마트 콘트랙트는 이 주기마다 데이터를 업데이트하거나 조건을 평가할 수 있어 실시간 시장 반응이 가능하다.

펜들

펜들Pendle과 같은 이자 수익 분리 거래 프로토콜은 디파이 중에서도 가장 혁신적인 개념을 구현한 플랫폼이다. 이들은 미래의 이자 수익을 현재 시점에 거래할 수 있고, 이자 수익과 원금을 분리해 거래할 수 있도록 설계됐다.

펜들은 예치된 자산(예를 들어 아베에 예치된 스테이블코인)을 원금 토큰principal token, PT과 이자 토큰yield token, YT으로 분리한다. 원금 토큰은 만기 시 원금으로 상환될 수 있는 토큰이며 이자 토큰은 만기까지 발생하는 이자 수익에 대한 권리를 나타내는 토큰이다.

사용자는 이자 토큰을 시장에 판매해 미래 이자 수익을 현재에 미리 실현하거나 이자 토큰을 구매해 미래에 고정된 이자 수익을 확보할 수

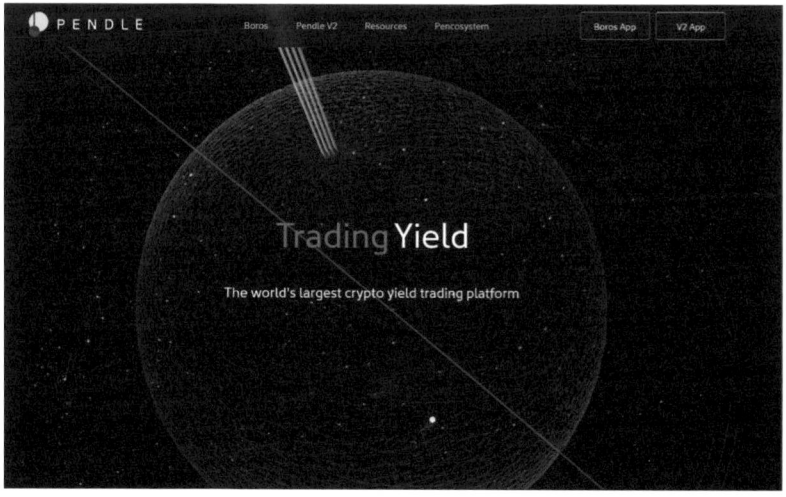

— 펜들의 웹사이트(https://www.pendle.finance/). 이자 수익과 원금을 분리해 거래할 수 있다.
©Pendle

있다. 다시 말해 1년 뒤 받을 이자 수익만 지금 팔아 미리 수익을 실현하거나 반대로 미래 이자를 저렴하게 사서 고정 수익을 노릴 수 있다.

예를 들어 영수는 아베에 1년간 1만 달러를 예치할 계획이다. 1년 후 받을 이자는 800달러다. 하지만 영수는 지금 당장 현금이 필요한 상황이다. 펜들에서는 이자를 거래할 수 있으니 영수가 1년 뒤 받을 800달러의 이자를 지금 당장 650달러에 팔 수 있다. 즉, 미래 수익을 현재로 당겨 온 것이다. 반대로 650달러를 지불하고 미래의 800달러를 사는 투자자도 있다. 이들은 확정된 23% 수익률(150달러 수익에 650달러 투자)을 확보한 셈이다.

적금처럼 예치하고 이자 받는 '스테이킹 프로토콜'

스테이킹은 자신이 보유한 자산을 블록체인 네트워크에 일정 기간 잠가두는lock 행위이며, 이렇게 잠긴 자산은 다시 두 가지 방식으로 활용된다. 먼저 블록체인의 거래를 검증하고 네트워크 보안에 기여한다. 그리고 디파이 혹은 전통 금융 시스템으로 흘러들어 가 다시 운용돼 수익을 창출한다.

스테이킹은 본질적으로 기여에 대한 보상 시스템이다. 은행의 적금처럼 예치해 두고 이자를 받는 구조나 주식을 보유하고 배당을 받는 방식과 유사하다. 여기서 중요한 개념이 등장한다. 자산을 잠가두면 프로토콜은 자산을 예치했다는 증표(영수증)를 대신 발행해 준다. 이 토큰을 우리는 리시트 토큰receipt token 혹은 스테이킹 파생 토큰이라고 부른다.

리시트 토큰은 원래 예치된 자산을 대표한다. 사용자는 리시트 토큰을 다른 디파이 프로토콜에 담보로 제공하거나 거래하거나 다시 수익을 얻는 데 활용할 수 있다. 즉, 자산을 잠가둠으로써 얻는 수익성과 유동성을 동시에 추구할 수 있다.

네트워크 안정성 지원

네트워크 안정성에 참여하는 것은 지분증명 proof of stake, PoS을 합의 알고리즘으로 사용하는 블록체인에서만 해당된다. 대표적 예로는 이더리움, 솔라나, 폴리곤, 코스모스 등이 있다. 지분증명은 블록체인의 합의 알고리즘 중 하나로 '누가 블록을 만들고 검증할 것인가'를 정할 때, 네트워크에 자산을 얼마나 맡겼는지를 기준으로 삼는다.

기존의 작업증명 proof of work, PoW이 컴퓨팅 파워와 전기를 소모해 네트워크를 운영하는 방식이라면 지분증명은 암호화폐를 스테이킹함으로써 검증자로서 참여하는 구조다. 즉, 누구든 일정량 이상의 자산을 예치하면 검증자 역할을 맡을 수 있다. 만약 블록을 성공적으로 검증하면 그 대가로 거래 수수료와 신규 발행 토큰을 보상으로 받는다.

그럼 자신이 예치한 자산이 어떻게 활용되는지 알 수 있는 방법은 무엇일까? 이더리움 네트워크에서 하나의 검증자 노드를 직접 운영하려면 32ETH가 필요하다. 개인 사용자는 이 32ETH를 직접 모아 운영할 수도 있고 여러 사람과 자산을 모아 노드 운영에 공동으로 참여할 수도 있다. 여기서 말하는 네트워크 안정성 참여는 바로 후자의 방식이다. 개인이 직접 노드를 운영하지 않더라도 이더리움을 디파이 플랫폼에 위임함으로써 간접적으로 참여하는 것이다. 이 플랫폼은 모인 자산을 활용해 검증 노드를 운영하는 대신 블록 검증에 따른 보상을 참여자들에게 분배한다.

하지만 여기에는 중요한 리스크가 따른다. 위임받은 운영자가 네트워크 규칙을 위반하거나 악의적 행동을 할 경우, 예치한 자산의 일부 또는 전부가 슬래싱slash-ing*되어 손실로 이어질 수 있다. 역설적으로 디파이 플랫폼에 많은 이더리움이 스테이킹돼 있을수록 운영자는 해당 자산을 잃지 않기 위해 더욱더 정직하게 노드를 운영해야 할 경제적 유인을 갖게 된다. 이는 곧 스테이킹 규모가 클수록 더 많은 보상을 받을 수 있지만 동시에 더 큰 손실 위험을 떠안게 되는 구조다. 이처럼 스스로 위험을 감수하면서 네트워크 보안에 기여하는 구조가 바로 지분증명의 핵심이며 이를 통해 경제적 신뢰 economic security가 형성된다.

스테이킹 과정을 간단히 살펴보자. 먼저 사용자는 자신의 암호화폐(이더리움 등)를 스테이킹 프로토콜에 예치한다. 이 자산은 블록체인 네트워크의 검증 과정에 활용된다. 자산을 예치하면 리시트 토큰을 발급받는데, 이 토큰은 대출 플랫폼 등에 활용할 수 있다. 예치된 자산은 네트워크의 보안 및 거래 검증에 기여하며, 이에 따른 거래 수수료가 생성된다. 이 보상은 스테이킹 참여자에게 지급된다(약 연 3~7%). 생성된 보상은 스테이킹 참여자에게 분배되며 프로토콜은 소액의 운영 수수료(약 10%)를 가져가는 방식이다.

라이도

라이도Lido Finance는 2022년 이더리움이 작업증명 방식에서 지분증명 방식으로 전환할 때 나온 혁신적 모델이다. 2025년 8월 기준 약 380억

- 블록체인 네트워크의 보안과 신뢰를 해치는 행위, 예를 들어 이중 서명이나 네트워크 가동 중단 같은 행위에 대해 시스템이 자동으로 해당 검증자의 예치금을 일부 몰수하는 제재 메커니즘이다.

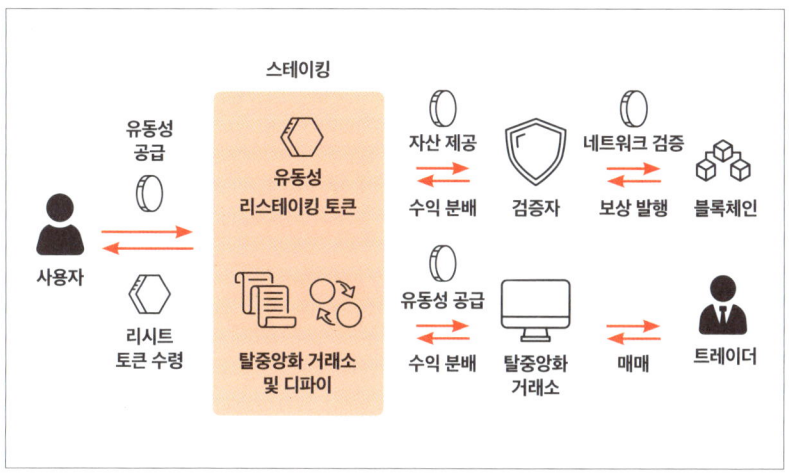

— 스테이킹의 구조. 암호화폐를 네트워크 운영에 예치해 블록 생성이나 검증에 참여하고 그 대가로 보상을 받는 방식이다.

달러(약 51조 원) 규모의 자산이 예치돼 있는 스테이킹의 근본 플랫폼이다. 2022년 이더리움의 더 머지The Merge로 지분증명 방식이 도입되면서 스테이킹이 가능해졌지만 개인이 직접 스테이킹하려면 최소 32ETH(2025년 7월 기준 약 1.5억 원 이상)와 복잡한 기술 설정이 필요하다. 라이도는 이러한 진입장벽을 낮춰 소액 투자자도 스테이킹에 참여할 수 있게 했다.

사용자는 소량의 이더리움을 예치하고 이에 상응하는 stETH(라이도에서 발행하는 이더리움 스테이킹 토큰) 토큰을 받아 다른 디파이 프로토콜에서 담보로 사용하거나 거래할 수 있다. 이는 유동성을 유지하면서도 스테이킹 보상을 얻을 수 있는 강력한 장점이다. 예를 들어 영희는 1000만 원 상당의 이더리움을 라이도에 스테이킹할 수 있다. 이때 예치금을 기준으로 연 3~7%의 보상(30만~70만 원)을 기대할 수 있으며 수수료 공제

— 라이도의 웹사이트(https://lido.fi/). 이더리움 스테이킹의 선두 주자다. ©Lido Finance

후 실수령액은 약 27~63만 원이 된다.

　예치하고 받은 stETH를 아베와 같은 대출 프로토콜에 담보로 제공(유동성 제공)해 추가 이자도 얻을 수 있다. 이렇게 하면 스테이킹 보상과 대출 이자를 동시에 얻을 수 있다. 다만 일부 스테이킹 플랫폼은 예치된 자산을 일정 기간 인출할 수 없도록 설정돼 있어서 이 기간에 암호화폐 가격이 하락하면 손실 가능성이 있다. 또한 검증인이 네트워크 규칙을 위반하면 스테이킹 자산의 일부를 잃을 수 있다. 라이도는 이를 최소화하지만 완전한 면제는 불가능하다.

비피 파이낸스

비피 파이낸스Beefy Finance는 오토 컴파운딩auto-compounding 전략으로 예치된 자산을 운용해 수익을 창출한다. 2020년 후반 바이낸스스마트체인Binance Smart Chain, BSC 기반으로 등장해 다체인 확장에 성공하며 볼트Vault 분야의 선두 주자로 자리 잡았다. 2025년 기준 4억 달러 이상의 자산이 예치돼 있으며 지원 네트워크는 20개 이상에 달한다.

사용자는 자산을 비피 볼트Beefy Vault에 예치하기만 하면 된다. 볼트는 수익이 발생하면 자동으로 수확harvest하고 그 수익을 재예치compound하는 과정을 반복해 복리 효과를 극대화한다. 마치 은행 예금에 이자를 주기적으로 재투자해 수익을 늘리는 것과 유사하다. 예를 들어 철수가 USDC/DAI 스테이블코인 볼트에 1000만 원을 예치하고 연수익

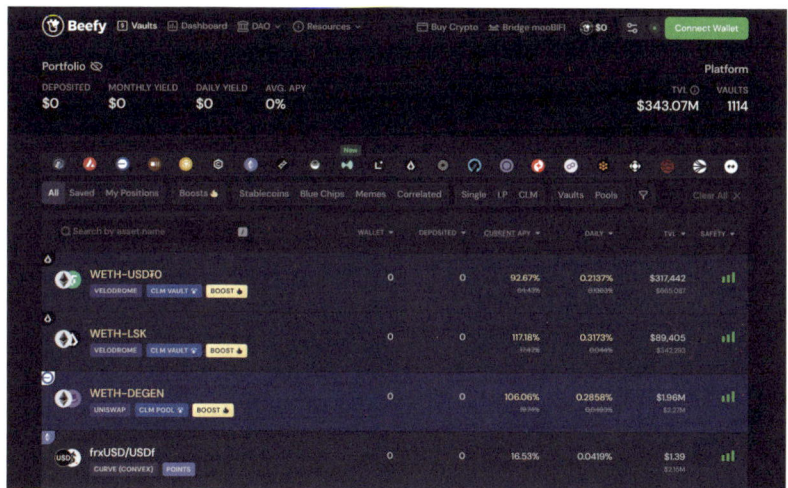

― 비피 파이낸스의 웹사이트(https://beefy.com/). 디파이 수익 최적화의 자동화로 사용자가 따로 관리하지 않아도 높은 수익률을 낼 수 있다. ©Beefy Finance

률APY이 10%라고 가정할 때, 오토 컴파운딩으로 약 105만 1271원(세전)의 이자를 얻을 수 있다. 물론 시장 상황, 프로토콜 정책, 유동성 규모에 따라 수익은 달라질 수 있다.

비피는 수익 최적화 도구로 사용자가 수동으로 관리하지 않아도 높은 수익률을 제공한다. 그러나 볼트가 의존하는 탈중앙화 거래소나 대출 프로토콜의 스마트 콘트랙트가 해킹당하거나 스테이블코인이 디페깅되는 경우 자산 손실 위험이 있다. 또한 일부 볼트는 출금(언스테이킹)에 시간이 걸리거나 시장이 급변할 때 즉각적인 대응이 어려울 수 있다.

거래 수수료로 돈을 버는 '탈중앙화 거래소'

디파이에서 스테이킹이나 대출 같은 서비스를 이용하려면 언제든지 사고팔 수 있는 거래 자금, 즉 유동성이 필수적이다. 이러한 유동성이 모여 있는 곳이 바로 탈중앙화 거래소다. 탈중앙화 거래소는 디파이 생태계의 핵심으로 전통적인 증권사나 은행과 달리 중개인 없이 운영되는 거래소다. 대신 사용자가 자신의 자산을 예치해 유동성 풀을 형성하고 다른 사용자는 이 풀을 활용해 자유롭게 코인을 거래할 수 있다. 유동성을 제공한 사용자는 그 보상으로 거래 수수료를 받는다. 예를 들어 누군가가 USDC로 이더리움을 구매하려고 할 때, 미리 형성된 USDC/ETH 유동성 풀에서 거래가 이루어진다. 이 풀은 스마트 콘트랙트를 통해 자동으로 가격을 계산하고 거래를 처리한다.

탈중앙화 거래소 플랫폼에서 수익이 발생하는 과정을 살펴보자. 먼저 사용자는 특정 거래 쌍(예를 들어 ETH/USDT)에 자신의 이더리움과 스테이블코인(USDT)을 동일한 가치로 토큰 풀에 예치한다. 그리고 해당 유동성 풀에서 토큰 거래가 발생할 때마다 거래 수수료를 받는다. 일부 탈중앙화 거래소는 유동성 공급에 대한 인센티브로 자체 거버넌스 토큰(UNI, CRV 등)을 추가로 지급하기도 한다. 자체 토큰은 다시 스테이킹해 추가 수익을 얻거나 시장에 판매할 수 있다.

유니스왑

유니스왑은 이더리움 기반의 세계 최대 탈중앙화 거래소로 2025년 기준 총예치금액TVL이 약 60억 달러에 달한다. 누구나 유동성 풀에 자산을 예치해 거래 수수료를 수익으로 받을 수 있으며 별도의 중개자 없이 알고리즘을 통해 자산을 직접 교환할 수 있도록 설계됐다.

유니스왑에서는 두 종류의 자산(예를 들어 ETH와 USDC)을 같은 금액만큼 유동성 풀에 예치하면 풀을 통해 발생하는 모든 거래에 대해 예치 비율에 따라 거래 수수료를 분배한다. 예치자는 단순히 자산을 보유하는 것을 넘어 거래 시장에 유동성을 공급하며 그 대가로 보상을 얻는다.

예를 들어 영수는 이더리움과 USDC에 각각 250만 원씩, 총 500만 원을 유니스왑의 ETH/USDC 유동성 풀(수수료율 0.3%)에 예치했다. 영수가 예치한 자산이 해당 풀 전체의 1%라고 가정하고 하루 거래량이 100억 원이라면 전체 거래 수수료는 100억×0.3%=3000만 원이다. 이 중 1%에 해당하는 30만 원이 영수의 하루 수익이 된다. 단, 탈중앙화 거

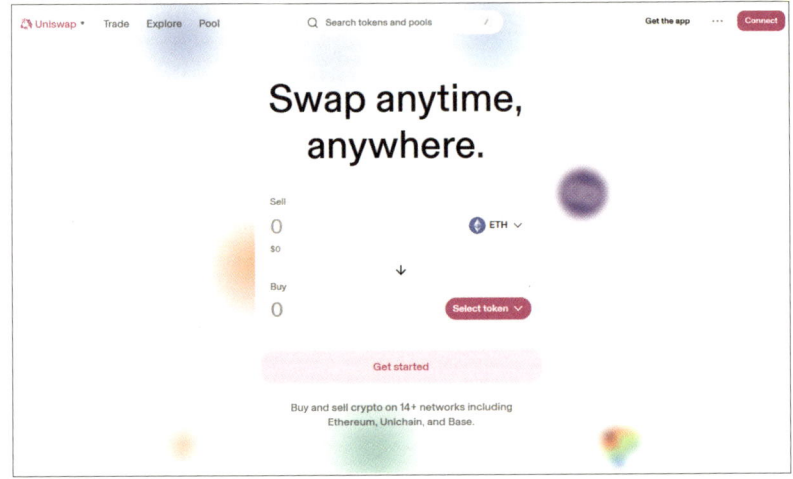

— 유니스왑의 웹사이트(https://app.uniswap.org/). 가장 널리 사용되는 탈중앙화 거래소다.
©Uniswap

래소에서의 유동성 공급은 제공한 자산 가격 변동으로 인해 비영구적 손실impermanent loss*이 발생할 수 있음을 염두에 두어야 한다.

커브

커브는 스테이블코인 거래에 특화된 탈중앙화 거래소로 변동성이 낮은 자산 간 거래에 최적화돼 있다. 커브에서도 유니스왑과 동일하게 거래 수수료를 분배받을 수 있다. 동일한 가치의 스테이블코인 쌍(예를 들어 USDC와 USDT)을 유동성 풀에 예치하면 해당 풀을 통해 발생하는 거래

* 유동성 풀 내 자산 비율이 시장 가격 변화로 자동 조정되며 발생하는 손실로, 자산을 직접 보유했을 때와 비교해 가치가 감소하는 것을 의미한다. 예를 들어 이더리움 가격이 상승하면 풀 내 이더리움 비율이 줄어 손실이 발생한다.

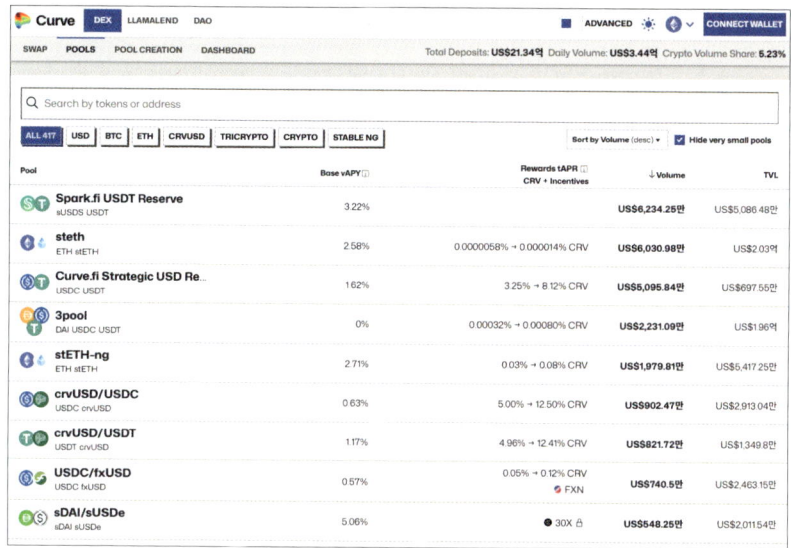

— 커브의 웹사이트(https://www.curve.finance/). 스테이블코인 거래에 최적화된 탈중앙화 거래소다. ⓒCurve

수수료를 예치 비율에 따라 분배받는다. 추가적으로 커브에서는 거래 수수료와 함께 거버넌스 토큰인 CRV를 보상으로 받는다. CRV는 거래소에서 팔 수도 있고(2025년 7월 기준 0.97달러) 커브에 예치해 veCRV vote-escrowed CRV로 전환할 수도 있다.

veCRV 보유자에게는 추가 보상이 주어진다. veCRV를 보유하면 유동성 풀에서 받을 수 있는 CRV 보상의 배율이 높아지고 플랫폼의 주요 의사결정(예를 들어 인센티브를 배분할 대상 풀의 결정 등)에 참여할 수 있는 거버넌스 투표권이 생기며 커브 수익의 일부를 분배받을 수 있는 수수료 분배fee sharing 구조에도 포함된다. 단순히 자산을 보유하는 대신, 유동성을 제공함으로써 예측 가능한 수수료 수익과 보상을 동시에 얻을 수 있는 구조다.

예를 들어 영수는 USDC와 USDT에 각각 250만 원씩, 총 500만 원을 커브의 USDC/USDT 유동성 풀에 예치했다. 해당 풀의 하루 거래량이 100억 원, 거래 수수료율이 0.04%라면 하루 발생하는 전체 수수료는 400만 원이다. 영수가 전체 풀의 1%를 예치했다면 하루에 약 4만 원의 수익을 얻는다. 여기에 CRV 및 veCRV 보유에 따른 보상까지 포함하면 연간 수익률은 약 2~8%까지 기대할 수 있다. 커브의 가장 큰 장점은 스테이블코인처럼 가격 변동이 거의 없는 자산 간 거래를 전제로 하기 때문에 비영구적 손실의 위험이 매우 낮다는 점이다.

꼭 알아야 할 디파이 리스크

디파이는 은행보다 높은 수익을 약속하지만 동시에 은행이 대신 감당해주던 리스크를 온전히 사용자가 책임지는 시스템이다. 수익만 보고 들어갔다가 구조를 이해하지 못하면 큰 대가를 치르게 된다. 디파이를 활용하는 누구에게나 필수적인 세 가지 리스크를 짚어보자.

우선 스마트 콘트랙트의 취약점이다. 디파이는 코드가 곧 법이라는 전제 위에서 작동한다. 그러나 어디에도 완벽한 코드는 없다. 스마트 콘트랙트에 설계상 오류나 취약점이 있을 경우, 해커의 표적이 될 수 있다. 대표적인 사례가 2021년에 있었던 폴리네트워크Poly Network 해킹이다. 당시 스마트 콘트랙트의 결함으로 약 6억 달러(약 7000억 원)가 탈취됐다.

이는 단순한 해프닝을 넘어 검증되지 않은 코드가 곧바로 자산 손실로 이어질 수 있다는 현실을 분명히 보여준다. 따라서 꾸준히 감사를 받고 해킹 없이 일정 기간 운영해 온 프로토콜만 사용할 것을 추천한다.

둘째, 변동성이다. 디파이의 수익률은 고정금리가 아니다. 시장 환경, 유동성 흐름, 프로토콜 내부 수요에 따라 수익률은 실시간으로 변한다. 강세장에서는 10~15%의 스테이블코인 수익률도 흔하게 볼 수 있지만 2022~2023년과 같은 약세장에서는 아베의 스테이블코인 이자율이 연 2~5% 수준으로 떨어졌다. 즉, 디파이 수익률은 시장에 의해 끌려다닌다. 원금을 잃지는 않더라도 기대했던 수익이 나오지 않을 수 있다는 점을 염두에 둬야 한다.

셋째, 보험으로 보호가 가능하지만 한계도 존재한다. 넥서스뮤추얼Nexus Mutual과 같은 보험 프로토콜은 스마트 콘트랙트 해킹, 기술적 실패 등의 피해에 대해 보상을 제공한다. 예를 들어 1000만 원을 아베에 예치하고 연 3%(30만 원)의 보험료를 내면 아베가 해킹당했을 경우 손실을 보상받을 수 있다. 하지만 보험이 보호해 주지 않는 영역도 분명히 존재한다. 시장 하락에 따른 이자율 감소, 규제 리스크, 스테이블코인의 디페깅 등은 보상 대상이 아니다. 결국 수익이 아니라 구조를 이해하고 행동하는 투자자만이 생존할 수 있다.

금융 혁명의 서막

지금까지 "이자는 어디서 오는가"라는 단순한 질문에서 시작해 전통 금융과 디파이의 구조를 나란히 놓고 살펴봤다. 디파이와 수익형 스테이블코인이 보여주는 새로운 금융 환경은 단순한 기술적 진보가 아니다. "누가 금융 수익을 가져가야 하는가"에 대한 근본적 질문과 그에 대한 새로운 답변을 제시하는 변화다.

지난 수백 년간 금융 중개 기관들이 독점해 온 수익 구조는 이제 해체되고 있다. 그 수익을 자본 제공자, 즉 유동성 공급자에게 직접 돌려주는 것은 단순한 효율성 개선을 넘어 자본주의 금융 시스템의 작동 원리 자체를 다시 쓰는 혁명이다. 이 모든 것이 가능해진 이유는 단 하나다. 바로 프로그래머블programmable하다는 것이다.

지금 우리가 목도하는 새로운 금융은 수익의 흐름도, 분배의 방식도, 위험의 구조도 코드로 정의할 수 있기에 가능하다. 물론 아직 갈 길은 멀다. 기술적 안정성, 규제 명확성, 사용자 경험 개선 등 해결해야 할 과제가 산적해 있다. 하지만 방향은 이미 정해졌다.

앞으로 10년 후를 상상해 보자. 지금의 은행 예금은 마치 공중전화처럼 구식이 되어 있을지도 모른다. 그리고 그 자리를 대신하고 있는 것은 코드로 운영되고 투명하게 작동하며 수익의 대부분을 사용자에게 돌려주는 새로운 금융 시스템일 것이다. 변화의 물결에 올라탈 것인가, 아니면 기존 시스템에 안주할 것인가. 선택은 각자의 몫이지만 변화의 방향만은 이미 명확해 보인다.

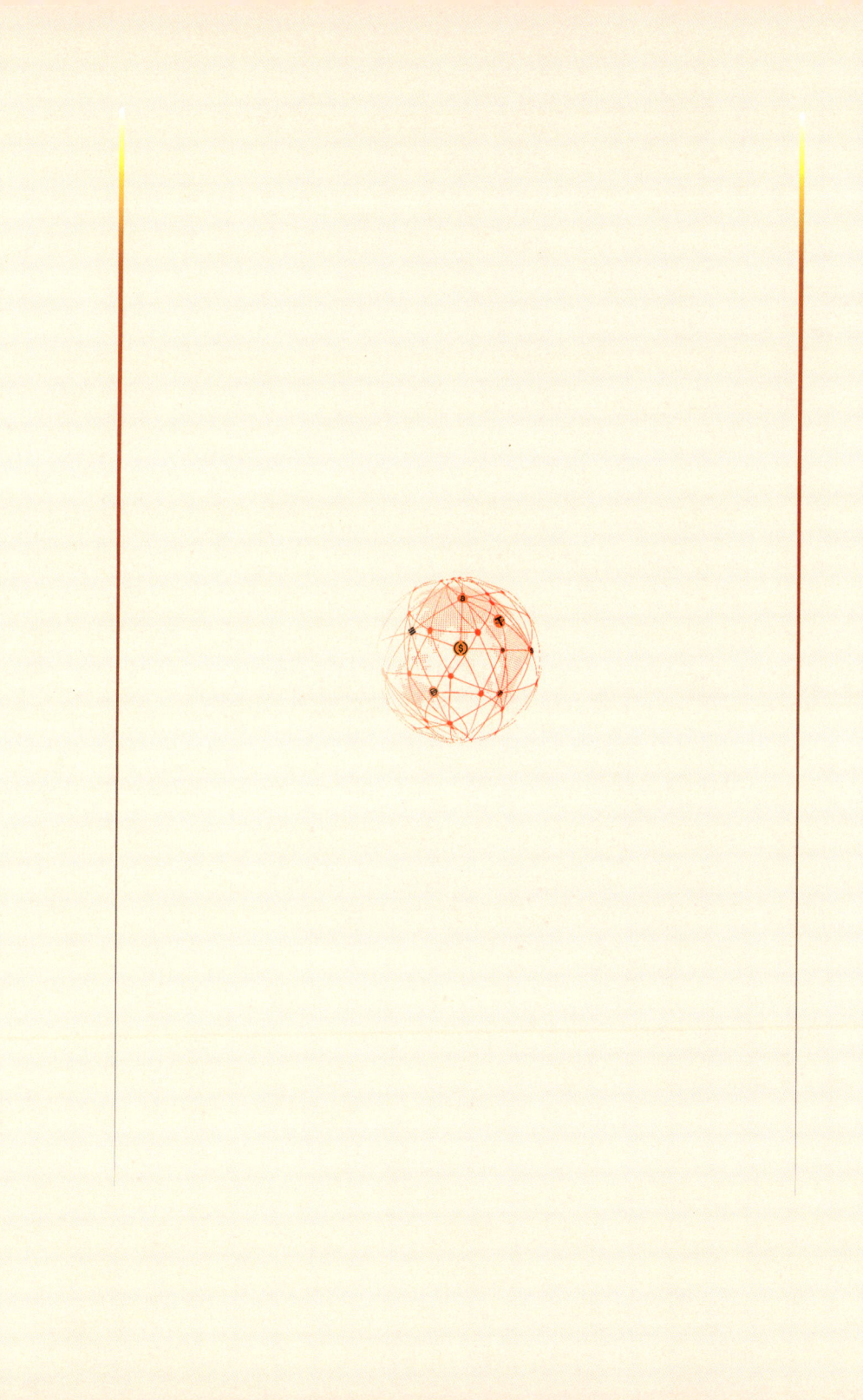

5장

스테이블코인으로
수익 창출하기

부의 본질은 단순하다. 내 손에 있는 자산이 쉬지 않고,
최대한 많은 일을 하도록 만드는 것. 은행에 돈을 맡기면 연 2%의 이자를 받지만,
디지털 화폐 시장에서는 다르다. 중앙은행도, 중개인도 없다.
모든 것을 자동으로 처리하고 수익은 사용자에게 훨씬 더 많이 돌아간다.

"돈이 돈을 벌게 하라."

이자를 얻는 가장 쉬운 방법, 스테이킹

나는 투자 전문가는 아니지만 포트폴리오의 일부로 스테이블코인을 활용하고 있다. 처음에는 단순히 흥미로운 개념을 배우려고 시작했지만, 시간이 지나면서 실제로 수익이 늘어가는 모습을 보고 신뢰가 생겼다. 은행 예금에 이자가 붙듯, 수익형 스테이블코인도 적극적으로 활용하면 수익을 얻을 수 있다. 경우에 따라 연 15% 이상의 높은 수익률을 실현할 수도 있다. 다만 은행과 달리 직접 보안을 관리하고, 주기적으로 이자를 확인해 재투자(스테이킹staking)해야 하는 번거로움이 따른다. 하지만 시중 은행의 예금 이자가 연 3%에도 미치지 못하는 현실을 고려하면 이 정도 수고는 충분히 감내할 만하지 않은가?

이자는 곧 돈을 일하게 함으로써 수익으로 돌아오는 것을 말하며 수익형 스테이블코인은 돈을 일하게 만드는 수단이다. 다시 말해 수익형 스테이블코인은 그 자체로 수익을 만들어내는 구조를 가진 디지털 자산이다. 가치만 고정된 것이 아니라 그 안에서 수익을 창출하고 이를 사용자에게 분배한다.

단순히 돈을 보유한다고 해서 이자가 생기지는 않는다. 4장에서 살펴봤듯이 금융기관은 다양한 방법으로 이자를 창출하고, 그 수익을 돈을 보유한 사람에게 이자의 형태로 나눠준다. 이자는 참여의 대가다. 즉, 내가 자산을 맡기고 그 자산이 프로토콜 내에서 굴러가도록 허락해야 수익이 발생한다. 자산을 보유한 사람이 참여하지 않으면 수익은 나를 피해 지나간다. 마치 밭에 씨앗을 뿌리지 않고서는 수확을 기대할 수 없는 것과 같다.

이제부터 스테이블코인으로 수익을 내는 방법을 하나씩 확인해 보겠다. 다만 이 내용은 투자 조언이 아니며 정보 제공에 목적을 두고 있다. 투자에 대한 손실이나 책임은 개인에게 있다는 것을 명심하며 살펴보자.

스테이킹 직접 해보기

스테이킹은 디지털 자산을 특정 블록체인 프로토콜에 예치해 수익을 얻는 방법이다. 은행의 정기예금과 비슷하지만 수익률은 훨씬 높다. 전통 은행의 예금 금리가 2% 수준이라면 디파이에서는 5~15% 또는 그 이상의 수익률을 기대할 수도 있다.

앞서 이야기한 에테나의 USDe를 예로 들어보자. 에테나는 이더리움 기반의 스테이블코인이자 가장 빠르게 성장하고 있는 수익형 스테이블코인 프로젝트다. 시장의 가격 변동성을 선물 포지션으로 헤징하는 델타-뉴트럴 전략을 기반으로 안정적 수익을 만든다. 단순히 USDe를 보유한다고 해서 수익을 얻을 수는 없다. 돈을 일하게 만들어야 한다는 것을 계속 기억하자.

USDe를 통해 수익을 창출하는 핵심 방법은 바로 USDe를 예치해 sUSDe Staked USDe로 전환하는 것이다. sUSDe는 USDe를 에테나 프로토콜에 스테이킹해 얻는 리시트 토큰이다. 우리가 제공한 USDe를 에테나가 활용하고, 우리는 일정 주기로 이자를 받는 식이다. 단, 이 이자는 돈을 인출할 때 우리 지갑에 쌓인다는 사실을 명심하자.

1단계 준비물

우선 메타마스크 MetaMask와 같은 암호화폐 지갑이 있어야 한다. 모바일 앱으로 다운받거나 데스크톱의 인터넷 브라우저 확장 프로그램으로 사용하는 것이 일반적이다. 이 지갑은 디지털 자산을 보관하고 거래할 때 사용하는 개인 계좌 같은 역할을 한다.

다음으로 실제로 수익을 발생시킬 스테이블코인 USDe가 필요하다. USDe는 국내 중앙화 거래소에서는 상장돼 있지 않기 때문에 바이비트 Bybit 같은 해외 중앙화 거래소나 유니스왑, 커브 같은 탈중앙화 거래소에서 구해야 한다.

마지막으로 거래 수수료(가스비)를 위한 소량의 이더리움이 필요하다. 스왑을 하거나 매매를 하거나 혹은 예치를 할 때 네트워크 사용료를 내야 한다. USDe는 이더리움 위에서 작동하기 때문에 블록체인 네트워크를 이용하는 데 드는 비용으로 약 5~10달러의 ETH를 준비한다. 마치 고속도로 통행료를 내는 것과 같다. 스왑과 스테이킹을 위해 약 5달러 정도의 이더리움을 지갑에 넣어두자.

만약 자신이 구매하려는 암호화폐가 어느 거래소에서 거래되는지 확인하려면 코인마켓캡닷컴Coinmarketcap.com이나 코인게코닷컴Coingeckco.com에서 검색하면 된다. 마켓Market 메뉴에서 거래소 리스트를 확인할 수 있다.

2단계 USDe와 이더리움 구하기

USDe는 에테나 공식 웹사이트에서 스왑하거나 유니스왑 혹은 커브 같은 탈중앙화 거래소에서 구매할 수 있다. 에테나를 포함한 다수의 스테이블코인은 고객확인제도, 즉 KYCKnow Your Customer를 통과한 개인과 기관이 발행할 수 있다. 일반 개인 거래자는 담보를 제공하고 USDe를 발행하지 않는 대신, 거래소에서 구매한다.

3단계 USDe 스테이킹하기

USDe를 준비했다면 에테나 공식 웹사이트에 접속해 '스테이킹' 메뉴로 들어가자. 자신이 예치할 금액을 입력하고 클릭하면 요청된 거래에 대해 서명해야 한다. 서명은 팝업으로 뜨는 지갑에서 클릭을 통해 이루어진다. 이때 항상 메시지를 꼼꼼하게 확인해야 한다. 스테이킹을 할 때에는 다수의 트랜잭션이 일어나는데, 보통 해커들은 웹사이트에서 피싱 메시지로 허위의 트랜잭션에 서명하도록 유도해 타인의 자산을 갈취한다.

스마트 콘트랙트로 거래가 성공적으로 이뤄지면 sUSDe 토큰으로 치환해 준다. sUSDe는 USDe의 수익률을 자동으로 복리화해 반영하는 토큰이다. 즉, sUSDe를 보유하고만 있어도 시간이 지남에 따라 그 가치가 자동으로 증가한다. 마치 주식의 배당금을 자동으로 재투자하는 것과 유사한 개념이다. 단, 수익률은 펀딩 수수료에 따라 실시간으로 변동되며 에테나 대시보드에서 확인 가능하다.

4단계 수익 확인 및 인출

sUSDe를 스테이킹한 기간 동안 에테나 시스템은 자동으로 발생하는 수익을 sUSDe의 가치에 복리로 반영한다. 예를 들어 처음에 100만 원어치의 sUSDe를 가지고 있었다면 시간이 지남에 따라 수익이 발생해 그 가치가 101만 원, 102만 원으로 늘어나는 구조다. 수익의 증가분은 에테나 웹사이트의 대시보드에서 매주 실시간으로 확인할 수 있다.

수익을 실현하거나 자금을 인출하고 싶은 경우에는 sUSDe를 언스테이킹unstaking해 다시 USDe로 전환할 수 있다. 이때 전환된 USDe는 다시 유니스왑, 커브 같은 탈중앙화된 거래소에서 USDC나 이더리움 같은 다른 자산으로 교환하면 된다. 단, sUSDe에서 USDe로 되돌릴 때는 7일의 쿨다운cooldown 기간이 있으므로 즉시 거래가 불가능하다.

에테나의 sUSDe와 같은 수익형 스테이블코인의 강점은 높은 수익률과 일일 복리 효과다. 은행 정기예금은 자금을 일정 기간 묶어둬야 하고, 조기 인출 시 이자 손실이 발생할 수 있다. 수익형 스테이블코인의 경우 언스테이킹할 때 최대 7일을 기다리는 것이 고작이다. 사실상 언제든 자금을 유연하게 활용할 수 있음을 의미한다. 또한 긴급한 자금 수요가 발생하더라도 이자 손실 없이 신속하게 대응할 수 있다.

대출 프로토콜로
예치 수익 받기

스테이킹이 스테이블코인으로 수익을 만드는 기본기였다면 이제는 한발 더 나아가 디파이를 활용한 전략적 예치 방법을 살펴보자. 4장에서는 디파이 생태계를 구성하는 세 가지 핵심 모델, 즉 대출, 스테이킹, 탈중앙화 거래소의 유동성 공급에 대해 살펴봤다. 이 중에서도 가장 기본이자 널리 활용되는 탈중앙화 대출 프로토콜을 통해 스테이블코인으로 이자를 얻는 방법을 알아보자.

아베로 시작하는 디파이의 첫걸음

먼저 은행 예금을 생각해 보자. 개인 예치자가 돈을 은행에 맡기면 은행은 그 돈을 다른 고객에게 빌려주어 이자를 받는다. 이자로 벌어들이는 이익의 대부분은 은행의 몫이고 예치자는 연 1~2% 정도의 이자만 받는다. 대출 프로토콜은 은행과 다르다. 예치자에게 돌아오는 수익이 훨씬 크다. 대출 프로토콜은 중앙은행도, 중개인도 없는 스마트 콘트랙트를 통해 모든 대출과 예치를 자동으로 처리한다. 대부분의 수익은 프로토콜을 사용하는 사용자에게 돌아간다.

사용자는 다양한 암호화폐 자산을 예치하고 대출을 받을 수 있지만 여기서는 스테이블코인을 활용하는 방법에 집중해 살펴본다. 스테이블코인으로 참여하면 급격한 가격 변동 위험에서 비교적 자유롭기 때문에 초보자나 위험을 피하고 싶은 사람에게 적합하다.

대표적인 예인 아베로 시작해 보자. 아베는 2025년 8월 기준, 총예치 자산 규모가 약 411억 달러에 달하는 대표적인 디파이 대출 프로토콜로 이더리움, 스크롤 등 다양한 블록체인 네트워크 위에서 작동하며 가장 규모가 큰 만큼 많은 사용자가 자산을 예치하고 대출하는 데 활용하고 있다.

아베와 같은 디파이 대출 프로토콜의 핵심 구조는 크게 네 가지로 볼 수 있다. 첫째, 아베는 예치자들이 제공한 자산을 모아 유동성 풀을 형성한다. 쉽게 말해 유동성 풀은 공동 금고와도 같다. 차입자들은 아베의 풀에서 자산을 빌려 가고 예치자들은 자산을 제공한 대가로 이자를 받는다. 모든 과정은 스마트 콘트랙트에 의해 자동화된다.

둘째, 이자율 모델interest rate model이다. 아베의 이자율은 시장의 수요와 공급에 따라 실시간으로 변동한다. 유동성 풀의 활용률이 높을수록 예치 이자율은 상승하고 차입 이자율도 상승한다. 예를 들어 USDC를 빌려 가려는 사람이 많고 예치자가 적을수록 대출 이자는 올라가고 예치 이자도 오른다. 이는 시장의 효율성을 반영하는 메커니즘이다.

셋째, 과잉 담보다. 아베에서 자산을 빌리려면 자신이 빌리려는 금액보다 더 많은 가치의 담보를 제공해야 한다. 예를 들어 100달러를 빌리려면 150달러 상당의 이더리움을 담보로 제공하는 식이다. 이는 대출의 안정성을 확보하고 예치자들의 자산을 보호하는 중요한 안전장치 역할을 한다.

넷째, 청산liquidation이다. 만약 담보 자산의 가치가 급락해 담보 비율이 기준 이하로 떨어지면 스마트 콘트랙트는 자동으로 해당 담보를 청산해 버린다. 즉시 담보를 팔아 대출금을 갚아버리는 것이다.

아베와 USDC를 활용한 이자 만들기

디파이 대출 프로토콜의 기본 구조를 익혔으니 이제 실전으로 들어가 보자. 아베를 활용해 스테이블코인 USDC를 이더리움 네트워크 위에서 예치하는 과정을 단계별로 설명해 보겠다.

1단계 준비물

우선 메타마스크와 같은 이더리움 지갑이 필요하다. 모바일 앱으로 다운받거나 데스크톱의 인터넷 브라우저 확장 프로그램으로 사용하는 것이 일반적이다. 이 지갑은 디지털 자산을 보관하고 거래할 때 사용하는 개인 계좌 같은 역할을 한다. 다음으로 아베에서 사용할 스테이블코인을 준비한다. 예시로 활용하는 USDC는 국내 거래소인 업비트, 빗썸, 코인원 등에서 구할 수 있다. 마지막으로 거래 수수료(가스비)를 위한 소량의 이더리움이 필요하다. 예치 트랜잭션을 위해 약 5달러 정도의 이더리움을 동일한 지갑에 준비한다.

2단계 아베에서 USDC 예치하기

아베 웹사이트에 접속해 앱을 론칭한다. 이때 피싱 사이트에 주의하고 항상 공식 URL을 확인해야 한다. 사전에 북마크를 해놓는 것도 좋은 방법이다. 이제 앱을 열었으면 지갑을 연결한다. 웹사이트 우측 상단의 '커넥트월릿Connect Wallet'을 클릭해 메타마스크와 같은 자신의 암호화폐 지갑을 연결한다. 연결 시에는 이더리움이나 스크롤 등의 올바른 네트워크를 선택해야 한다. 예시의 편의성을 위해 여기서는 이더리움 네트워크와 USDC를 사용할 것이다. 다음으로 '마켓' 메뉴를 클릭하면 아베가 지원하는 다양한 자산 목록이 표시된다. 목록에서 USDC를 찾아 클릭하면 USDC의 대출과 차입 현황이 나오고 내 지갑의 자산도 함께 표시된다. 마지막으로 '예치Supply'를 누르고 예치하려는 금액을 입력하면 예상 연 수익률을 확인할 수 있다. 예상 연 수익률은 시장 상황에 따라 변동될 수 있다.

　스테이블코인을 처음 예치하는 경우, 아베 프로토콜이 자신의 지갑에서 해당 스테이블코인을 사용할 수 있도록 '승인Approve' 트랜잭션을 먼저 실행해야 한다. 이는 보안을 위한 일회성 과정이다. 승인 이후에는 지갑에서 트랜잭션을 확인하고 가스비를 지불한다. 승인 트랜잭션이 완료되면 이제 실제로 스테이블코인을 예치하는 '서플라이Supply' 트랜잭션을 실행한다. 지갑에서 다시 한번 트랜잭션을 확인하고 가스비를 지불한다. 트랜잭션이 블록체인에 기록되면 예치가 완료된다.

　예치가 완료되면 'aToken(aEthUSDC)'을 지갑에 추가할 것인지 물어본다. aToken은 사용자가 아베에 예치한 자산을 나타내는 토큰으로 시간이 지남에 따라 이자가 자동으로 쌓이는 것을 지갑에서 확인할 수 있다. '지갑에 추가Add to wallet'를 클릭하면 토큰 추가를 위한 팝업이 뜨고 그때 토큰을 추가하면 된다. 브라우저 지갑의 확장자를 클릭하면 'Aave v3 USDC(aEthUSDC)'라는 토큰이 추가돼 있는 것과 사용자가 예치한 자산의 증식을 확인할 수 있다.

3단계 수익 확인 및 인출

　USDC의 예치 기간 동안 사용자는 아베 사이트의 '대시보드Dashboard' 페이지에서 수익률과 잔액을 확인할 수 있다. 수익을 실현하거나 자금을 인출하고 싶다면 대시보드에서 '인출Withdraw'을 선택하고 원하는 금액을 입력한 뒤 '인출'을 클릭한다. 트랜잭션이 완료되면 USDC가 바로 지갑에 들어오고 'Aave v3 USDC(aEthUSDC)'의 잔액에서 인출 금액만큼 차감된 금액이 보인다. 참고로 아베에는 쿨다운 기간이 없다.

아베 예치, 안정적 디파이 수익의 첫걸음

아베에 스테이블코인을 예치하는 것은 안정적 수익을 추구하는 기본 디파이 전략 중 하나다. 수익률이 시장에 따라 달라지지만 변동성이 낮은 스테이블코인을 활용하기에 극단적 위험은 비교적 적다. 언제든 인출이 가능하다는 점도 유연한 자산 운용에 큰 장점이다.

하지만 주의해야 할 점이 있다. 만약 극단적인 시장 상황에서 스테이블코인이 1달러에서 멀어질 경우(디페깅), 간접적 청산 리스크가 발생할 수 있다. 따라서 사용자는 늘 예치한 자산의 상태를 점검하고 프로토콜의 안정성과 담보 상태를 확인해야 한다. 디지털 시대에 "돈이 돈을 벌게 하라"라는 금언을 실천하기 위해서는 가장 투명하고 효율적으로 이를 실현하는 대출 프로토콜을 효과적으로 사용할 줄 알아야 한다.

이자의 순환,
루핑 전략

금융업에 몸담은 사람들은 자본 효율성이라는 말을 자주 꺼낸다. 거창해 보이는 말이지만 본질은 단순하다. 내 손에 있는 자산이 쉬지 않고 최대한 많은 일을 하도록 만드는 것이다. 은행에 돈을 맡기면 연 2% 이자를 받지만 같은 돈을 여러 번 활용할 수 있다면 수익률은 완전히 달라진다.

스테이킹이나 대출 프로토콜에 자산을 예치하는 행위 역시 자본을 일하게 만드는 방법이다. 그런데 이러한 전략들을 조합하면 더 높은 자본 효율성을 만들어낼 수 있다. 바로 전략을 반복하는 루핑looping 전략이다.

처음엔 전략을 반복한다는 말에 "예치한 돈을 담보로 또 대출받고,

그걸 다시 예치한다고? 이거 혹시 카드 돌려막기 아냐?"라며 고개를 갸웃거릴 수 있다. 하지만 실상은 그 반대다. 여기서 말하는 루핑은 빚의 순환이 아니라 이자의 순환이다. 루핑 전략은 자산을 복제하듯 활용해 마치 내 자산이 두세 배 커진 것처럼 수익을 일으킨다. 단, 수익이 높아지는 만큼 위험도 커진다는 점을 기억하자.

루핑 전략의 기본 원리

루핑 전략은 디파이의 핵심 철학인 머니 레고Money Lego를 가장 잘 보여주는 예다. 다양한 프로토콜을 블록처럼 쌓아 새로운 금융 구조를 만드는 것이다. 아베와 같은 대출 프로토콜은 이 퍼즐의 중심에 있다.

루핑 전략의 원리는 간단하다. 우선 내가 가진 자산을 아베에 예치한다. 예치 자산을 담보로 다른 자산을 빌린다. 빌린 자산을 다시 예치한다. 앞의 과정을 반복한다. 이렇듯 루핑 전략을 활용하면 결과적으로 초기 자본보다 더 많은 자산을 예치한 효과를 얻을 수 있으며 더 많은 이자 수익으로 이어질 수 있다.

디파이에서는 예치한 자산이 단순히 잠자고 있는 것이 아니라 담보 자산으로 변신하기에 루핑 전략이 가능하다. 즉, 담보로 활용된 자산이 나에게 또 다른 기회를 제공하고 그 기회는 다시 자산이 되어 돌아오는 것이다. 쉽게 말해 자산이 복리처럼 확장되는 구조다. 루핑 전략은 그러한 복리의 원리를 능동적으로 설계하는 방법이다.

아베를 통한 스테이블코인 루핑 전략

단일 자산으로도 루핑 전략을 실행할 수 있지만 서로 다른 자산을 조합하면 자본 효율성을 한층 더 끌어올릴 수 있다. USDC와 ETH를 활용한 루핑 전략의 예시를 살펴보자.

예를 들어 영수라는 사용자가 1000USDC를 가지고 있다. 아베에 따르면 USDC 예치 이자는 연 5%, ETH 대출 이자는 연 3%다. 영수는 두 자산을 조합해 루핑 전략을 실행하기로 했다. 영수는 자신이 가진 1000USDC를 아베에 예치한다. 이에 따라 그는 연 5%의 이자를 받게 된다. 이제 USDC는 영수의 담보 자산이 되고 영수는 이를 바탕으로 LTV(담보대출비율) 약 30% 수준으로 ETH를 빌린다. 이때 아베의 헬스팩터Health Factor(건전성 지표)를 확인해야 한다. 보통 건전성 지표가 1.0 이하로 내려가면 청산을 당한다. 따라서 헬스팩터 3.0 이상을 유지하는 것이 안전하다. 리스크를 감수하고 싶다면 1.5 수준으로도 가능하지만 암호화폐 시장의 변동성을 고려하면 3.0 이상을 추천한다. 이제 영수는 자신이 빌린 ETH를 탈중앙화 거래소에서 다시 USDC로 바꿔 아베에 재예치한다. 이렇게 다시 얻은 USDC는 다시 담보가 된다. 이 과정을 반복할 수도 있다.

루핑의 복리 시뮬레이션

1차 예치: 1000USDC → 이자 발생

1차 차입: 1000USDC의 30% = 300USDC 상당의 ETH 차입

ETH → USDC 변환 후 재예치

2차 예치: 300USDC

2차 차입: 300USDC의 30% = 90USDC 상당의 ETH 차입

ETH → USDC 변환 후 재예치

3차 예치: 90USDC

3차 차입: 90USDC의 30% = 27USDC 차입 → 재예치가 불가할 만큼 작아지는 시점

총수익

총예치 금액: 1000+300+90 = 1390USDC

총차입 금액: 300+90+27 = 417USDC

연간 수익: $(1390 \times 5\%) - (417 \times 3\%) = 69.5 - 12.51 =$ 약 57USDC

예시에서 볼 수 있듯 단순 예치 시 연간 수익이 50USDC였던 것과 비교하면 루핑 전략을 통해 약 14%의 추가 수익을 얻은 셈이다. 하지만 주의해야 할 점이 있다. 담보 비율을 낮게 유지하면 청산 위험은 줄지만 루핑 횟수에 따른 이자 복리 효과도 작아진다. 반대로 담보 비율을 높이면 수익률은 증가하지만 청산 위험이 급격히 높아진다. 따라서 30~40% 선에서 보수적으로 운영하는 것을 추천한다.

루핑 전략의 수익 조건과 위험 관리

루핑 전략의 핵심은 예치 이자율이 차입 이자율보다 높을 때 수익을 창출한다는 점이다. 아베는 시장의 수요와 공급에 따라 이자율이 변하지만 스테이블코인의 경우 예치 이자율이 차입 이자율보다 높은 경우가 많다. 이자율 차이spread가 클수록 루핑 전략의 수익성은 높아진다. 또한 차입한 자산을 다시 예치함으로써 복리 효과를 극대화한다.

루핑 전략이 성과를 내려면 두 조건이 충족돼야 한다. 우선 예치 이자율이 차입 이자율보다 높아야 한다. USDC를 예치하면 5%의 이자를 받지만 ETH를 차입할 때 3% 이자를 낸다면 그 차이가 곧 수익이 된다. 다음으로 담보 자산 가치가 안정적이거나 우상향 중이어야 한다. ETH를 차입할 경우, ETH 가격이 급락하면 헬스팩터가 무너져 청산당할 수 있다. 이를 방지하려면 스테이블코인을 담보로 쓰거나 낮은 LTV로 보수적으로 운영하는 것이 바람직하다.

루핑 전략은 자본의 효율성을 높이고 수익률을 극대화할 수 있지만 리스크 또한 존재한다. 첫째, 앞서 살펴본 것처럼 청산 위험liquidation risk이 있다. 루핑 전략은 차입을 포함하므로 담보 자산의 가치가 하락하거나 차입 이자율이 급등해 담보 비율이 일정 수준 이하로 떨어지면 청산될 위험이 있다. ETH처럼 가격 변동성이 높은 자산을 차입할 경우 ETH 가격이 급락하면 담보 부족으로 인해 강제 청산당할 수 있다. 둘째, 이자율이 역전될 수 있다. 디파이 시장에서는 이자율이 실시간으로 변동된다. 어느 날 갑자기 차입 이자가 예치 이자보다 높아지는 순간, 루핑 전략으로 손해를 볼 수 있다.

　루핑 전략의 위험을 관리하려면 헬스팩터를 3.0 이상으로 유지함으로써 청산 여유를 충분히 확보하는 것이 필수다. 또 아베의 대시보드를 주기적으로 체크해 이자율을 모니터링해야 한다. 시장 뉴스를 확인해 ETH 가격에 영향을 줄 수 있는 매크로 이슈에도 관심을 기울여야 한다. 끝으로 루핑 전략을 과도하게 반복하면 시스템 리스크를 키울 수 있으므로 루핑의 깊이에 제한을 두어야 한다. 보통 2~3단계에서 멈추는 보수적 운용이 현실적이다.

복리의 새로운 지평을 열다

루핑 전략은 사용자의 자산을 여러 번 활용함으로써 자산을 단순히 예치할 때보다 훨씬 더 큰 복리 곡선을 사용자에게 안겨준다. 그러나 루핑 전략은 마치 고성능 스포츠카와 같아서 잘 다루면 빠르고 효율적인 이동 수단이 되지만 운전에 익숙하지 않으면 사고로 이어질 수 있다. 자신의 위험 감수 성향과 기술적 이해도를 바탕으로 나의 포트폴리오에 적합한 전략인지 신중하게 판단하길 바란다.

　스테이블코인과 디파이는 이제 자산을 맡기고 기다리는 데서 벗어나 자산을 어떻게 설계하느냐의 문제로 진화하고 있다. 루핑 전략은 그 진화의 전형적이고 대표적인 예다. 나아가 돈이 돈을 버는 방식을 한 단계 더 깊이 이해하게 만드는 기회가 되어줄 것이다.

스테이블코인이 번
이자로 결제하는 시대

디파이는 실험의 연속이다. 복잡한 금융 로직을 분해하고 토큰화라는 이름으로 재조합하며 자산이 스스로 이자를 벌고 유동성을 창출하는 구조를 끊임없이 실험하고 있다. 4장에서 다룬 펜들의 사례처럼 원금과 이자를 분리해 각각 거래할 수 있게 만든 상품이 대표적인 예다. 시간이라는 개념조차 디지털로 쪼개어 사고팔 수 있게 만든 셈이다.

이제 미래 금융 시스템을 위한 실험들은 더 이상 멀리 있지 않다. 우리의 지갑, 더 정확히는 내 손안의 스마트폰으로 들어왔다. 바로 암호화폐 카드다. 바이낸스, 바이비트, 코인베이스 같은 글로벌 거래소들을 포함한 다양한 사업자가 스테이블코인과 이더리움 등을 기반으로 한 결제용 카드를 출시했다. 암호화폐를 미리 충전하면 일상에서 결제할 때 잔액이 차감되는 방식이다. 복잡한 환전이나 송금 과정을 건너뛰고 암호화폐를 실물 경제에 직접 연결할 수 있다는 점에서 많은 사용자에게 환영받고 있다.

한 걸음 더 나아간 시도도 있다. 바로 이더파이캐시 Ether.fi Cash 카드다. 이 카드는 단순히 암호화폐로 결제하는 선불카드가 아니다. 사용자가 예치한 자산이 자동으로 수익을 만들고 그 수익이 결제로 이어지는, 다시 말해 이자로 생활하는 구조를 구현한 선구적 사례 중 하나다. 이제 우리가 보유한 스테이블코인, 이더리움, 비트코인이 밤새워 일해서 번 이자로 아침 커피 값을 내는 시대가 열리고 있다.

디파이와 신용카드의 만남

이더파이 Ether.fi는 이더리움 리스테이킹 restaking 분야의 선두 주자다. 리스테이킹이란 이미 스테이킹된 이더리움을 다른 프로토콜에 다시 예치해 해당 프로토콜의 보안 검증에 기여하면서 보상을 얻는 것을 말한다. 쉽게 말해 동일한 자산을 여러 번 활용해 일종의 복리 효과를 누리는 구조다. 이더파이는 이러한 리스테이킹 구조를 결제 시스템과 결합했다. 2025년 기준, 수천 명의 사용자가 이더파이캐시 카드를 사용하고 있다. 구체적으로는 1250만 달러 이상의 결제를 처리하며 이자로 생활비를 내는 구조를 실험하고 있다.

— 암호 자산을 담보로 실생활에서 사용할 수 있는 암호화폐 기반 비자 신용카드. 이더파이 계정의 잔고를 바탕으로 카드를 통해 지불하고 모든 구매에 최대 3% 캐시백을 받을 수 있다.
ⓒEther.fi Cash

이더파이캐시 카드는 두 가지 모드로 작동한다. 하나는 직접 결제 모드direct pay이고, 다른 하나는 신용 모드borrow mode다. 일반 선불카드처럼 작동하는 직접 결제 모드는 익숙할 테니 여기서는 신용 모드를 중심으로 설명하겠다. 우선 개인 지갑과 이메일 주소, 예치할 자산(USDC 등), 신분증과 주소 증빙 서류(카드 신청 시 필수)가 필요하다. 이더파이캐시 웹사이트(https://www.ether.fi/cash)에 접속하거나 앱을 다운받아 준비한 이메일로 가입한다. 가입 후에 카드를 신청할 때 KYC 인증 단계가 있으므로 신분증과 통신비 고지서처럼 주소를 증빙할 수 있는 서류가 필요하다. KYC 인증에는 하루 정도가 소요된다. KYC가 끝나면 비자 카드가 발급된다. 2025년 8월 기준, 가상 카드로 발급 가능하고 실물 카드는 곧 론칭 예정이다. 발급받은 가상 카드는 애플 페이와 구글 페이로 연결해 사용할 수 있다.

이제 자산을 예치할 단계다. 이더파이캐시 웹사이트에서 '볼트Vault(금고)' 메뉴로 들어간다. 여기에 예치할 수 있는 자산은 다양하다. 스테이블코인으로는 USDT, USDC, eUSD가 있고, 암호화폐로는 weETH, eBTC, liquid ETH/BTC/USD 등이 있다. 예치할 때는 지갑을 연결해 가져오거나 이더파이캐시에서 발급한 주소에 직접 송금하는 방법이 있다. 볼트에 자산을 예치하면 해당 자산을 담보로 신용 한도가 설정된다. LTV는 자산 변동성에 따라 최대 90%까지 적용된다. 예를 들어 1만 달러 상당의 weETH를 예치하면 약 5000달러, 1만 달러 상당의 USDC를 예치하면 9000달러의 신용 한도가 생성된다.

가상 카드에 신용 한도가 설정되면 이제 일상에서 카드로 결제할 수 있다. 비자 가맹점이면 어디서든 사용 가능하다. 예를 들어 커피숍에서 5000원을 결제하면 앱에 바로 결제 알람이 뜨고 결제는 달러로 처리된다. 이때 볼트에서 발생하는 이자가 해당 대출을 상환하기 시작한다. 그동안 사용자의 자산은 팔리지 않고 그대로 유지된다.

만약 자동 납부를 설정하면 매일 혹은 주간 단위로 볼트에서 발생한 수익으로 대출 잔액을 자동 상환한다. 월 상환 의무가 없으므로 사용자의 현금 흐름에는 부담이 없다. 필요시에는 수동 납부도 할 수 있어 자산을 일부 매도하거나 외부 자금을 이체해 직접 갚을 수 있다. 이자율은 연 4% 수준으로, 전통 금융과 비교하면 낮은 수준이지만 시장이 급변하면 담보 비율이 무너질 수 있으니 주기적인 모니터링이 필요하다. 담보 부족 시에는 마진콜margin call이 발생하고 앱에서 알림을 받을 수 있다.

이더파이캐시가 기술적으로 가능한 이유

놀랍게도 이더파이의 모든 결제는 온체인에서 일어난다. 즉, 전 세계의 모든 서버가 실시간 결제를 저장하고 처리하고 있다. 그동안 블록체인은 수수료를 내야 하고 처리 속도가 느린 탓에 결제 등 일상생활의 인프라로서 사용하기에 제약이 있다는 것이 업계의 정설이었다. 하지만 이더파이는 블록체인의 단점조차 무너뜨리려 하고 있다. 모든 것이 블록체인 위에 올라갈 수 있게 만든 배경에는 스크롤이 있다. 스크롤은 영지식 증명 기술로 이더리움의 보안을 유지하면서 실시간으로 거래를 처리하고 최소한의 비용만 발생하도록 고도화된 기술을 갖추고 있다.

모든 사람이 이더파이캐시 카드를 당장 쓸 필요는 없다. 그러나 그 구조를 아는 것만으로도 앞으로 어떤 금융 환경이 펼쳐질지에 관한 힌트를 얻을 수 있다. 디파이와 실물 경제가 연결되고 수익이 자동으로 소비로 연결되며 자산 운용이 점점 더 개인화되고 자동화되는 세상이 다가오고 있다. 이는 우리의 디지털 자산이 끊임없이 수익을 창출하고 그로 인해 일상이 더 풍요로워질 수 있음을 시사한다. 아직 실험 단계지만 디파이와 실물 경제의 결합이 만들어내는 이자 생활, 캐시백 재투자 같은 새로운 재테크 방법을 아는 것만으로도 미래 금융에 대비할 수 있지 않을까?

금융 위기의 실수를 반복하지 않을 수 있을까

자산을 예치해 보상을 받는 방식인 스테이킹의 구조를 설명하거나 자산을 담보로 돈을 빌린 후 다시 예치해 반복적으로 수익을 내는 방법인 루핑 전략을 이야기하면 종종 "이거, 언젠가 터지는 거 아냐?"라는 반응이 뒤따른다. 자산을 담보로 돈을 빌리고, 다시 예치해 또 돈을 빌리는 식으로 자본을 반복적으로 활용하는 구조는 한계가 분명해 보인다. 마치 빚을 빚으로 메우는 것처럼 느껴질 수도 있다. 복잡한 금융 구조, 높은 수익률에 대한 유혹, 시스템에 대한 맹신이 합쳐진 2008년 글로벌 금융 위기의 경험이 떠오르기도 할 것이다. 수익형 스테이블코인과 디파이는 자본 효율성을 극대화하는 동시에, 우리가 과거에 겪었던 가장 큰 실패를 떠올리게 한다. 하지만, 이번에도 과연 같은 결말로 이어질까?

파생상품과 닮았지만 다르다

수익형 스테이블코인은 그 자체로 파생상품 같다는 평가를 받는다. 파생상품이란 주식이나 채권 같은 기본 자산의 가격 변동에 베팅하는 금융상품을 말하며 복잡한 설계를 바탕으로 수익을 내지만 위험도 크다. 루핑 전략도 수익을 만들어내는 방식이 복잡하고 담보를 바탕으로 자산을 반복해 활용한다. USDC를 예치하고 ETH를 담보로 빌려 다시 예치하는 순환 구조가 필요하다.

파생상품이나 루핑 전략과 같은 구조는 레버리지 효과를 만들어내는 동시에 복잡한 구조로 인해 리스크를 파악하기 어렵게 만들어 불안감을 조성한다. 하지만 디파이를 서브프라임과 완전히 동일시할 수는 없다. 바로 기술과 구조의 차이 때문이다.

우선 디파이는 서브프라임과 기초 자산의 질이 다르다. 2008년 서브프라임 사태의 핵심 문제는 기초 자산 자체가 불안정했다는 점이다. 당시 금융기관들은 신용등급이 낮은 차입자의 주택담보대출(모기지)을 기반으로 복잡한 파생상품을 만들었고 그 리스크를 구조화한 채 세계 곳곳에 판매했다. 서브프라임에서 담보는 주택이었지만 사실상 빚을 갚을 것이라는 기대, 즉 대출자의 상환 능력에 기반한 구조였다. 그런데 신용평가사에서 이를 과대평가했고 주택 가격이 떨어지자 대출자들이 빚을

— 서브프라임모기지 사태 이후, 영국 노던록 Northern Rock 은행에 고객들이 돈을 인출하기 위해 몰렸다. ©Forbes

갚지 못해 도미노처럼 무너졌다.

반면 수익형 스테이블코인이나 대출 프로토콜 같은 디파이는 사람의 신용이 아니라 즉시 청산 가능한 자산을 기초로 한다. 대표적인 것이 USDC나 ETH처럼 시장성과 유동성이 높은 암호화폐다. 이러한 자산들은 언제든지 시장에서 가격을 확인하고 필요시 자동 청산할 수 있다는 점에서 질적인 차이가 있다. 이처럼 디파이는 기초 자산의 질을 신용이 아닌 시장 유동성과 실시간 가격으로 판단하며 이 자산들을 과잉 담보로 예치하는 방식으로 위험을 관리한다. 신뢰 대신 수학적 조건과 코드로 작동하는 구조다.

또 디파이는 모두가 볼 수 있어 투명하다는 차이가 있다. 서브프라임 위기를 키운 가장 큰 요인은 불투명성이었다. 투자자들은 자신이 산 파생상품, 즉 자산담보부채권Collateralized Debt Obligation, CDO*이 정확히 어떤 대출을 담보로 했는지 알 수 없었다. 신용평가사도 그 위험을 은폐하거나 과소평가했다고 알려졌다. 반면 디파이는 투명하다. 아베에서 어떤 자산이 담보로 들어왔고 어떤 비율로 대출이 나갔는지 누구나 실시간으로 확인할 수 있다. 스마트 콘트랙트는 블록체인상에 배포된 프로그램으로, 중개자 없이 조건이 충족되면 자동으로 코드가 실행된다. 즉, 모든 거래 내역이 블록체인에 기록된다.

결국 디파이를 통한 수익의 본질 자체가 전통 금융과는 다르다. 전통적인 파생상품은 주로 가격 변동에 베팅한다. 반면 디파이와 수익형 스테이블코인은 대출 이자, 스테이킹 보상 혹은 실물 자산에서 나오는 수익을 기반으로 한다. 더 실질적인 방식이라 볼 수 있다. 하지만 시장이 불안정하면 대출 수요가 줄어 수익률이 떨어질 수 있고, 반대로 과도한 레버리지로 인해 시스템 전체가 흔들릴 위험도 있다.

• 여러 대출(특히 서브프라임 모기지)을 묶어 만든 금융 상품이다. 이를 위험도에 따라 나눠 투자자들에게 판매하는데, 대출자들이 돈을 갚지 못하면 CDO 가치가 급락한다. 2008년 글로벌 금융 위기는 CDO가 불투명하고 위험성이 과소평가된 탓에 전 세계로 퍼진 사례다.

실패를 반복하지 않기 위한 질문

수익형 스테이블코인은 분명 혁신이다. 자본을 일하게 만들고 효율을 극대화하며 기존 금융 시스템의 많은 비효율을 줄일 수 있다. 하지만 전통 금융과 다르다는 이유만으로 맹신할 수는 없다. 주식이나 예금처럼 익숙한 투자에 비해 디파이가 새로운 세계를 열어주는 것은 맞지만 결국 기본 원리는 같다. 높은 수익 뒤에는 반드시 높은 리스크가 숨어 있기 마련이다. 그래서 우리는 끊임없이 질문해야 한다. 디파이 구조는 어떻게 수익을 만들어내고, 담보는 무엇이며, 얼마나 안전한지 고민해야 실패를 반복하지 않을 것이다.

    6장에서는 우리가 반드시 이해해야 할 리스크 요소, 예를 들어 디페깅, 스마트 콘트랙트 해킹, 유동성 고갈 등에 대해 다룰 예정이다. 수익형 스테이블코인의 성장을 믿는다면 그만큼 리스크도 냉정히 바라봐야 한다. 한 걸음 앞서기 위해, 지금은 다시 한번 돌아볼 때다.

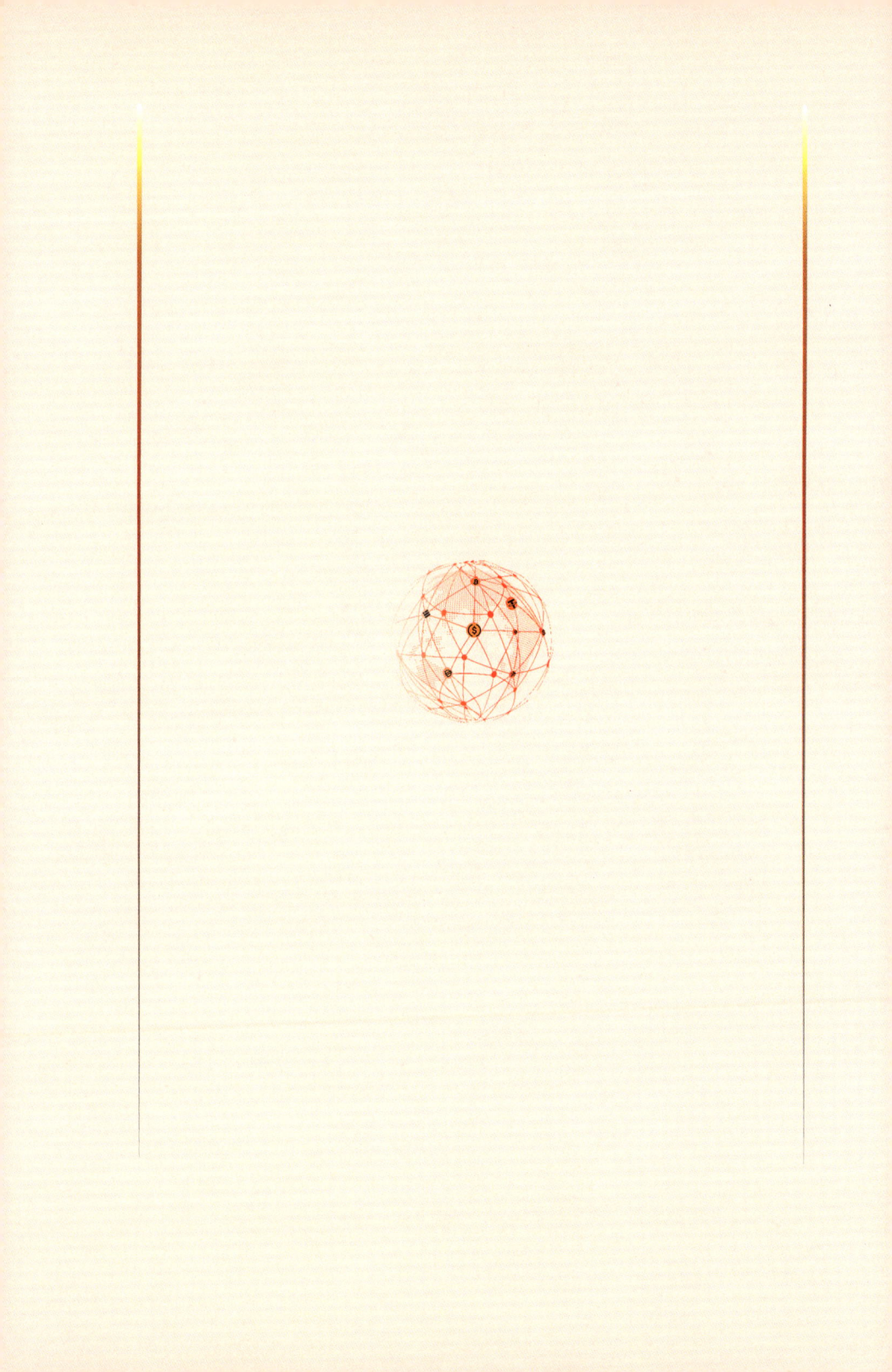

6장
스테이블코인 투자의 함정들

위험 신호는 항상 존재한다. 문제는 그것을 알면서도 외면한다는 데 있다.
대부분은 확인보다는 기대를, 검증보다는 분위기를 택한다.
이제 우리는 스테이블코인을 보면 항상 이렇게 질문해야 한다.
이 질문이 우리의 수익을 혹은 신뢰라는 운명까지도 좌우할 수 있다.

"스테이블코인은 어떤 담보와 구조로
1달러를 지키는가?"

스테이블코인이
1달러를 유지하지 못한다면

앞서 우리는 스테이블코인이 시장에서 1달러의 가치를 유지하는 페깅이라는 구조가 존재한다고 이야기했다. 반대로 1달러를 유지하지 못하고 무너지는 현상을 디페깅이라고 한다. 이것은 단순한 가격 하락이 아니라 구조적 균열의 결과다. 디페깅은 시스템이 설정한 규칙이 시장의 충격을 감당하지 못할 때 발생한다. 대표적 사례가 바로 2022년 5월에 발생한 테라Terra와 UST 붕괴 사태다.

테라 루나 사태의 교훈

테라폼랩스가 2020년에 출시한 스테이블코인 UST TerraUSD는 앞서 설명한 알고리즘형 스테이블코인이다. UST 코인은 한때 한국형 블록체인 혁신의 상징으로 주목받았다. 하지만 2022년 5월 테라 생태계가 불과 며칠 만에 붕괴되면서 수많은 투자자가 막대한 손실을 보았다. 당시 붕괴 사태는 전 세계 암호화폐 시장을 뒤흔든 충격적 사건으로 기록됐다. 한국에 스테이블코인이 더디게 도입되는 것도 이 사건 때문이라는 해석도 있다.

테라 생태계의 핵심은 알고리즘형 스테이블코인인 UST였다. 기존의 스테이블코인이 미국 달러와 같은 법정화폐나 이더리움, 비트코인 등의 다른 암호화폐를 담보로 발행되는 방식이었던 것과 달리, UST는 담보 없이 오직 알고리즘에 의존해 1달러 가치를 유지하고자 했다. 이는 완전한 탈중앙화를 지향하는 스테이블코인의 이상적 모델로 여겨졌다. UST의 가격 안정성은 자매 토큰인 루나LUNA와의 교환을 통해 공급량을 조절함으로써 유지되었다. 예를 들어 UST가 1달러 아래로 떨어지면 1달러 가치의 UST를 소각하고 루나를 발행함으로써 UST의 공급을 줄였다. 반대로 UST가 1달러 이상으로 오르면 1달러 가치의 루나를 소각하고 UST를 발행함으로써 공급을 늘렸다.

테라의 단순해 보이는 알고리즘은 이론적으로 완전히 자동화된 중앙은행을 꿈꿨다. 실제로 성공적으로 작동하기도 했다. 2021년 말, UST의 시가총액은 100억 달러를 돌파했고, 생태계 내 핵심 디파이인 앵커 프로토콜Anchor Protocol에서는 예치만으로 연 20%의 고정 이자를 지급했다. 당시 전통 금융권의 예금 금리가 1~2%대에 불과했던 점을 고려하면 앵커 프로토콜의 이자율 20%는 투자자들에게 엄청난 매력으로 다가왔다. 실제로 발행된 UST의 약 70%가 앵커 프로토콜에 몰릴 정도로 사용자들의 신뢰도도 높았다.

그러나 20%의 고정 이자율은 지속 가능한 구조가 아니었다. 앵커 프로토콜 자체의 수익만으로는 20%의 이자를 충당하기 어려워 테라 재단Luna Foundation Guard, LFG의 보조금으로 부족분을 메워야 했다. 테라 재단은 재단의 트레저리treasury(재무부 혹은 자금관리부서)에 보유 중인 비트코인과 루나 매각 대금을 통해 보조금을 충당했다. 즉, 앵커 프로토콜의 높은 수익률은 시장의 자연스러운 결과가 아니라 외부 자금 수혈에 의존한 불안정한 구조였던 셈이다. 이는 마치 폰지 사기처럼 신규 투자자의 자금으로 기존 투자자에게 이자를 지급하는 방식과 다름없었다. 이러한 구조는 UST의 성장을 촉진했지만, 동시에 심각한 위험을 안고 있었다.

신뢰는 눈 깜짝할 사이에 무너진다

2022년 5월 초, 투자자들은 UST의 구조적 불안정성에 의문을 품기 시작했다. 커브 파이낸스의 UST-3pool에서 약 20억 달러 규모의 대량 매도가 발생하자 페그 붕괴의 방아쇠가 당겨졌다. UST의 가격은 1달러 아래로 하락했고 투자자들은 손실을 막기 위해 UST를 루나로 교환하기 시작했다.

여기서부터 문제가 시작됐다. UST의 가치를 지키기 위해선 루나를 계속 발행해야 했지만 시장의 수요가 없던 루나는 발행될수록 가격이 하락했다. 가치 하락으로 인해 더 많이 발행하자 또다시 가치 하락이 반복됐다. 이러한 악순환을 시장에선 죽음의 소용돌이라 불렀다.

결국 루나는 며칠 사이 1달러에서 0.0001달러 이하로 폭락했고 UST 역시 0.1달러 이하로 떨어졌다. 400억 달러 규모의 자산이 순식간에 증발했고 국내 피해자만 약 20만 명에 달했다. 단일 프로젝트의 실패가 생태계 전체의 붕괴로 이어졌던 그 순간, 우리는 신뢰의 무게감을 다시 한 번 느낄 수 있었다.

대표적인 디페깅 사례

디페깅은 알고리즘 기반의 스테이블코인만 겪는 것이 아니다. 앞서 실리콘밸리은행 파산에 따른 USDC의 디페깅 사례에서 살펴봤듯이 많은 스테이블코인이 다양한 방식으로 페그를 일시적으로 상실하는 디페깅 사례를 겪는다. 실제로 일어났던 디페깅의 사례들과 각각의 양상을 간단히 살펴보자.

세계에서 가장 큰 규모로 운용되는 스테이블코인 USDT는 여러 차례 일시적 디페깅을 겪었다. 주로 시장의 극심한 변동성이나 테더의 담보 자산에 대한 투명성 논란이 불거질 때 발생했다. 예를 들어 2018년과 2022년에 USDT가 0.95달러 아래로 떨어졌다. 하지만 당시 테더는 충분한 유동성과 담보 자산을 통해 대부분의 디페깅을 빠르게 회복했다.

이는 시장의 신뢰와 유동성 공급이 스테이블코인 안정성에 얼마나 중요한지 보여주는 사례다.

2020년 3월에는 코로나19 팬데믹으로 인한 암호화폐의 급락이 발생했다. 소위 '검은 목요일'로 불리는 사태다. 당시 이더리움 가격이 폭락하자 이더리움 등의 암호화폐를 담보로 발행하는 스테이블코인인 DAI의 담보 비율이 위험 수준에 도달했고 일시적으로 DAI가 1달러 페그를 상실해 1.05달러 이상으로 상승하는 역디페깅 현상을 겪었다. 담보 자산

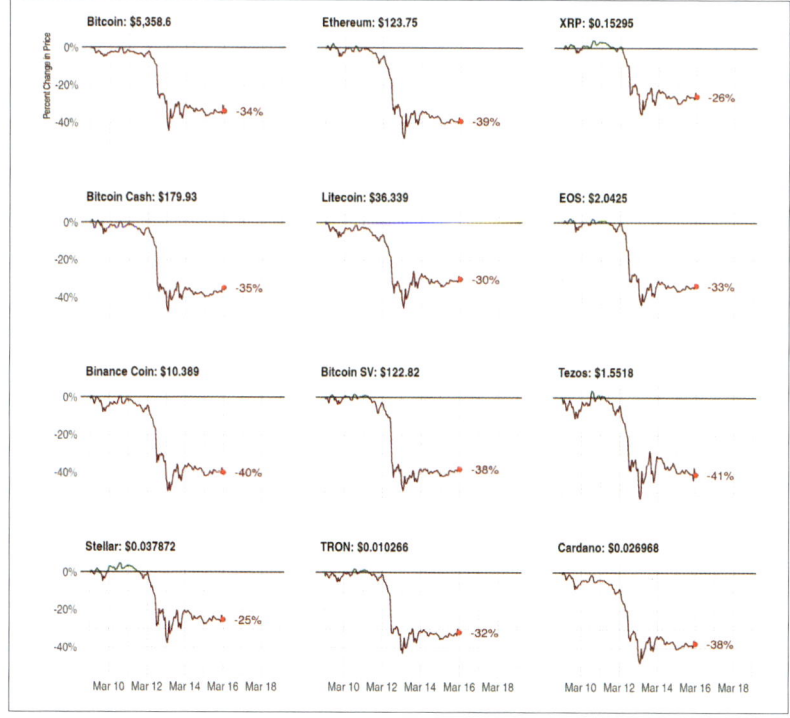

▬ 2020년 3월 12일 검은 목요일. 코로나19 팬데믹 공포로 비트코인을 비롯한 암호화폐 가격이 하루 만에 40% 이상 폭락했다. ©CM Reference Rates

의 급격한 가격 변동이 스테이블코인 안정성에 미치는 영향을 보여주는 대표적인 사례다. 이후 메이커다오는 담보 자산의 종류를 다변화하고 안정화 수수료를 조정하는 등의 조치를 통해 시스템을 강화했다.

2023년 2월에는 뉴욕 금융감독청NYDFS에서 바이낸스 거래소와 팍소스가 발행하던 미국 달러 담보 스테이블코인인 BUSD의 발행 중단을 명령하면서 BUSD가 일시적으로 1달러 페그를 상실하고 0.98달러까지 하락했다. 규제 당국의 조치가 스테이블코인 시장에 미치는 영향을 보여주는 대표적인 사례다. 발행 중단 명령 이후 BUSD의 시가총액은 급격히 감소했다. 이 사건은 중앙화된 스테이블코인이 규제 리스크에 얼마나 취약한지 명확히 보여주었다.

2023년 3월에는 실리콘밸리은행 파산 사태로 USDC가 디페깅을 겪었다. 그 결과, USDC를 기반으로 담보를 구성하던 FRAX와 같은 스테이블코인들도 영향을 받았다. FRAX는 부분 담보 알고리즘 스테이블코인으로 UST와 달리 담보 자산과 알고리즘을 혼합해 가격을 유지한다. USDC에 상당 부분을 의존하던 FRAX는 담보 자산 가치 하락으로 인해 일시적으로 1달러 페그를 상실하고 0.97달러까지 하락하는 모습을 보였다. 당시 매도세가 발생하자 알고리즘이 충분히 빠르게 작동하지 못했고 담보 자산의 일부가 일시적으로 유동성 부족을 겪으면서 디페깅이 심화됐다. 프랙스파이낸스 팀은 담보 비율을 일시적으로 100% 이상 상향 조정해 FRAX의 담보 안정성을 강화했다. 또한 유동성 공급자들에게 추가적 인센티브를 제공해 FRAX-USDC 유동성 풀을 늘렸다.

이처럼 디페깅을 겪더라도 대부분 신속한 대응과 담보 보강, 커뮤니티와의 투명한 소통을 통해 1달러 가치를 되찾아 다시 시장의 신뢰를 회복한다. 하지만 똑같은 실수를 반복하지 않으려면 스테이블코인이 어떤 담보로 지탱되는지 잘 알고 있어야 한다. 스테이블코인의 안정성은 기술 자체보다 구조의 설계에 달려 있다. 그 구조가 감당할 수 있는 한계는 시장에서 언제든 시험받을 수 있다. 이제 우리는 스테이블코인을 보면서 항상 질문해야 한다. "이 스테이블코인은 어떤 담보와 구조로 1달러를 지키는가?" 이 질문이 사소해 보인다면 지금까지의 내용을 다시 생각해 봐야 한다. 이 한 줄의 물음이 여러분의 수익과 손실 혹은 그보다 더 큰 신뢰의 운명까지 좌우할 수 있기 때문이다.

디페깅에 대응하는 방법

스테이블코인은 안정성을 상징하지만 시장은 그 구조를 언제든 시험할 수 있음을 이제 우리는 알게 됐다. 그렇다면 우리는 무엇을 점검하고 어떻게 대비해야 할까? 다음 네 가지 방법을 기억해 두자.

첫째, 담보 자산과 투명성부터 확인한다. 어떤 자산으로 스테이블코인이 지탱되고 있고 그 담보는 충분한지 확인하기 위해 반드시 공식 보고서와 감사 결과를 살펴봐야 한다. 월별 또는 분기별로 외부 감사를 받고 담보 내역을 투명하게 공개하는 프로젝트만이 신뢰할 만한 기반 위에 서 있는 자산이다.

둘째, 유동성은 곧 방어력이다. 디페깅은 종종 대규모 매도와 함께 찾아온다. 이때 충분한 유동성이 있다면 가격 방어가 가능하지만 유동성이 부족하면 가격은 급격히 무너진다. 투자 전, 해당 스테이블코인이 주요 중앙화 거래소나 디파이 프로토콜에서 충분한 거래량과 유동성 풀을 확보하고 있는지 반드시 확인해야 한다.

스테이블코인 유동성 확인법

1. 중앙화 거래소에서 거래량 확인하기: 코인마켓캡 또는 코인게코에서 스테이블코인(예: USDT, USDC, DAI, FRAX 등)을 검색한 후 마켓Markets 탭에서 거래소별 거래량을 확인한다. 거래소에서 거래량이 적으면 대규모 매도 시 가격이 급변동해 페깅이 일시적으로 깨지고 매도나 환전이 어려울 수 있으니 주의해야 한다. 하루 거래량이 수천만에서 수억 달러 수준인지, 다양한 거래쌍(USDC/USDT, DAI/BTC, FRAX/ETH 등)이 존재하는지, 업비트, 바이낸스, OKX 등 대형 거래소에 상장되어 있는지 확인한다.

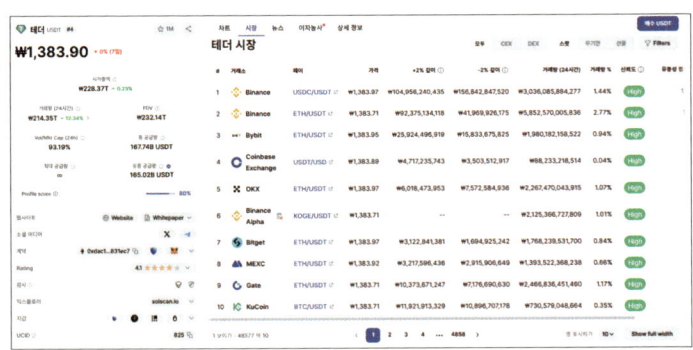

— 코인마켓캡에서 검색한 테더의 거래소별 거래량. ⓒCoinMarketCap

2. 디파이에서 유동성 풀 확인하기: 디파이라마 DeFiLlama(https://defillama.com)에 접속해 해당 스테이블코인(USDe, sUSDe, FRAX 등)의 이름을 검색한다. 유동성이 공급된 탈중앙화 거래소(유니스왑, 커브, 매버릭, 벨로드롬 등)와 총예치금액을 확인한다. 이때 유동성 풀에 예치된 자산 규모를 확인한다. 보통 수백만에서 수천만 달러가 안정적이다.

셋째, 알고리즘 구조를 이해해야 한다. 특히 알고리즘형 스테이블코인이라면 가격 안정화 메커니즘이 어떻게 작동하는지 명확히 이해해야 한다. 소각과 발행, 청산이 어떻게 일어나는지, 어떤 담보와 연결되어 있는지, 어떤 트리거나 제어 장치가 있는지 이해할 수 없으면 투자하지 말기를 바란다. 구조가 복잡할수록 리스크는 커진다는 점을 명심하자.

넷째, 비상시 대응 시나리오를 미리 정해둬야 한다. 디페깅은 예고 없이 찾아온다. 따라서 디페깅이 발생하면 어떻게 대응할지 미리 정해두는 것이 좋다. 예를 들어 가격이 0.98달러 이하로 떨어질 경우 즉시 USDC로 교환한다거나, 3일 이상 회복되지 않으면 전량 회수 후 다른 자산에 분산한다는 식의 조건부 매매 기준을 사전에 설정하는 것이 좋다.

디페깅은 피할 수 없는 위험이다. 하지만 피할 수 없다는 것이 곧 대응할 수 없다는 뜻은 아니다. 스테이블코인의 안정성은 절대적인 것이 아니라 구조, 유동성, 기술 그리고 신뢰의 균형 위에서 유지된다는 점을 이해하고 위험에 대비하자. 우리 스스로가 충분한 정보를 습득하고 신중한 판단을 내리는 것이 중요하다.

완벽한 코드란 없다

3장에서 스테이블코인을 움직이는 기술적 기반, 즉 블록체인, 스마트 콘트랙트, 오라클, 체인 간 상호운용성에 대해 살펴봤다. 이 기술들은 기존 금융이 제공하지 못했던 신뢰, 자동화, 탈중앙성을 가능하게 만들었다. 스테이블코인과 디파이는 은행도 없고 영업 시간도 없고 심지어 고객센터도 없다. 핵심 기능이 모두 코드 위에서 작동한다. 코드의 핵심은 스마트 콘트랙트다. 정해진 조건이 충족되면 자동으로 실행되고 한번 실행되면 되돌릴 수 없다. 인간의 개입은 없다. 이의 제기나 변경 요청도 불가능하다. 이러한 구조가 이론적으로는 조작이 불가능한 완벽한 신뢰를 제공한다. 그러나 누구도 조작할 수 없다는 말은 곧 문제가 생겨도 아무도 막을 수 없다는 뜻이기도 하다. 그리고 우리는 이미 그 치명적인 결과를 여러 차례 목격해 왔다.

스마트 콘트랙트 버그와 취약점

스마트 콘트랙트는 자동화의 결정체다. 디파이의 심장처럼 작동한다. 그러나 심장이 멈추는 데는 단 하나의 작은 결함이면 충분하다. 코드 한 줄의 실수, 로직 하나의 오류가 수천억 원의 피해로 이어질 수 있다. 스마트 콘트랙트는 블록체인 위에서 특정 조건이 충족되면 자동으로 실행되는 프로그램인 만큼 코드가 완벽하지 않으면 문제가 발생한다. 개발 과정에서의 실수나 논리적 오류는 치명적 버그로 이어질 수 있으며 해커들은 바로 이런 버그를 악용해 자산을 탈취한다.

대표적인 사례가 2016년에 있었던 더다오 해킹 사건이다. 이더리움 기반의 더다오는 코드로 운영되는 투자 펀드라는 아이디어로 주목받았다. 그러나 프로젝트의 스마트 콘트랙트에 재귀 호출re-entrancy이라는 치명적인 버그가 숨어 있었다. 재귀 호출이란 프로그래밍에서 기능을 실행하는 도중에 자기 자신을 다시 호출하는 것을 말한다. 더다오의 스마트 콘트랙트는 돈을 먼저 보내고 계좌의 잔액은 그 후에 계산하는 것으로 짜여 있었다. 해커는 더다오의 취약점을 알아내 송금 과정에서 다시 송금을 요청하도록 해 반복적으로 출금을 시도했고 결국 약 5000만 달러의 이더리움을 탈취했다. 이 해킹 사건으로 이더리움은 역사상 첫 대규모 하드포크를 단행했고, 결과적으로 이더리움과 이더리움 클래식이라는 2개의 체인으로 분열됐다. 하나의 코드 버그가 수많은 사람의 믿음과 철학을 갈라놓은 것이다.

버그는 예방할 수 있는가

버그를 원천적으로 막는 방법은 존재하지 않는다. 그러나 그 확률은 낮출 수 있다. 일반적으로 프로젝트는 스마트 콘트랙트 코드를 외부 보안 전문 기관에 의뢰해 분석하고 잠재적 위험 요소를 식별해 사전에 수정을 유도하는 방식인 보안 감사security audit와 버그 바운티bug bounty를 운영한다.

감사가 보안 전문가들이 코드 전체를 분석해 위험 요소를 체계적으로 진단하는 과정인 반면, 버그 바운티는 다른 접근 방식을 따른다. 전 세계에 흩어져 있는 보안 전문가와 화이트 해커들이 특정 프로젝트의 취약점을 찾아내고 그 대가로 보상을 받는 구조다. 버그 바운티 시스템의 핵심은 열린 경쟁과 유인 구조다. 특정 프로젝트가 자신들의 팀만으로는 모든 위험을 찾기 어려우니 외부에 공개하여 스스로의 한계를 인정하고 도움을 받는 것이다. 그리고 버그를 발견하면 그 심각도에 따라 보상을 지급한다. 하지만 감사와 버그 바운티만으로는 모든 취약점을 찾아낼 수 없으므로 투자자들은 항상 스마트 콘트랙트 리스크를 인지하고 있어야 한다.

주요 감사 기관으로는 대표적인 다섯 곳이 있다. 우선 서티크CertiK

는 AI 기반 자동 분석 도구를 활용해 수많은 프로젝트의 감사를 수행해왔다. 퀀트스탬프Quantstamp는 자동화 툴과 수동 점검을 결합한 하이브리드 분석으로 정밀도를 높인다. 펙쉴드PeckShield는 해킹 사고 분석과 온체인 위협 탐지 능력으로 유명하다. 해큰Hacken은 투명하고 신뢰도 높은 감사 보고서를 제공하며, 버그 바운티 운영으로도 알려져 있다. 오픈제플린OpenZeppelin은 자체 스마트 콘트랙트 보안 라이브러리를 제공하며 업계 개발 표준으로 자리 잡았다.

돈이 모이면 해커도 모인다

2025년 8월 기준, 디파이 생태계에 예치된 자산은 1600억 달러를 넘어섰다. 가히 중앙은행의 외화 보유액에 견줄 만한 규모다. 하지만 둘 사이에는 중요한 차이가 있다. 수많은 프로토콜에 자산이 흩어져 있고 대부분 공개된 코드로 운영된다. 누구든 인터넷만 있다면 어디서든 접근해 분석하고 허점을 찾아 공격할 수 있다. 한마디로 해커들에게 디지털 은행들은 새로운 금광인 셈이다. 특히 수익형 스테이블코인처럼 디파이 프로토콜을 통해 수익을 창출하는 모델의 경우 프로토콜의 보안이 무너지면 자산 자체가 흔들릴 수 있다. 따라서 수익률이 몇 퍼센트인지에 관한 질문만큼 중요한 질문을 던져야 한다. "이 수익은 어떤 디파이 위에서 만들어지고 있는가? 그 프로토콜은 안전한가?" 이제 질문에 답하기 위해 디파이를 위협하는 대표적인 해킹 방식을 하나씩 살펴보자.

플래시 론 공격 flash loan attack

플래시 론은 디파이의 혁신 중 하나다. 담보 없이도 아주 짧은 시간 동안, 다시 말해 하나의 트랜잭션 안에서만 돈을 빌릴 수 있다. 문제는 이 기능이 가격 조작에 악용될 수 있다는 점이다. 예를 들어 해커가 플래시 론으로 큰 금액을 빌려 특정 자산을 대량 매수하거나 매도해 가격을 인위적으로 왜곡시킨다. 다시 왜곡된 가격을 기반으로 디파이 프로토콜에서 차익을 얻는다. 그 모든 작업을 단 하나의 트랜잭션 내에서 끝내고 빌린 돈을 갚는다. 즉, 순식간에 돈을 빌려 시장을 흔들고 그 혼란 속에서 이익을 챙긴 후 사라지는 공격이다.

오라클 조작 Oracle manipulation

오라클 조작이란 쉽게 말해 외부 데이터를 블록체인으로 가져오는 오라클의 취약점을 이용해 가격 정보를 조작하고 이를 기반으로 부당 이득을 취하는 공격이다. 예를 들어 프로토콜에서 의존하는 오라클이 거래소 하나에만 연결돼 있다면 해커가 그 거래소에서 가격을 인위적으로 조작한 뒤 조작된 가격을 기반으로 대출이나 교환을 실행한다. 마치 부동산 담보 대출을 받을 때 감정가를 허위로 높여 더 많은 돈을 빌리는 것과 같다.

프라이빗 키 유출 private key compromise

프라이빗 키 유출은 쉽게 말해 디파이 프로토콜이나 개인 지갑의 프라이빗 키가 유출돼 자산이 탈취되는 경우다. 프라이빗 키는 블록체인 계좌의 마스터 비밀번호 같은 역할을 한다. 스마트 콘트랙트가 아무리 완벽해도 문을 여는 열쇠, 즉 프라이빗 키가 유출되면 모든 게 끝난다. 다시 말해 특정 개인 지갑 혹은 다중 서명 지갑의 키가 유출되면 그 지갑에 담긴 자산은 누구든 마음대로 인출할 수 있다. 이는 디파이 프로토콜 자체의 문제는 아니지만 디파이 서비스를 이용하는 과정에서 발생할 수 있는 보안 리스크다.

프론트 러닝 front-running

블록체인 거래는 공개적이며 순차적으로 처리된다. 이 말은 곧 누군가가 거래를 넣는 순간, 그것이 채굴되기 전까지는 누구나 볼 수 있다는 뜻이다. 프론트 러닝은 바로 이 시간을 악용하는 공격이다. 예를 들어 블록체인 메모리풀mempool을 감시하던 해커가 누군가 큰 금액으로 특정 자산을 사려는 거래를 넣는 순간, 더 높은 수수료를 걸고 똑같은 거래를 먼저 넣는다. 그렇게 해커가 먼저 매수한 뒤, 일반 투자자가 매수하면 오른 가격에 바로 되판다. 마치 슈퍼마켓에서 어떤 사람이 대량으로 살 물건을 계산대에 올리기 직전에 직원이 몰래 먼저 전량 사재기하고 바로 두 배 가격으로 되파는 것과 같다.

프론트 러닝은 주로 봇이나 채굴자에 의해 이뤄진다. 다시 말해 블록체인상의 거래가 공개되기 전에 해당 거래를 미리 파악하고, 이를 이용해 이득을 취하는 행위다. 주로 채굴자miner나 봇bot에 의해 이뤄진다.

보안 검증의 중요성

디파이 투자는 높은 수익률을 기대할 수 있는 만큼 높은 리스크를 수반한다. 특히 프로토콜 리스크는 투자자 스스로 통제하기 어려운 부분이므로 더욱 신중하게 접근해야 한다. 앞서 언급했듯이 스마트 콘트랙트 감사는 프로토콜의 보안성을 검증하는 가장 기본적인 단계다. 감사를 거치지 않은 프로젝트나 감사를 받았더라도 그 결과가 불투명한 프로젝트에는 절대 큰 금액을 투자해서는 안 된다.

감사도 모든 것을 보장하지는 않는다. 감사는 특정 시점의 코드에 대한 검증일 뿐, 이후에 추가되거나 변경되는 코드에는 적용되지 않을 수 있다. 또한 감사 기관의 역량이나 감사 범위에 따라 발견되지 않은 취약점이 존재할 수도 있다. 따라서 감사를 받았다는 사실만으로 맹목적으로 신뢰하기도 어렵다.

결국 디파이 투자에서 프로토콜 리스크의 최소화는 투자자 자신의 노력에 달려 있다. 특히 연 20%처럼 비정상적으로 높은 수익률을 보장하는 프로젝트는 더욱 철저한 검증이 필요하다. 해당 수익이 어디서 나오는지, 어떤 리스크를 수반하는지 명확히 이해해야 한다. 디파이는 혁신적인 기술이지만 동시에 새로운 형태의 위험을 내포하고 있음을 항상 기억해야 한다.

규제의 덫을 조심하라

앞서 스테이블코인의 구조적 취약점(디페깅)과 기술적 위험(프로토콜 리스크)을 살펴봤다. 하지만 스테이블코인 투자의 함정은 기술적 측면에만 국한되지 않는다. 오히려 가장 예측하기 어렵고 광범위한 영향을 미치는 것은 바로 법과 규제다.

스테이블코인은 법정화폐의 안정성을 구현하지만 전통 금융 시스템의 질서 바깥에서 움직인다. 이러한 자유로움은 투자자에게는 기회로 여겨질 수 있지만 정부와 규제 당국의 눈에는 통제 불가능한 위험으로 비칠 수 있다. 그리고 위험에 대한 대응은 언제나 규제라는 형태로 나타난다.

문제는 정부와 규제 당국의 규제가 예측 가능하지 않다는 데 있다. 기술적 버그는 코드 한 줄로 수정할 수 있지만 법의 움직임은 한번 발효되면 시장 전체 구조를 뒤흔든다. 그리고 규제의 파장은 종종 자산의 접근성을 차단하거나 가치 자체를 훼손하는 형태로 나타난다. 투자자 입장에서 가장 치명적인 리스크는 곧 접근 불가능한 자산인데, 규제는 그 가능성을 실현시킨다.

규제 리스크의 후폭풍

규제 리스크의 실체를 가장 선명하게 보여준 사건은 바로 유럽연합의 MiCA Markets in Crypto-Assets 규제 도입과 USDT 대거 상장 폐지 사태였다. 2023년 6월, 유럽연합은 MiCA를 통해 크립토 자산 시장 전반에 걸친 법적 프레임워크를 마련했다. 2024년 6월 30일부터는 스테이블코인에 대한 세부 규제가 본격적으로 시행됐다. 여기서 핵심은 MiCA가 스테이블코인을 전자화폐 토큰 Electronic Money Token, EMT으로 분류하며 몇 가지 요건을 명시했다는 점이다.

첫째, 발행 주체는 유럽 내 은행 라이선스를 보유해야 한다. 둘째, 스테이블코인 발행량에 상응하는 일대일 법정화폐 담보를 유로로 보유해야 한다. 셋째, 담보 내역에 대한 일일 감사 보고를 의무화한다. 이 규정은 자금세탁방지 Anti-Money Laundering, AML와 소비자 보호 강화를 목적으로 제정되었으나, 이를 준수하지 못한 스테이블코인은 강제 상장 폐지의 대상이 됐다. 대표적인 피해자가 바로 USDT, 즉 테더였다. 테더는 케이맨제도에 등록된 법인으로 유럽 내 은행 라이선스를 보유하고 있지 않았고 담보 자산에 대한 투명성 논란도 지속돼 왔다. 결과적으로 2025년 초부터 유럽 내 주요 중앙화 거래소들이 USDT를 줄줄이 퇴출시키는 일이 벌어졌다.

크립토닷컴Crypto.com은 2025년 1월 31일까지 USDT를 포함한 9개 스테이블코인을 상장 폐지했다. 유럽 거주자들은 더 이상 이와 관련된 자산을 거래할 수 없게 됐으며, 일부는 MiCA 준수 스테이블코인으로 자동 교환되거나 강제 출금됐다. 바이낸스는 2025년 3월 31일부로 유럽경제지역EEA 사용자를 대상으로 USDT, DAI, TUSD 등 주요 스테이블코인의 스팟 거래를 중단했다. 사용자들은 오직 P2P 거래나 탈중앙화 거래소를 통해 접근할 수밖에 없었고 이는 곧 유동성 저하와 가격 변동성 증가로 이어졌다. 크라켄Kraken과 코인베이스Coinbase 역시 2025년 1분기에 USDT 등 MiCA 비준수 토큰을 상장 폐지했다. 유럽증권시장감독청ESMA은 1월 31일까지 매도만 가능한 상태를 유지하라는 지침을 내렸고 이후 완전한 거래 중단으로 이어졌다.

이 사건의 후폭풍은 단지 상장 폐지에 그치지 않았다. 유럽 지역 투자자들이 자산을 강제로 매도하면서 USDT의 가격이 일시적으로 0.996달러까지 하락하는 디페깅 현상도 관찰됐다. MiCA는 투자자를 보호하기 위한 법이었지만 역설적으로 투자자에게 가격 손실이라는 또 다른 리스크를 안겨준 셈이다.

이처럼 규제는 단순한 금지를 넘어 상장 폐지, 거래 제한, 과세 강화,

자산동결 등 다양한 방식으로 시장에 개입해, 특히 스테이블코인을 담보로 활용하던 디파이 포지션에까지 영향을 미칠 수 있다. 규제의 움직임 하나가 전체 전략을 강제 청산할 수 있다는 점은 투자자에게 엄청난 리스크다. 정보 습득과 신중한 선택으로 리스크의 덫을 피하자. 디파이는 자유롭지만 법은 여전히 세상의 일부다.

7가지 투자 위험 신호 체크하기

위험은 언제나 눈앞에 있다. 위험을 보지 못한 이유는 그것을 보는 눈이 없어서가 아니라 보고 싶지 않았기 때문이다. 스테이블코인이든 디파이 프로젝트든 투자자들은 매일 넘쳐나는 기회 속에서 선택의 기로에 선다. 그중 일부는 인생을 바꿔줄 진짜 기회가 되지만 나머지 다수는 삶을 뒤흔드는 재앙으로 끝나기도 한다. 특히 규제가 명확하지 않은 디지털 화폐 시장에선 자신감 넘치는 언어, 전문용어가 가득한 백서, 유명인의 이름, 예상 수익률까지 모든 것이 다 그럴싸해 보인다.

당신이 간과했던 위험 신호들

스테이블코인이나 디파이 생태계에서 반복적으로 나타나는 일곱 가지 주요 신호를 통해 스테이블코인을 사거나 디파이에 참여할 때 반드시 점검해야 할 기본적인 질문들을 다시 확인해 보고자 한다.

첫째, 비현실적인 고수익 보장을 의심하라. '매일 1% 수익' '연 100% 보장' 같은 주장은 우리가 아는 어떤 금융 시스템에서도 실현하기 어렵다. 이러한 수익은 대부분 신규 투자자의 자금으로 기존 투자자에게 지급되는 폰지 사기 구조이거나 과도한 토큰 발행으로 인한 인플레이션을 동반한다. 따라서 수익이 어디서, 어떻게 발생하는지를 물어야 한다. 프로젝트 홈페이지의 문서Docs 혹은 백서White paper나 FAQ에 구체적인 수익원과 리스크를 명시하지 않았다면 의심해야 한다.

둘째, 불투명한 팀 정보를 확인하라. 실명 없이 운영되는 프로젝트는 많다. 하지만 익명 뒤에 숨은 책임 회피를 누가 책임질 것인가? 실제 존재하지 않는 인물을 내세우거나 유명인의 사진을 도용하는 경우도 있다. 투명한 팀 정보는 프로젝트의 신뢰도를 판단하는 중요한 기준이다. 따라서 프로젝트 팀의 깃허브GitHub, 링크드인LinkedIn, X(구 트위터) 활동이나 이전 프로젝트 기록 등을 직접 찾아보자. 실명이 없다면 최소한 실명에 준하는 활동 내역이 있는지 확인해야 한다.

셋째, 모호하거나 복잡한 기술 설명을 의심하라. 'AI 기반 트레이딩' '혁신적 알고리즘' '독자적 블록체인 구조' 등 화려한 문구는 귀에 꽂힐 수밖에 없다. 하지만 핵심은 늘 "무슨 문제를 어떻게 해결하는가"이다.

정작 기술적 설명이 구체적이지 않다면 그것은 기능이 아니라 포장에 불과하다. 따라서 모르는 기술 용어는 메모하고 한 문장으로 설명할 수 있는지 스스로 시험해 보자. 분명하게 설명되지 않으면 투자도 멈춰야 한다.

넷째, 과도한 마케팅이나 FOMO Fear Of Missing Out 조성에 주의하라. 유명 인플루언서나 암호화폐 커뮤니티에서 과도하게 홍보하며 FOMO 심리를 자극한다면 사용자가 아니라 투자자를 모으고 있다는 증거일 수 있다. 따라서 프로젝트의 실제 사용자 수, 토큰 사용처, 커뮤니티 참여 방식이 무엇인지 살펴보자. 홍보 대신 기능을 먼저 확인하자.

다섯째, 소수의 지갑이 토큰을 보유한다면 의심하라. 가격은 수요와 공급의 산물이다. 공급이 특정 소수의 손에 집중돼 있다면 시장은 불안정해진다. 이런 구조는 한순간에 가격 폭락, 시장 조작, 매도 러시를 불러올 수 있다. 따라서 이더스캔etherscan.io과 같은 블록체인 탐색기에서 토큰 홀더 분포(Top 10 Wallets 등)를 직접 조회하자. 소수의 지갑이 40% 이상을 보유하고 있다면 경계해야 한다.

여섯째, 감사 미실시 또는 불투명한 감사 보고서는 회피하라. 감사는 무오류를 보장하지는 않지만 최소한 프로젝트가 자기 코드를 객관적으로 검증하려는 노력을 했음을 시사한다. '감사 완료'라는 문구 하나만 보고 안심해선 안 된다. 누가, 언제, 어떤 방식으로 감사를 했는지, 감사 리포트가 공개되어 있는지가 중요하다. 따라서 감사 기관의 평판과 감사 리포트의 공개 여부를 확인하자. 리포트에 명시된 '하이 리스크' 항목이 남아 있는지도 반드시 살펴야 한다.

일곱째, 록업 기간이 없거나 짧다면 의심하라. 어떤 프로젝트는 시작과 동시에 엄청난 양의 토큰을 팀과 초기 투자자에게 배분한다. 록업 기간이 없거나 짧다면 프로젝트 관계자들이 당신보다 먼저 떠날 수 있다는 의미다. 대부분의 프로젝트는 백서나 공식 블로그에서 '토큰 분배 및 록업 구조'를 공개하니 찾아보도록 하자.

의심이 아니라 행동이 자산을 지킨다

물론 모든 걸 검증할 수는 없다. 모든 팀의 이력을 추적하고 모든 코드의 안전성을 입증하고 모든 지갑의 움직임을 실시간으로 따라가는 일은 현실적으로 불가능하다. 특히 스테이블코인과 디파이 생태계의 시장은 빠르고 복잡하며 수많은 정보가 겹겹이 쌓여 있다. 다만 앞서 살펴본 일곱 가지 위험 신호를 기억한다면 스테이블코인을 고를 때든, 디파이 프로젝트를 선택할 때든 명백히 잘못된 선택을 내리는 일은 피할 수 있다.

많은 투자자가 "사실 이상하긴 했는데 그냥 넘어갔어요" "느낌이 좀 별로였지만 다들 하길래 같이 했어요"라고 말한다. 하지만 이 같은 말 뒤엔 언제나 비슷한 후회가 뒤따른다. 위험 신호는 분명히 존재했다. 문제는 투자자 자신이 그것을 몰라서가 아니라 알면서도 외면했다는 데 있다. 우리는 종종 불편한 진실보다 듣고 싶은 말을 선택한다. 확신보다는 기대를, 검증보다는 분위기를 택한다. 그래서 진짜 중요한 건 의심이 아니라 행동이다.

프로젝트 팀을 검색해 보는 일, 감사 리포트를 열어보는 일, 유동성 풀에 들어가 실제 토큰의 움직임을 살펴보는 일, 커뮤니티에 직접 질문을 던져보는 일은 사소해 보일 수 있지만, 이런 작은 행동이 당신의 자산을 지키는 보이지 않는 방패가 될 것이다.

4부

스테이블코인으로
달라진 일상과 비즈니스

7장

스테이블코인이 만든 금융 혁신

시간이 곧 돈인 시대, 실시간 정산이 가능한 결제에는
어떤 경계나 복잡한 중개도 필요하지 않다. 물리적 거리를 무력화하고,
금융 서비스의 문턱을 낮추며, 전 세계 자금 흐름을 유연하게 만드는
진정한 혁신이 시작된다.

"누구나, 어디서나, 누구에게나 돈을 보낼 수 있는 시대,
그것이 스테이블코인이 열어가는 금융의 미래다."

스테이블코인이
일상을 바꾸다

스테이블코인은 이제 단순한 기술 유행을 넘어 실제 생활과 비즈니스에 적용되는 현실적인 금융 수단으로 자리를 잡아가고 있다. 스테이블코인을 활용한 사례도 점점 더 다양해지고 있으며 실생활에서 체감할 수 있는 변화로 이어지고 있다. 하지만 변화의 흐름에 무턱대고 휩쓸리기보다 실제 사례를 꼼꼼히 살펴보고 각 조직이 겪을 수 있는 위험 요인이나 규제 이슈, 비즈니스 모델과의 적합성을 차분히 분석하는 태도가 필요하다. 새로운 기술이기 때문에 스테이블코인을 바라보는 냉정한 시선이 더욱 더 필요한 시점이다.

    현재 기업에서 스테이블코인을 활용하는 방식은 크게 두 가지가 있다. 페이스북의 리브라처럼 기업이 스스로 스테이블코인을 직접 발행하는 방식과 USDT, USDC 같은 이미 존재하는 스테이블코인을 기존 서비스에 활용하는 방식이다. 두 방식은 참여하는 주체의 성격에 따라 성공 가능성이나 추진 속도에서 큰 차이를 보인다. 예를 들어 핀테크 기업은 상대적으로 규제 환경이 유연해 빠르게 신사업을 시도하고 실험할 수 있는 반면, 은행은 바젤 III와 같은 국제 자본 규제나 고객확인제도, 자금세탁방지 요건처럼 까다로운 조건 때문에 더욱 신중하게 움직이는 경향이 있다. 많은 글로벌 은행이 스테이블코인 기반 결제 파일럿에 활발하게 참여하고 있지만, 규제 불확실성으로 인해 대중을 위한 서비스를 실제로 출시하기는 아직 어렵다.

> **페이스북의 리브라**
>
> 리브라는 페이스북이 주도해 개발을 추진했던 디지털 화폐 프로젝트로, 전 세계 어디서나 빠르고 저렴하게 돈을 주고받을 수 있도록 하겠다는 목표로 시작됐다. 리브라는 블록체인 기술을 기반으로 하며, 기존의 비트코인처럼 가격이 급격하게 변동하는 것을 막기 위해 여러 실제 자산에 가치를 연동시키는 방식(스테이블코인)을 채택했다. 하지만 개인정보 보호, 금융 통제 문제 등에 대한 각국 정부와 규제 기관의 반발이 거세지면서 프로젝트 방향을 수정했고, 결국 이름도 '디엠Diem'으로 바뀌었다. 이후에도 다양한 어려움을 겪어 2022년 프로젝트는 사실상 종료됐다.

따라서 어떤 주체가 참여하는지에 따라 비즈니스 모델의 현실성도 달라질 수 있다. 결국 스테이블코인을 통한 혁신을 추구하기 위해서는 기술만 볼 것이 아니라 누가 주도하는지, 어떤 규제 안에서 어떤 비즈니스 모델로 스테이블코인을 도입하는지까지 함께 고려해야 한다.

스테이블코인의 활용 분야

스테이블코인이 활용되는 분야를 좀 더 세부적으로 살펴보자. 첫째, 은행 내부 시스템을 위한 용도로 스테이블코인이 활용된다. 많은 은행에서 자체 블록체인 네트워크를 활용해 내부에서 쓸 수 있는 스테이블코인을 발행하고 있다. 외부와 직접 연결되지는 않지만 위험은 낮추고 효율은 높일 수 있는 좋은 연습 무대로서 역할을 한다. 예를 들어 미국의 JP모건이나 호주의 내셔널오스트레일리아은행NAB은 내부 시스템에서 활용하는 스테이블코인 형태의 파일럿을 통해 기술을 점검하고 있다.

둘째, 테더 모델의 경우 금융 소외층을 위한 디지털 달러로 활용된다. 은행 시스템이 제대로 갖춰지지 않은 나라, 특히 남미나 아프리카, 동남아에서는 사람들이 안전하게 가치를 저장할 수 있는 수단이 부족하다. 테더는 이런 환경에서 달러에 가까운 자산을 개인이나 소기업에서 디지털로 쉽게 보유할 수 있게 해주는 역할을 하며 그 수요가 점점 더 커지고 있다.

셋째, 거래소에서 쓰이는 기본 통화의 역할을 한다. 스테이블코인은 바이낸스나 업비트 같은 암호화폐 거래소나 중앙화 금융CeFi 플랫폼에서 기본 통화처럼 쓰이는 경우가 많다. 디지털 자산을 사고팔 때 기준이 되어 대량 거래나 법정화폐 입출금, 자산 보관을 좀 더 쉽게 할 수 있게 도와준다.

넷째, 유럽의 경우 규제를 지키며 진행되는 국제 결제에 활용된다. 유럽의 핀테크 기업들은 각종 규제를 지키면서 유로를 기반으로 하는 스테이블코인을 발행해 국경 간 결제용 인프라로 활용하고 있다. 예를 들어 뱅킹 서클Banking Circle은 유로 기반 스테이블코인인 유라이트EURI를 발행해 국경을 넘는 결제도 안전하고 투명하게 처리할 수 있도록 만들었다. 이 프로젝트에는 파이어블록스가 기술 파트너로 참여해 실제 결제가 이루어지는 시스템을 뒷받침하고 있다.

다섯째, 카드 수수료 절감을 위한 가맹점 결제용 플랫폼으로 활용된다. 은행, 이커머스 기업, 통신사 등은 자체 스테이블코인을 활용한 결제 생태계를 만들어가고 있다. 이를 통해 카드 수수료를 줄일 수 있다. 또한 고객의 결제 데이터를 바탕으로 가맹점에 유용한 정보를 제공하거나 잔액을 운영해 수익을 내는 구조를 갖출 수 있다. 특히 카드 결제나 QR 결제가 덜 보편화된 나라에서 더욱 효과적인 전략이다.

여섯째, 글로벌 자동 지급 시스템으로 활용된다. 크리에이터를 위한 콘텐츠 제작 플랫폼이나 프리랜서, 용역 시장처럼 수천 명에게 정기적으로 돈을 보내야 하는 기업에서는 스테이블코인을 통해 간편하고 정확한 자동 지급 시스템을 만들 수 있다. 실제로 동남아나 중남미 등에서 긍정적인 반응을 보이고 있고, 프리랜서들은 USDC로 대금을 받기를 선호한다.

일곱째, 고속 거래를 위한 담보로 활용된다. 스테이블코인은 빠르게 거래하거나 투자하는 사람들에게 담보처럼 활용되기도 한다. 예를 들어 서클이 해시노트Hashnote*를 인수한 사례처럼 스테이블코인 기반 투자 펀드, 담보 또는 유동성 제공 상품을 출시하는 움직임이 활발하게 전개되고 있다. 시장에서 빠르게 대응해야 하는 트레이더들에게 특히 인기가 높다.

여덟째, 디지털로 더 빠르고 저렴하게 더 나은 송금 경험을 제공한다. 해외 송금은 아직도 과정이 느리고 수수료가 비싼 경우가 많다. 스테이블코인을 이용하면 더 빠르고 저렴하게 송금할 수 있다. 거기에 프로그래머블 머니 기술까지 결합하면 지정된 용도에만 쓰이도록 제한하는 등 실제 서류나 중개 없이 이용자에게 훨씬 더 편리하고 똑똑한 송금 경험을 제공할 수 있다.

그럼 지금부터 스테이블코인 기반의 결제 생태계가 일상의 모습을 어떻게 바꾸는지 자세히 살펴보도록 하자.

카드 수수료의 종말

많은 소상공인이 카드 결제를 받을 때마다 "결제는 됐는데, 정작 남는 건 없다"라며 한숨을 쉬곤 한다. 이유는 간단하다. 고객이 카드로 결제한 금액 중 일부가 수수료 명목으로 계속 빠져나가기 때문이다. 카드로 결제

• 디지털 자산 투자 및 자산관리 서비스를 제공하는 미국의 토큰화 스타트업

할 때마다 발급사, 카드 네트워크, 매입사 등 복잡한 구조로 월 매출 중 상당액을 수수료로 지급해야 한다. 특히 사업의 규모가 작을수록 수수료 부담은 더 크게 느껴진다. 작은 커피숍이나 동네 식당에서 100원, 500원 씩 빠져나간다면 곧 하루 수익의 몇 퍼센트를 좌우한다는 말이 된다. 이런 현실 속에서 스테이블코인을 활용한 결제 플랫폼이 대안으로 등장하고 있다.

은행, 이커머스 기업, 통신사 등 다양한 주체들은 자체 스테이블코인 기반의 결제 생태계를 구축해 나가고 있다. 스테이블코인 기반의 결제 방식은 기존 카드 시스템과 구조적으로 다르다. 신용카드사나 결제대행사의 중개 없이 직접 결제를 연결할 수 있기 때문에 카드 수수료를 크게 줄일 수 있다는 것이 장점이다. 이는 곧 소상공인과 가맹점 입장에서 더 많은 수익을 확보하는 방법이 된다.

스테이블코인 기반의 결제 플랫폼은 단순히 수수료를 줄이는 데 그치지 않는다. 새로운 결제 생태계에서는 고객들의 결제 데이터를 분석해 가맹점에 유용한 인사이트를 제공하기도 한다. 예를 들어 점주들은 매출이 언제 가장 많은지, 어떤 상품이 자주 팔리는지, 어떤 시간대에 어떤 고객층이 방문하는지 등의 정보를 바탕으로 가게 운영 전략을 세울 수도 있다. 또 결제 과정에서 남는 잔액(선불 충전금이나 리워드 포인트 등)을 파악해 추가 수익을 창출할 수 있는 구조도 만들 수 있다.

특히 스테이블코인 기반의 결제 생태계는 QR 결제가 아직 보편화되지 않고 기존 카드망이 열악한 나라에서 더욱 큰 효과를 발휘한다. 기존의 결제 인프라가 잘 갖춰지지 않은 국가에서는 오히려 새로운 기술을 받아들일 경우 상대적으로 더 빠르게 정착될 수 있다. 복잡한 단말기 없이도 스마트폰 하나로 결제, 정산, 정보 제공이 가능하니 고객과 점주 입장에서도 부담이 적다.

결국 스테이블코인 기반의 결제 생태계로 변화하는 흐름은 단순한 기술 변화가 아니라 소상공인의 삶을 직접적으로 바꾸는 결제의 혁신이라 할 수 있다. 작은 가게 하나하나가 거대한 카드 수수료 시스템에서 벗어나고 실시간 정산과 데이터 자산화를 통해 결제의 주체가 되는 시대가 열리고 있는 것이다.

실시간 정산으로 변화되는 돈의 흐름

그동안 암호화폐는 투자 상품 혹은 투기성 짙은 자산이라는 이미지가 강했다. 뉴스에서는 하루에도 몇 번씩 가격이 오르내린다는 이야기가 보도되고 비트코인으로 큰돈을 벌었다는 이야기가 회자되면서 일반 소비자에게는 여전히 멀고 어려운 개념으로 다가왔던 것도 사실이다. 하지만 최근에는 스테이블코인을 중심으로 한 디지털 자산이 실제 우리의 생활과 일터에 스며드는 흐름이 생겨나고 있다. 가장 큰 원인은 스테이블코인이 안정적으로 가격을 유지하는 암호화폐라는 사실이다. 스테이블코인은 비트코인처럼 가격이 널뛰지 않는 덕분에 사람들이 실제 결제 수단이나 급여 지급 수단으로 점점 더 자연스럽게 받아들이고 있다.

현재 싱가포르에 거주하며 해외 출장을 자주 다니는 저자에게는 환전이 늘 신경 쓰이는 부분이다. 출장 중 커피 한 잔을 사거나 택시를 타면 소액 결제를 하게 되는데 그때마다 카드 수수료나 환전 수수료가 붙어 생각보다 꽤 많은 비용이 나간다. 특히 일정이 짧거나 결제 금액이 적을수록 수수료는 더 부담스럽게 느껴진다. 그런데 최근 들어 스테이블코인을 사용하는 플랫폼이나 호텔, 이커머스 사이트가 등장하고 있다. 예를 들어 카펠라 호텔 그룹은 카펠라 싱가포르와 파티나 몰디브에서 2024년 10월 가상화폐를 결제 수단으로 채택했다. 카펠라 호텔 그룹은 "전 세계적으로 5억 6000만 명 이상의 사람들이 디지털 화폐를 보유하고 있다"라며 새로운 여행자층을 끌어들이는 기회라고 보았다. 이렇게 호텔 예약 플랫폼에서 WUSD, USDT, USDC, 비트코인이나 이더리움으로 결제할 경우, 추가 수수료 없이 바로 결제가 가능하다. 환전에 따른 수수료가 없어진다면 여행이나 출장을 자주 가는 사람에게는 환전 없이 디지털 달러로 결제하는 시대가 정말 열릴 수 있을 것이다.

또 다른 흥미로운 변화를 웹3 업계에서 일하면서 체감할 수 있었다. 최근 몇 년 사이 개발자나 디자이너, 마케터 등 디지털 인력이 국경을 넘어 협업하는 일이 흔해졌다. 특히 DAO나 글로벌 웹3 프로젝트에 참여하는 팀원들은 미국, 베트남, 한국, 케냐 등 전 세계에 흩어져 있다. 다국적 인력이 하나의 프로젝트를 진행하는 상황에서 전통 은행을 통한 급여 송금은 여러모로 비효율적이다. 은행 간 송금은 수수료도 비싸고 처리 시간도 오래 걸리며 중간에 문제가 생기면 확인 절차까지 복잡해진다. 하지만 스테이블코인을 사용하면 수수료와 처리 과정이 훨씬 간단해진다. 지갑 주소만 있으면 전 세계 어디든 바로 송금할 수 있고 수수료도 매우 낮으며 정산도 몇 분 안에 끝난다.

실제로 많은 프로젝트에서 각국의 팀원들에게 미국 달러에 연동된 USDC나 USDT로 급여나 용역비를 지급하고 있다. 예를 들어 한 NFT 프로젝트에서 활동하는 한국인 디자이너는 자신이 만든 작품의 대가를 미국 본사의 지갑에서 몇 초 만에 USDC로 지급받았다. 더 이상 낯설거나 특별한 사례가 아니다. 많은 기업에서 스테이블코인을 급여나 보너스 지급 수단으로 활용하고 있으며 이러한 변화가 느리고 복잡한 기존의 금융 시스템을 보완하거나 대체하는 흐름으로 자리 잡고 있다.

스테이블코인은 단순한 기술적 도구가 아니라 현금 흐름의 속도와 효율성을 바꾸는 새로운 패러다임으로 작용하고 있다. 시간이 곧 돈인 시대에서 실시간 정산이 가능한 결제 수단은 앞으로 더 많은 기업과 개인들에게 매력적인 선택지가 될 것이다.

100원 단위의 경제학, 마이크로페이먼트

궁금한 뉴스 기사 하나를 보려고 하는데 "구독하세요"라는 창이 뜬다. 월 구독료는 9900원. 기사 하나 보려다가 한 달 치 신문을 사게 생겼다. 또는 친구가 추천해 준 노래 한 곡을 듣고 싶어서 음원 사이트에 들어갔더니 역시나 월정액 서비스 가입을 요구한다. 곡 하나를 듣기 위해 한 달에 7900원을 내야 한다니 아깝다는 생각이 든 적도 있을 것이다.

디지털 콘텐츠가 넘쳐나는 시대에 우리는 점점 더 신중하게 정보를 선택하고 있지만 소비 방식은 여전히 구독 중심으로 고정돼 있다. 이제 대중은 뉴스 기사 하나, 영상 하나, 곡 하나를 접하기 위해 전체 구독 요금을 지불해야 하는 구조에 부담을 느낀다. 나에게 정말 필요한지, 한 달 내내 쓸 수 있을지 고민하다가 결국 포기하는 경우가 대부분이다. 창작자 입장에서도 답답하긴 마찬가지다. 좋은 콘텐츠를 만들었는데 구독 장벽 때문에 사람들이 아예 접근하지 못한다.

　콘텐츠 결제 방식에 대한 대안으로 떠오른 개념이 바로 마이크로페이먼트Micropayment다. 마이크로페이먼트란 아주 적은 금액, 예컨대 100원, 200원 단위로 디지털 콘텐츠나 서비스를 결제하는 방식이다. 뉴스 기사 하나를 100원에, 음악 한 곡을 200원에, 동영상 하나를 300원에 사는 식이다. 사용자는 자신이 필요한 콘텐츠만 골라 최소한의 비용으로 소비할 수 있고 창작자는 이용자 수에 비례해 정당한 보상을 받을 수 있다. 쉽게 말해 100원 단위의 경제학이라 할 수 있다.

　마이크로페이먼트는 완전히 새로운 개념은 아니다. 1990년대부터 "디지털 시대의 이상적인 결제 방식"으로 주목받아 왔다. 다만 기존 결제 시스템이 소액 결제의 활성화를 막는 걸림돌로 작용했다. 신용카드나 간편결제 시스템은 상대적으로 수수료가 높을뿐더러 거래 처리 속도도 느렸다. 더구나 수천, 수만 건의 소액 거래를 처리하려면 복잡한 백엔드 인프라가 필요해 오히려 운영비를 증가시키는 역효과를 낳았다.

　이러한 기존 결제 시스템의 오랜 과제를 풀어줄 열쇠로 스테이블코인이 주목받고 있다. 스테이블코인은 블록체인 기술 기반으로 작동하면서도 그 가치를 달러나 원화 같은 특정 화폐에 고정한 디지털 화폐이기

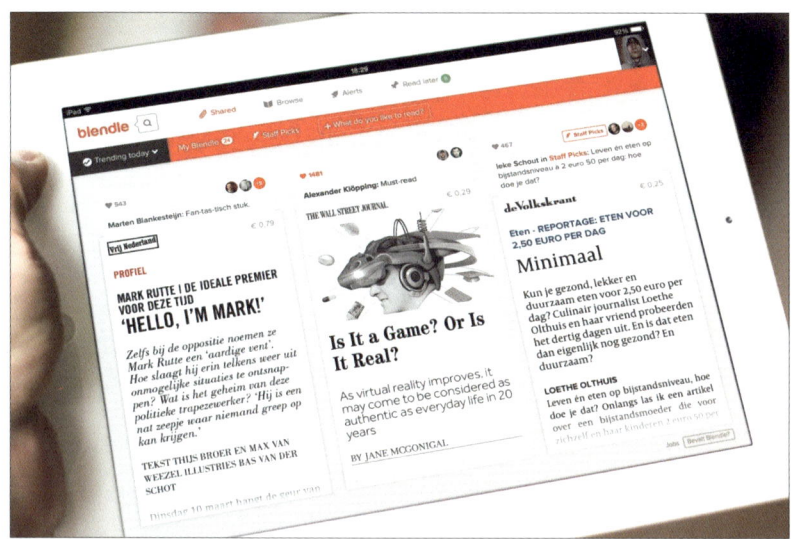

— 관심 있는 기사만 금액을 지불하고 읽을 수 있는 블렌들의 '기사 단위 결제' 모델. ⓒBlendle

때문에 수수료가 거의 없고 전송 속도가 빠르며 소액 단위의 결제도 실시간으로 처리할 수 있다. 즉, 마이크로페이먼트를 실행하기에 매우 적합한 기술적 구조를 갖추고 있다. 2025년 현재 미국을 중심으로 지급결제용 스테이블코인PSC의 제도화가 본격화되고 있으며, 주요 금융기관과 기업들이 PSC 도입을 적극 검토하고 있다.

예를 들어 2014년에 설립된 네덜란드의 뉴스 포털 블렌들Blendle에서는 사용자가 0.20~0.30유로 정도의 금액을 지불하고 관심 있는 기사만 골라 읽을 수 있는 기사 단위 결제 모델을 실험했다. 조금 자세히 들여다보면 먼저 사용자가 일정 금액을 충전해 크레디트 형태로 보유한 후 보유 한도 내에서 개별 기사를 소비하는 방식이다. 블렌들 지갑이라는

7장 스테이블코인이 만든 금융 혁신   231

자체 결제 시스템을 통해 여러 언론사의 기사를 하나의 계정과 과금 체계로 통합해 소액 결제를 쉽게 할 수 있도록 구현했다. 그러면 사용자는 플랫폼 단위로 전체 구독을 하지 않아도 자신이 읽고 싶은 것만 합리적으로 구매할 수 있다. 블렌들의 기사 단위 결제 모델이 등장했을 때 뉴스 업계의 아이튠즈iTunes라는 평가를 받기도 했다.

이러한 시도는 네덜란드뿐만 아니라 캐나다, 미국 일부 지역에서도 유사하게 실행됐고 음악, 영상, 게임 등 다른 콘텐츠 분야로도 점차 확산되고 있다. 실제로 유튜브 영상의 1회 시청권, 음원 플랫폼의 1곡 감상권, 게임 내 특정 기능의 1회 사용권 등을 스테이블코인으로 결제하는 실험이 진행 중이다. 콘텐츠 단위 결제 모델을 도입할 경우 크리에이터는 광고에만 의존하지 않고 콘텐츠 단위로 직접 수익을 창출할 수 있으며 이용자는 광고 없이도 자유롭게 콘텐츠를 소비할 수 있다.

그럼 마이크로페이먼트가 활성화되면 무엇이 달라질까? 첫째, 사용자의 소비 방식이 유연해진다. 구독료에 얽매이지 않고 자신이 필요한 만큼만 소액으로 지불해 콘텐츠를 소비할 수 있기 때문에 진입장벽은 낮아지고 다양한 콘텐츠를 선택적으로 이용할 수 있다. 둘째, 창작자나 소규모 콘텐츠 제공자에게 새로운 수익 기회가 생긴다. 대형 플랫폼의 알고리즘이나 광고 수익 배분에 의존하지 않고도 콘텐츠에 대한 정당한 가치를 받을 수 있다. 셋째, 플랫폼 중심의 수익 구조에서 벗어나 사용자와 창작자 간의 직접적 경제 흐름이 만들어진다. 그로 인해 더욱 공정하고 지속 가능한 디지털 콘텐츠 생태계를 형성할 수 있다.

물론 마이크로페이먼트 모델이 대중화되기 위해서는 몇 가지 전제가 필요하다. 스테이블코인을 포함한 디지털 화폐의 사용성이 더욱 간편해지고 규제의 명확성이 확보돼야 한다. 또한 사용자에게 자연스러운 결제 경험을 제공하는 UI/UX 설계도 중요하다. 그럼에도 마이크로페이먼트는 분명 새로운 디지털 경제의 문을 여는 중요한 키워드다. 100원짜리 경제는 그저 사소한 거래의 묶음이 아니다. 디지털 시대의 소비자 주권, 창작자 보호 그리고 금융 기술 진화가 만들어내는 새로운 질서의 시작이다.

해외 수수료의 붕괴

싱가포르에서 일하는 김민수 씨는 매월 둘째 주마다 우울해진다. 고향의 부모님께 용돈을 송금하는 날이기 때문이다.

"100만 원을 보내려면 수수료가 4만 원은 기본이에요. 거기다 환전 수수료까지 붙으면 거의 5만 원 가까이 날아가죠."

더 짜증 나는 건 시간이다. 월요일에 보낸 돈이 목요일이나 되어야 부모님 계좌에 들어간다. 급한 병원비라도 필요한 상황이면? 답답할 노릇이다. 한번은 중간은행 정보가 잘못되어 돈이 허공에서 사라졌고, 돈을 찾는 데만 2주가 걸렸다. 민수 씨만의 이야기가 아니다. 전 세계 해외 거주자들이 매년 겪는 일상이다.

이렇듯 해외에 있는 가족에게 생활비를 보내야 할 때 혹은 프리랜서로 일한 대가를 외국 클라이언트에게 받아야 할 때, 우리는 종종 납득하기 어려운 장면을 마주한다. 수수료만 몇만 원이 넘거나 돈이 도착하기까지 며칠 혹은 일주일 이상 걸리기도 한다. 심지어 중간은행 정보가 빠져 다시 송금해야 하는 경우도 있다. 이처럼 기존의 해외 송금 방식은 여전히 불편하고 느리고 비싸다. 특히 고국에 주기적으로 돈을 부쳐야 하는 해외 노동자 혹은 다양한 국가의 고객과 일하는 디지털 노마드나 프리랜서에게는 결코 가볍지 않은 부담이 된다. 전통적 금융 인프라는 시간, 비용, 접근성이라는 세 가지 장벽 앞에서 여전히 불완전하다.

스테이블코인은 이러한 전통적 금융 인프라 구조에 균열을 내고 있다. 스테이블코인은 국경 없는 송금을 실현하는 데 가장 현실적인 대안으로 떠오르고 있다. 이제 수취인의 지갑 주소만 알면 전 세계 어디든 몇 분 만에 수수료도 거의 없이 돈을 보낼 수 있는 시대가 열리고 있다. 중간은행도, 복잡한 서류도, 긴 대기 시간도 필요 없다.

아마도 미래에는 해외의 가족에게서 갑자기 병원비가 필요하다는 연락이 오더라도, 스마트폰을 몇 번만 터치하면 즉시 돈을 보낼 수 있을 것이다. 5분 후에는 자녀의 스마트폰에 입금 완료 알림이 뜰 것이다. 프리랜서로 일하는 당신의 딸은 뉴욕의 클라이언트, 런던의 파트너, 도쿄의 고객들과 자유롭게 일하면서 프로젝트가 끝나는 즉시 정당한 대가를 받을 것이다. 이것이 바로 국경 없는 경제의 모습이다. 스테이블코인은 단순히 송금비를 절약해 주는 기술이 아니다. 전 세계를 하나의 거대한 경제 공간으로 만들어주는 혁신이다.

이러한 모습은 먼 미래의 일이 아니다. 지금도 전 세계에서는 스테이블코인을 활용하고 있다. 싱가포르에서 일하는 한 필리핀 간호사의 사례를 보자. 그는 매달 고향에 있는 부모님과 자녀에게 생활비를 보내야 한다. 과거에는 은행이나 웨스턴유니언 같은 송금 서비스를 이용해 송금액의 일정 비율을 수수료로 지불하고 환전 비용까지 부담해야 했다. 게다가 주말이나 공휴일에는 처리 시간이 지연되기도 했다. 그러나 지금은 다르다. 이 간호사는 스테이블코인을 사용해 디지털 지갑으로 직접 송금한다. 수신자는 스마트폰 앱을 통해 실시간으로 자금을 확인할 수 있다. 필요할 경우 바로 현지 통화로 환전해 사용할 수도 있다. 수수료는 거의 없으며 전송 시간도 단 몇 분이면 충분하다. 이처럼 스테이블코인은 단순히 송금을 빠르게 만드는 것을 넘어 해외 노동자와 그 가족의 일상에 편리한 안정성과 유연성을 제공하고 있다.

스테이블코인을 활용한 송금은 개인에게만 적용되는 변화가 아니다. NGO와 같은 국제 기부 단체들도 스테이블코인 기술을 통해 인도주의적 지원의 효율성을 획기적으로 개선하고 있다. 예컨대 자연재해나 전쟁 등으로 전통적 금융 시스템이 작동하지 않는 지역에서는 은행 계좌를 통한 송금이 사실상 불가능하다. 이런 상황에서 스테이블코인은 구호 자금을 빠르고 안전하게 실시간으로 전달할 수 있는 수단이다. 수혜자는 스마트폰과 인터넷만 있으면 즉시 자금을 확인하고 사용할 수 있기 때문에 생존에 필요한 지원을 신속하게 받을 수 있다.

유엔 세계식량계획World Food Programme, WFP의 사례가 대표적이다. 2020년 9월, WFP는 스테이블코인을 기반으로 한 인도주의 지원 프로그램 '빌딩 블록Building Blocks' 시스템을 도입했다. 이 시스템의 목적은 단순했다. 은행 계좌나 복잡한 송금망이 없는 환경에서도 신속하고 투명하게 지원금을 전달하는 것이다. 이 실험은 같은 해 1월, 시리아 난민 캠프에서 처음 적용됐다. 현장에서 지원이 필요한 사람들은 블록체인 지갑을 통해 바로 식량 구매에 필요한 자금을 받을 수 있었고, 중간 단계에서 지연되거나 부패로 인해 유실될 가능성을 크게 줄일 수 있었다.

2022년, 우크라이나 전쟁 난민을 대상으로 한 긴급 지원에서도 WFP는 스테이블코인을 적극 활용했다. 국경을 넘는 과정에서 은행 계좌나 현금을 활용하기 어려운 난민들에게 스테이블코인은 실질적인 '디지털 생명선'이 됐다. 지원금은 몇 분 만에 전달됐고, 수혜자는 지역 상점이나 지정된 가맹점에서 필요한 물품을 바로 구매할 수 있었다. 기존 금융 시스템이 갖고 있던 국가 단위의 경계선을 허물고 진정한 의미에서의 국경 없는 금융을 실현한 사례라 할 수 있다.

스테이블코인이 실현하는 국경 없는 송금은 단순히 빠르고 싼 금융 서비스를 넘어선다. 물리적 거리를 무력화하고 금융 서비스의 문턱을 낮추며 전 세계 개인들 간의 자금 흐름을 유연하게 만드는 진정한 혁신이다. 앞으로 송금은 더 이상 특정 국가의 은행이나 통화에 종속되지 않을 것이다. 돈을 보내는 사람과 받는 사람 사이에 어떤 경계나 복잡한 중개도 필요 없어진다. 누구나 어디서나 누구에게나 돈을 보낼 수 있는 시대, 그것이 스테이블코인이 열어가는 국경 없는 금융의 미래다.

기업 간 거래에 불어온 스테이블코인 혁신

지금까지 살펴본 것은 주로 개인 사용자를 대상으로 한 B2C Business to Consumer 영역의 변화였다. 하지만 암호화폐와 스테이블코인이 가져오는 혁신은 개인 송금이나 쇼핑 결제에만 국한되지 않는다. 기업과 기업 사이의 거래, 즉 B2B Business to Business 영역에서도 변화가 빠르게 일어나고 있다.

기업 간 결제는 개인 결제와는 완전히 다른 특성이 있다. 우선 거래 규모가 훨씬 크다. 개인이 온라인에서 몇십만 원짜리 물건을 사는 것과 기업이 수억 원에서 수십억 원 규모의 원자재를 구매하는 것은 차원이 다른 문제다. 또한 기업 간 결제는 보통 복잡한 승인 절차와 정산 과정을 거쳐야 하고, 특히 국제 거래의 경우에는 환전, 송금 수수료, 시간 지연 등의 문제가 항상 따라붙는다. 바로 이런 문제들 때문에 많은 기업이 기존 금융 시스템의 한계를 절감하고, 암호화폐 기반의 새로운 해결책에 관심을 갖기 시작했다.

ALT 5 Sigma의 성공 사례

이런 시장의 변화를 가장 잘 보여주는 대표적인 사례가 바로 나스닥에 상장된 ALT 5 Sigma 기업이다. 이 회사의 이름을 처음 들어본다고 해서 이상할 것은 없다. B2B 결제 서비스는 일반 소비자에게는 직접적으로 보이지 않는 '뒤에서 돌아가는' 시스템이기 때문이다. 하지만 이 회사가 진행하는 일과 성장 속도는 정말 놀랍다.

ALT 5 Sigma는 암호화폐, 특히 스테이블코인을 기반으로 한 결제 처리 인프라를 제공한다. 쉽게 말해 기업들이 서로 돈을 주고받을 때 복잡하고 비용이 많이 드는 기존의 은행 시스템 대신 암호화폐를 사용할 수 있도록 도와주는 서비스를 제공한다는 뜻이다. 성장세는 정말 빠르다. 2020년에는 약 3900만 달러 규모의 결제 거래를 기록했다. 이 정도 규모도 적지 않지만, 불과 4년 뒤인 2024년에는 거래 규모가 20억 달러를 돌파했다. 약 4년 만에 거래량이 50배 이상 증가한 것이다.

이런 성장률은 단순히 한 회사가 잘되는 차원을 넘어선다. 이는 글로벌 기업들이 실제로 기존 금융 시스템에서 벗어나고 있다는 것을 보여

— ALT 5 Sigma가 75억 개의 WLFI 토큰을 구매하기 위해 15억 달러 거래를 발표한 이후 에릭 트럼프가 나스닥 개장 종을 울렸다. ⓒALT 5 Sigma

주는 강력한 지표다. 만약 기업들이 여전히 기존 방식에 만족하고 있었다면 ALT 5 Sigma가 이렇게 폭발적으로 성장하기는 불가능했을 것이다. 그렇다면 왜 이렇게 많은 기업이 ALT 5 Sigma 같은 서비스로 이동하고 있을까? 가장 큰 이유는 비용과 속도다. 기존의 국제 송금 시스템은 여러 은행을 거쳐야 하기 때문에 수수료가 비싸고 시간도 오래 걸린다. 하지만 스테이블코인을 사용하면 몇 분 안에 훨씬 저렴한 비용으로 같은 거래를 처리할 수 있다.

ALT 5 Sigma가 기업 고객들의 신뢰를 얻을 수 있었던 데에는 여러 기술적 요소가 복합적으로 작용했다. 첫째, 안정적인 지갑 보안 장치를 구축해 수십억 원 단위의 자금을 다루는 기업들의 자산을 안전하게 보호한다. 둘째, 기존 금융 시스템과 비교해도 뒤떨어지지 않는 처리 속도로 수많은 거래가 몰리는 기업 간 결제를 빠르게 처리할 수 있다. 셋째, 전통적인 결제 시스템을 사용하던 기업도 쉽게 암호화폐 결제를 도입할 수 있도록 사용자 친화적인 인터페이스와 간단한 연동 과정을 제공한다.

결과적으로 점점 더 많은 기업이 수수료 부담을 줄이고 거래 속도를 높이기 위해 ALT 5 Sigma와 같은 블록체인 기반 결제 솔루션을 채택하고 있다. 이는 단순히 새로운 기술을 시도하는 차원을 넘어 실질적인 비즈니스 효율성을 추구하는 움직임이다. ALT 5 Sigma의 성공은 단순히 한 회사의 성과가 아니라 전체 B2B 결제 시장이 암호화폐 중심으로 재편되고 있다는 신호로 해석할 수 있다. 이런 변화가 계속된다면 향후 몇 년 안에 기업 간 국제 거래의 상당 부분이 스테이블코인을 통해 이루어질 수도 있을 것이다.

세계 금융 시장의 주류들이 뛰어든다

스테이블코인은 이제 소규모 스타트업의 실험 단계를 넘어 세계 금융 시장의 주류 플레이어들이 본격적으로 뛰어드는 무대가 됐다. 미국에서 스테이블코인을 제도권에 편입하는 법률이 통과되면서 전통 금융사와 빅테크 모두가 경쟁적으로 시장 진출을 선언하고 있다.

주목할 만한 사례 중 하나가 175년의 역사를 지닌 글로벌 송금업체 웨스턴유니언Western Union이다. 19세기부터 전 세계 돈의 흐름을 이어온 웨스턴유니언은 2025년 7월, 달러화 연동 스테이블코인 발행을 검토 중이라고 발표했다. 웨스턴유니언 최고경영자 데빈 맥그래너핸Devin McGranahan은 "특히 미국 외 시장에서 발행 기회를 모색하고 있다"라며 스테이블코인이 해외 고객에게 미 달러 저축 계좌와 유사한 역할을 할 수 있다고 말했다. 이제 글로벌 송금의 표준은 '은행 중심의 느린 결제망'에서 '블록체인 기반의 24시간 실시간 결제'로 전환될 조짐을 보이고 있다. 웨스턴유니언이 실제로 스테이블코인을 발행한다면 이는 단순한 사업 다각화가 아니라 175년 송금 역사의 디지털 전환 선언이 될 것이다.

암호화폐의 최대 수혜자, 무역과 물류의 변화

특히 무역과 물류 업계는 글로벌 결제 환경을 재편할 수 있는 스테이블코인의 잠재력에 힘을 얻어 그 어느 때보다 빠르게 전진하고 있다. 가장 즉각적으로 적용할 수 있는 분야는 송금, B2B 거래, 내부 자금 관리 등 국경 간 결제로, 탁월한 속도와 비용 효율성, 24시간 연중무휴 가동 시간을 제공하므로 다른 나라와 거래할 때도 시간 제약 없이 결제할 수 있다. 현재의 스테이블코인 업계는 전략적 변곡점에 있는 것이나 마찬가지다. 고객 수요가 가속화되고 사용 사례가 누적되면서 혁신을 위한 경쟁이 치열해지고 있다.

현재 많은 지역의 국내 결제 시스템이 즉시 결제real-time settlement를 지원하고 있지만 국제적 흐름은 지연이 발생하고 투명성이 부족하며 높은 외환 비용이 부과되는 통신 은행correspondent bank 네트워크에 의존한

파편화된 레일로 인해 여전히 제약을 받고 있다. 이 방식은 은행과 은행 사이를 거쳐야 하므로 시간이 오래 걸리고, 거래 경로가 불투명하며, 높은 수수료가 붙는다. 특히 중간에 거치는 은행이 많을수록 절차는 느려지고 비용은 더 커진다.

그 결과, 특히 신흥 시장 통로에서 대량의 B2B 흐름을 조율할 때 국경 간 결제 수요가 스테이블코인 결제 인프라의 채택을 주도하고 있다. 예를 들어 콘듀잇Conduit은 B2B 고객, 특히 라틴아메리카와 아프리카의 수출입 기업들이 스테이블코인을 결제 운영에 통합하는 사례가 증가하고 있다고 밝혔다. 이러한 흐름 속에서 스테이블코인은 기존 재무제표에 쉽게 통합할 수 있으며 핀테크로부터 잃어버린 시장 점유율을 되찾고 새로운 통로를 개척할 수 있는 전략적 수단이 될 수 있다.

글로벌 물류 과정이 바뀐다

부산항에서 30년간 화물선을 운항해 온 김 선장은 늘 같은 고민에 시달린다. "화물은 일주일 전에 다 실었는데, 돈은 언제 들어올지 모르겠어요." 선적을 마쳤다고 해서 바로 돈을 받는 건 아니다. 화주가 확인서를 보내고 은행에서 서류를 검토한 뒤 여러 단계의 승인을 거쳐야 한다. 빨라야 일주일, 늦으면 한 달까지도 걸린다. 급한 연료비나 항만 사용료가 있어도 손 놓고 기다릴 수밖에 없다. 이런 상황은 전 세계 물류 업계의 고민이다. 화물은 이미 움직이기 시작했는데 돈은 아직 은행의 서류 더미 속에 묻혀 있다.

우리가 일상에서 사용하는 물건들, 예를 들어 스마트폰, 커피 한 잔, 입고 있는 옷이 모두 바다를 건너오기까지는 복잡한 물류 과정과 금융 절차를 거친다. 물류의 모든 과정을 책임지는 곳이 바로 글로벌 물류 기업과 항만 운영사들이다. 최근 물류산업에도 스테이블코인이라는 새로운 바람이 불고 있다.

전통적 해운 산업은 워낙 규모가 크고 관련 기업이 많기 때문에 돈이 오가는 흐름도 복잡하고 느리다. 예를 들어 컨테이너 한 개가 한국에서 출발해 유럽의 항구에 도착하는 동안 화물을 실은 선사와 수출입 기업, 은행, 보험사, 통관 당국 등 다양한 기관이 연결된다. 그리고 각 과정에서 돈은 이곳저곳에서 대기 상태로 묶여 있게 된다. 실제 정산까지는 며칠, 심지어 몇 주가 걸리는 때도 있다.

이러한 복잡한 흐름에 스테이블코인이 새로운 해답을 제시하고 있다. 최근 글로벌 물류 대기업들이 블록체인 기술 기업, 금융 서비스 회사와 손잡고 국경 간 결제와 무역 금융 시스템을 디지털화하는 프로젝트를 시작했다. 구체적으로는 스테이블코인을 이용해 실시간 결제를 가능하게 하고 화물 이동의 마일스톤에 따라 자동으로 돈이 지급되도록 만드는 시스템을 구축하고 있다.

예를 들어 한국에서 냉동식품이 선적돼 해외로 운송되는 과정을 살펴보자. 먼저 물류 시스템이 냉동식품의 선적을 자동 인식한다. 선적 완료라는 마일스톤이 달성되면 스마트 콘트랙트에 따라 선사에 일정 금액이 자동으로 지급된다. 다음으로 선적물이 목적지 항구에 도착해 통관을 마치

면 또 다른 금액이 자동으로 정산된다. 결제는 화물의 이동과 동시에 일어난다. 이렇게 기존에는 한 달 후에 들어오던 돈이 실시간으로 들어오면 선사는 이 돈으로 즉시 연료를 구매해 다음 운송을 준비할 수 있다.

이 모든 과정은 실시간으로 사람의 개입 없이 자동으로 실행된다. 배달 앱에서 음식을 주문했을 때 배달원이 문 앞에 음식을 배달하면 내 스마트폰에 '배달 완료'라는 알림이 뜨는 것처럼 화물 결제 시스템도 똑같다. 화물차가 목적지에 도착하는 순간, 자동으로 돈이 송금된다. 이 과정에는 복잡한 이메일, 송금 요청서, 며칠씩 걸리는 은행 확인 절차가 필요 없다. 모든 과정이 블록체인이라는 안전한 디지털 장부에 기록되어 누구도 조작할 수 없고 모든 참여자가 실시간으로 확인할 수 있다. 이러한 시스템은 유동성을 높이고, 기업이 묶여 있던 자금을 더 빠르고 효율적으로 운용할 수 있게 돕는다.

기존 방식의 수출

1. 부산에서 냉동식품 선적 → 화주가 선적 확인서 발송

2. 은행에서 서류 검토(2~3일)

3. 결제 승인 및 송금 처리(3~5일)

4. 선사 계좌에 입금(총 7~10일 소요)

새로운 자동 결제 시스템

1. 부산에서 냉동식품 선적 → 시스템이 자동 인식

2. '선적 완료' 확인 → 스마트 콘트랙트가 즉시 30% 지급

3. 도쿄 항구 도착 → 자동으로 50% 추가 지급

4. 통관 완료 → 나머지 20% 최종 정산

스테이블코인을 사용하면 실시간으로 몇 초 안에 자금이 오가며 기업들이 이를 곧바로 다른 투자나 운영에 활용할 수 있다. 즉, 기업의 운전자본working capital 효율성이 크게 높아져 사업 속도 역시 빨라진다.

스테이블코인 기반의 무역 결제 및 자금 관리 시스템은 단순히 빠르기만 한 것이 아니다. 스마트 콘트랙트는 정해진 조건이 충족됐을 때만 자동으로 결제를 실행하므로 거래의 투명성도 획기적으로 개선된다. 기존에는 돈이 어디까지 왔는지, 언제 들어올지 알 수 없었다. 은행에 전화해도 '처리 중'이라는 답변만 돌아올 뿐이었다. 하지만 스마트 콘트랙트는 누가 언제 어떤 조건에 따라 얼마를 받았는지 모든 기록이 블록체인에 안전하게 저장되므로 세계 여러 나라의 기업들이 신뢰를 기반으로 협업할 수 있다.

단순한 기술 도입을 넘어 글로벌 물류라는 복잡한 산업 구조에 딱 맞는 디지털 금융 인프라를 설계하는 프로젝트가 시작된 것이다. 참여 기업들은 각자의 전문성을 살려 협력하고 있다. 물류 기업은 산업 현장을 이해하고 금융사는 자금 흐름을 관리하며 기술 회사는 스마트 계약과 블록체인 시스템을 구축한다. 이렇게 완성된 스테이블코인 기반의 시스템은 앞으로 글로벌 무역의 디지털 전환을 이끄는 핵심 모델로 자리매김할 수 있다. 한국의 해운사, 일본의 항만 회사, 미국의 물류 업체가 서로 다른 언어를 쓰고, 다른 시간대에 살고, 다른 법률을 따른다. 하지만 이들을 연결하는 디지털 결제 시스템은 하나인 것이다. 조건이 충족되면 자동으로 돈이 흘러가고 모든 과정이 투명하게 기록된다. 국경과 언어, 시차를 뛰어넘는 완벽한 협업이 가능해진다.

 스테이블코인 기반의 무역 결제 및 자금 관리 시스템은 단지 가능성에 머물지 않는다. 이미 현실에서 적용되고 있으며 앞으로의 무역 거래, 금융 인프라, 공급망 관리에 큰 변화를 불러올 수 있는 상징적인 시작점이다. 스테이블코인과 토큰화 기술이 이론을 넘어 실전에서 어떻게 활용될 수 있는지 보여주는 생생한 예라고 할 수 있다.

현실의 장벽을 어떻게 극복할 것인가

스테이블코인이 만들어갈 미래는 분명 전 세계의 기대를 높이고 있다. 실시간 결제, 마이크로페이먼트, 국경 없는 송금, 글로벌 무역의 효율화 등 다양한 분야에서 기존 기술을 뛰어넘는 빠르고 실용적인 변화를 주도하고 있다. 하지만 지금의 혁신이 일상의 일부가 되기까지는 여전히 해결해야 할 과제가 많다. 특히 규제와 인프라의 문제는 스테이블코인의 확산을 가로막는 가장 현실적인 장애물로 남아 있다.

규제는 아직 안갯속

스테이블코인을 둘러싼 가장 큰 혼란은 전 세계적으로 통일된 규제 기준이 없다는 점이다. 같은 스테이블코인이라도 미국에서는 '은행처럼 관리해야 할 금융 상품'이고 유럽에서는 '새로운 암호화 자산'이고 중국에서는 '금지된 디지털 화폐', 싱가포르에서는 '혁신적인 결제 수단'으로 각각 다르게 취급받는다. 글로벌 서비스를 운영하려는 기업 입장에서는 머리가 아플 수밖에 없다. 한국에서는 합법이었던 서비스가 일본에서는 불법이 될 수 있고 미국에서 준비한 규제 대응책이 유럽에서는 통하지 않을 수 있기 때문이다.

예를 들어 미국에서는 스테이블코인 발행자가 은행 수준의 규제를 따라야 한다는 논의가 본격화되고 있다. 유럽연합에서는 MiCA라는 새로운 법안을 통해 스테이블코인을 금융 자산으로 다루려 하고 있다. 한국이나 일본 등 아시아 국가도 규제 초안을 마련 중이지만 여전히 불확실성이 크다. 이처럼 법이 불분명한 상태에서는 사업이 갑자기 막히거나 벌금 혹은 제재를 받을 위험이 있으므로 기업 입장에서는 투자나 서비스 출시를 망설일 수밖에 없다.

결제 서비스 제공 업체PSP가 자주 하는 오해 중 하나는 스테이블코인을 도입하면 규제가 간소화된다는 믿음이다. 하지만 현실은 정반대다. 스테이블코인을 활용해 글로벌로 확장하고 안정적인 결제 서비스를 제공하기 위해서는 오히려 더욱 복잡하고 빠르게 변화하는 규제 환경에 민감하게 대응해야 한다. 즉, 다양한 국가와 지역에서 스테이블코인이 어떻게 분류되는지 정확히 이해하고 앞으로 등장할 규칙을 예측해 규정 준수를 방해하지 않는 인프라를 선택하는 것이 핵심이다. 단순히 기술을 도입하는 것을 넘어 규제 변화에 선제적으로 대응할 수 있는 전략적 판단이 필요한 시점이다.

스테이블코인 기반 결제를 고려할 때 염두에 두어야 할 세 가지 핵심 영역은 다음과 같다. 첫째, 고객확인제도 및 자금세탁방지 준수다. 최신 스테이블코인 결제 플랫폼은 지갑 검사, 거래 모니터링, 트래블 룰travel rule 지원 등 통합된 기능을 제공함으로써 글로벌 자금세탁방지 기준을 충족하는 데 큰 도움을 준다.

둘째, 허가 및 관할권 조정이 필요하다. 스테이블코인에 대한 규제 해석은 국가마다 다르기 때문에 공급 업체는 각 지역의 허가 요건을 충족시키기 위해 유연하게 접근해야 한다.

셋째, MiCA와 같은 글로벌 규제 프레임워크를 이해하고 적용해야 한다. 유럽연합에서 시행 중인 MiCA는 스테이블코인의 발행 및 사용 방식을 근본적으로 바꾸고 있다. 예컨대 USDT는 현재 MiCA 규정을 충족하지 못하기 때문에 유럽 시장에서는 USDC나 EURI와 같은 대안 스테이블코인으로 빠르게 전환하고 있다.

결국 스테이블코인은 단순한 기술 도구가 아니라 법과 제도, 인프라를 함께 고려해야 하는 새로운 결제 생태계의 핵심이므로 각 시장의 상황에 맞게 빠르고 적절하게 대응하는 지혜가 필요하다.

기존 시스템과의 충돌

스테이블코인이 작동하려면 인터넷, 디지털 지갑, 블록체인 네트워크, 결제 인프라가 원활히 작동해야 한다. 그러나 현실은 다르다. 스테이블코인 기술 자체는 훌륭하지만 이를 뒷받침할 생태계는 아직 완전하지 않다. 예를 들어 아프리카나 동남아시아의 일부 지역은 여전히 인터넷 연결이 불안정하거나 스마트폰 보급률이 낮은 곳이 많다. 디지털 지갑을 만들고 관리하는 데 익숙하지 않은 사용자들도 상당수다. 기술은 준비됐지만 해당 기술을 일반 사용자가 쉽게 쓰도록 만드는 환경은 아직 부족하다. 또 스테이블코인 결제를 받는 가맹점이 극히 드물어서 실제로 쓸 수 있는 곳도 제한적이다. 유통망이 확보되지 않으면 아무리 편리한 결제 수단이라도 일상에서 자리를 잡기 어렵다.

스테이블코인이 아무리 혁신적이라도 결국엔 기존 금융 시스템과 연결돼야 한다. 대부분의 사람은 여전히 은행 계좌를 쓰고, 신용카드로 결제하고, 현금을 인출한다. 하지만 이 연결 과정에서 많은 문제가 발생한다. 먼저 스테이블코인을 현금으로 바꾸는 과정이 복잡하다. 또한 은행들이 암호화폐 관련 거래를 꺼린다. 연결 서비스 업체들의 수수료 또한 예상보다 높다. 결국 '수수료 없는 송금'을 위해 스테이블코인을 샀는데 현금으로 바꾸는 과정에서 더 많은 수수료를 내는 아이러니한 상황이 벌어지기도 한다. 빠르고 저렴한 실시간 결제라는 스테이블코인의 가장 큰 장점이 기존 금융 시스템과 충돌을 일으키는 것이다.

전통 금융은 수십 년 동안 다져온 규제와 질서, 신뢰 시스템 속에서 움직인다. 돈의 흐름을 추적하고 고객의 신원을 확인하고 자금세탁을 방지하는 시스템은 금융 시장에 반드시 필요하다. 그런데 블록체인 기반 시스템은 기존의 절차를 간소화하거나 생략하는 경우가 많다. 편리함을 추구할수록 규제와의 마찰이 커질 수밖에 없는 구조다. 특히 금융기관 입장에서는 블록체인 기반 기술이 기존의 수익 구조를 위협하는 요소로 보일 수도 있다. 카드 수수료가 없어지고 송금 시간이 단축되면 은행들의 주요 수익원이 줄어들 수 있기 때문이다. 이 때문에 일부 기관은 혁신을 반기기보다 조심스럽게 거리를 두기도 한다.

분명 스테이블코인은 미래를 앞당길 만한 잠재력을 가진 기술이다. 현재 우리 앞에 놓인 현실의 장벽은 단순한 장애물이 아니라 더 나은 시스템을 만들기 위한 디딤돌이 될 수 있다. 규제가 명확해진다면 오히려 기업과 사용자 모두 안심하고 스테이블코인을 사용할 수 있는 환경이 조성될 수 있다. 인프라가 개선된다면 더 많은 사람이 새로운 기술의 혜택을 누릴 수 있을 것이다. 그리고 기존 시스템과의 갈등을 기술과 협업으로 풀어낸다면 결국 기존 금융과 새로운 금융이 공존하는 길도 모색할 수 있다. 스테이블코인이 가진 잠재력을 실현하기 위해서는 규제의 명확성, 기술 인프라의 확장, 기존 금융과의 조화라는 세 가지 과제를 풀어야 한다.

그래서 전 세계에서는 이러한 과제를 풀기 위해 속도를 내고 있다. 각국 정부는 발행·운영 기준과 감독 체계를 구체화하며 규제의 불확실성을 줄이고 있고, 글로벌 결제망과 주요 은행은 블록체인 기반 결제·송금 파일럿을 통해 상용화를 시험하고 있다. 유럽연합의 MiCA 규제나 미국의 지니어스법 같은 규제가 발의됐고 기업들의 움직임도 활발하다. 비자는 스테이블코인을 활용해 해외 가맹점 정산 속도를 높이는 실험을 하고 있고 JP모건은 자체 개발한 JPM 코인을 활용해 기관 간 대규모 자금 이동을 실시간으로 처리하고 있다. 싱가포르의 DBS은행은 블록체인 기반 결제 네트워크에 직접 참여해 실제 상업 거래에 스테이블코인을 적용하고 있다. 다음 장부터는 이러한 문제를 해결하기 위해 기업과 국가가 어떤 노력을 기울이는지 살펴보겠다.

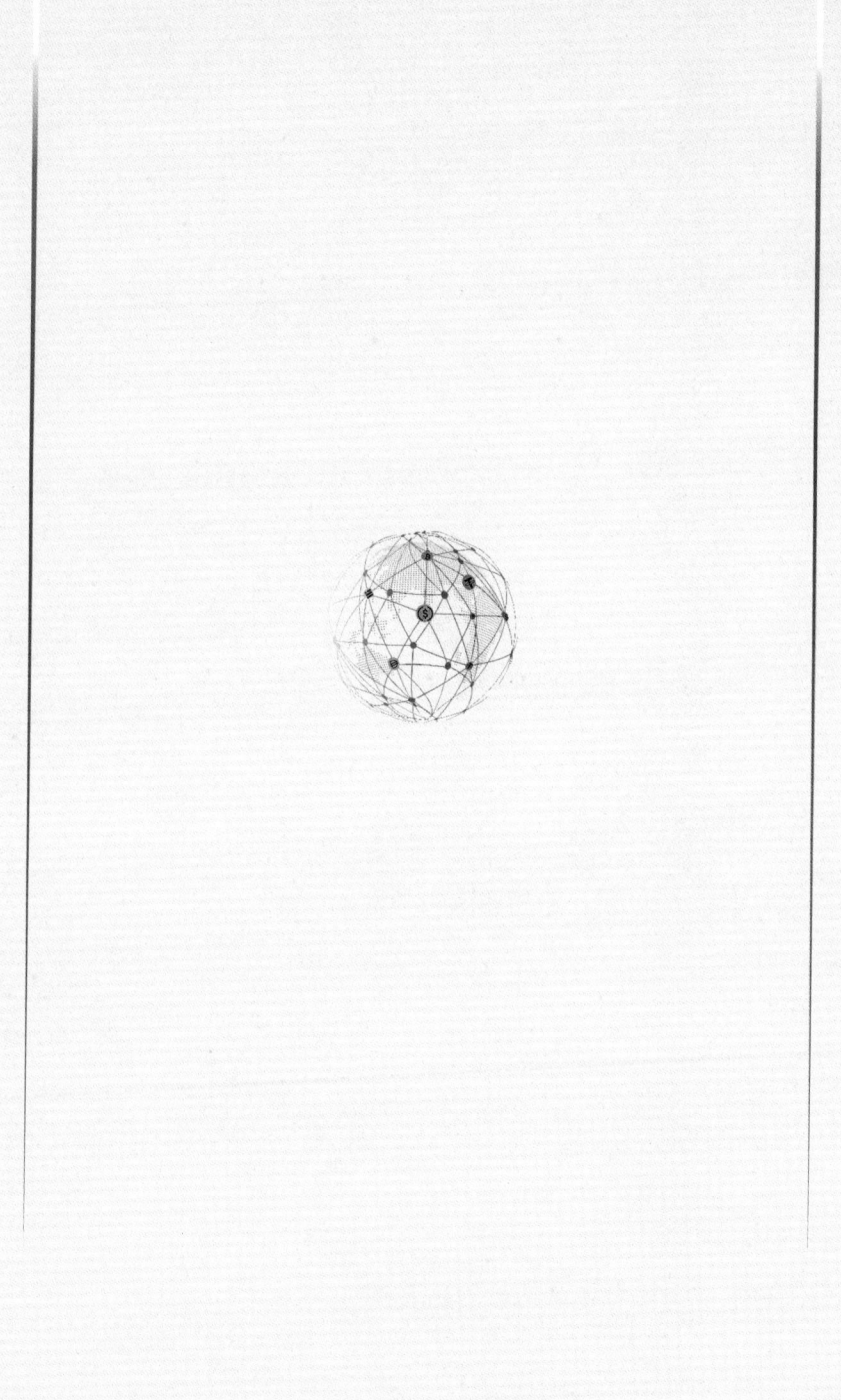

8장

기업들의
스테이블코인 전쟁

스테이블코인은 기존 결제 시스템의 한계를 뛰어넘어 더 빠른 속도와
더 낮은 비용으로 국경을 넘나든다. 더 이상 스테이블코인은 블록체인
전문 기업만의 전유물이 아니다. 결제 서비스 기업, 빅테크, 핀테크, 은행까지도
시장 진입과 경쟁력 확보를 위해 뛰어들고 있다.

**"그들은 '디지털 화폐의 표준이 되겠다'라는
야망을 품고 움직이고 있다."**

기업이 스테이블코인에 뛰어드는 이유

현재 스테이블코인의 시가총액은 약 2000억 달러에 이른다. 미국은 스테이블코인 시장을 다루기 위해 세 가지 법안을 본격적으로 논의 중이다. 유럽연합 역시 2023년에 암호 자산시장규제법, 소위 MiCA를 도입하며 글로벌 기준점을 제시했다. 주요 결제 기업, 은행, 핀테크 스타트업들도 앞다투어 스테이블코인을 자사 서비스에 통합하려는 시도를 이어가고 있다.

하지만 여전히 많은 사람이 스테이블코인의 진짜 장점이 무엇인지 궁금해한다. 누군가는 낮은 수수료를 강조하고 또 누군가는 탈중앙화나 투명성 혹은 접근성을 언급한다. 그러나 가장 먼저, 가장 뚜렷하게 체감할 수 있는 스테이블코인의 힘은 속도다. 돈이 빠르게 움직일 수 있다는 것, 그 단순한 사실 하나가 비즈니스 전체를 바꿔놓는다.

현금 회전이 곧 기회가 되는 시대

모든 기업은 자본 위에서 운영된다. 현금이 들어오고 나가는 속도가 빠를수록 같은 자본으로 더 많은 일을 해낼 수 있다. 자본의 빠른 회전율이라는 원리는 전통 금융 기업뿐 아니라 전자상거래, 물류, 콘텐츠 플랫폼 등 거의 모든 산업에 적용된다.

예를 들어 글로벌 결제 서비스를 제공하는 한 핀테크 기업을 생각해보자. 이 회사는 다양한 국가의 고객에게 송금 서비스를 제공하기 위해 각국에 자금을 미리 예치해 둬야 한다. 이 자금이 머무는 시간이 길어질수록 다른 거래에 활용할 수 있는 자본이 줄어들게 된다. 반대로 자금 회전 속도가 빨라지면 같은 자본으로 더 많은 거래를 처리할 수 있다. 거래 한 건당 소요되는 시간이 단축되는 만큼 사업 기회도 늘어나는 것이다. 이는 단지 속도의 문제가 아니라 자본 효율성을 획기적으로 높이는 구조적 변화다. 돈이 한 번 더 왕복하면 수익은 그만큼 늘어난다. 결국 결제 인프라의 속도를 장악한 기업이 자본의 효율성을 확보하고 시장에서 앞서 나갈 수 있다.

2024년 글로벌 B2B 결제 시장은 약 89조 달러에 달하며 2028년에는 무려 124조 달러까지 성장할 것으로 전망된다. 그러나 놀랍게도 이

중 즉시 결제로 처리되는 거래는 현재 17%에 불과하다. 대부분의 거래는 여전히 수일이 걸리고 복수의 중개 기관을 거쳐야 하며 경우에 따라 수수료와 환율 손실도 크다. 하지만 스테이블코인의 등장 이후 상황이 점점 바뀌고 있다. 글로벌 결제 관련 업계는 2028년까지 즉시 결제 비중이 42%까지 오를 것으로 예상하고 있다. 이는 약 16조 달러 규모의 결제가 느린 결제에서 빠른 결제로 전환된다는 뜻이다. 이 16조 달러의 흐름을 선점하는 기업이 미래의 결제 시장에서 핵심 주자가 될 것이다.

스테이블코인의 진정한 강점은 바로 국제 결제 시장의 흐름 속에서 빛을 발한다. 기존 은행 시스템에서 해외 송금은 평균 2~5일 정도가 소요되며 주말이나 공휴일이 끼면 더 길어진다. 그러나 스테이블코인을 활용하면 평균 10초 이내에 거래가 완료된다. 적절한 온·오프램프(법정통화와 디지털 자산 연결자) 인프라가 갖춰진다면 전체 결제 프로세스를 5분 안에 마칠 수도 있다. 단순히 빠르다는 의미를 넘어 사업자 입장에서는 현금 흐름 예측력을 높이고 리스크 관리를 더 정밀하게 할 수 있다는 뜻이기도 하다. 국가 간 결제 시스템이 완전히 다름에도 스테이블코인을 매개로 한 송금은 통합된 흐름 안에서 작동한다. 브라질의 PIX, 멕시코의 SPEI, 미국의 FedNow 같은 국내 즉시 결제 시스템과도 연계가 가능해지고 있다.

스테이블코인은 대부분 법정화폐에서 시작해서 법정화폐로 끝난다. 즉, 실제 비즈니스에 적용되기 위해서는 둘 사이를 잇는 온·오프램프가 필요하다. 단순한 환전을 넘어 실시간 정산, 투명한 거래 기록, 안정적인 연결 속도 등을 제공하는 인프라 파트너가 필요한 것이다. 대표적인 기업들로는 브릿지Bridge, 팍소스, 비트소Bitso 등이 있으며 앞으로는 은행 자체가 고객의 법정화폐 계좌와 스테이블코인 지갑을 동시에 관리하는 구조로 바뀔 가능성도 열려 있다. 일부 은행은 이미 자체 스테이블코인 발행 실험에 나서고 있다. 이러한 변화는 디지털 자산 기반 비즈니스로의 전환을 가속할 것이다.

속도를 장악해야 결제 시장을 지배한다

실제로 파이어블록스의 조사에서 스테이블코인을 사용하는 이유로 '결제 속도의 향상'이 가장 많은 응답을 받은 것을 볼 수 있다. 응답자의 48%가 스테이블코인을 통해 결제가 훨씬 빠르게 처리된다고 답했다. 이는 특히 국경을 넘는 거래나 금융기관 간 정산에서 큰 장점으로 작용한다. 두 번째로 많이 언급된 장점은 투명성 향상(36%)이다. 블록체인 네트워크에 기록되는 거래 내역은 변경이 불가능하고 누구나 검증할 수 있어 거래 과정의 신뢰도를 높인다. 그다음으로는 유동성 관리 개선(33%)과 결제 흐름의 통합(33%)이 꼽혔다. 유동성 관리 개선은 자금이 언제, 어디에 필요한지 실시간으로 파악하고 즉각적으로 대응할 수 있게 해준다. 결제 흐름의 통합은 복잡한 다단계 결제를 단일한 디지털 자산 시스템 안에서 처리함으로써 효율성을 높인다.

보안성 강화(31%)와 거래 비용 절감(30%)도 중요한 이유 중 하나다. 스테이블코인은 네트워크 자체의 암호화 기술과 스마트 콘트랙트를 통

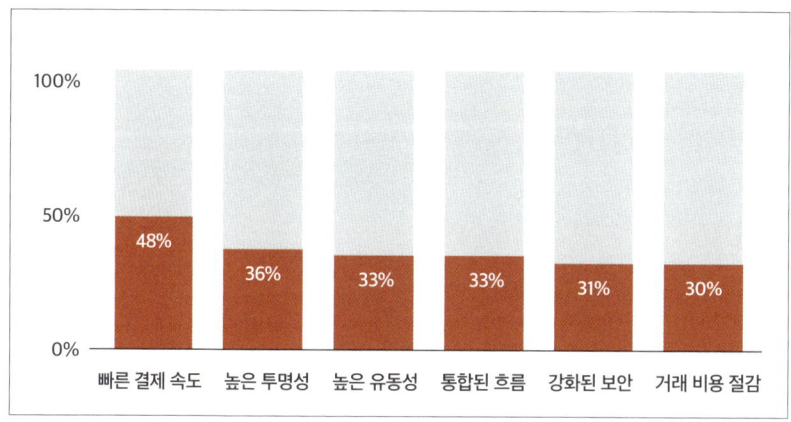

― 파이어블록스가 2025년에 발표한 스테이블코인의 장점들. 빠른 결제 속도(48%), 높은 유동성(33%), 통합된 흐름(33%) 등이 스테이블코인의 주요 장점으로 뽑혔다. 비용 절감(30%)은 상대적으로 낮은 순위에 그쳤다. 기업들이 스테이블코인을 단순한 비용 절감 수단이 아니라 성능 향상과 운영 효율, 확장성을 위한 전략적 도구로 인식하고 있음을 보여준다. ⓒ Fireblocks

해 보안을 강화하며 중개 단계가 줄어드는 만큼 수수료 부담도 낮춘다. 스테이블코인이 단순히 '디지털 달러' 역할을 넘어 속도·투명성·효율성·보안·비용 절감이라는 금융 서비스의 핵심 요소를 동시에 개선할 수 있다는 잠재력을 보여준다.

결국 스테이블코인의 핵심 가치는 단순히 빠른 결제 자체에 있지 않다. 그것이 만들어내는 전체 현금 흐름의 가속화와 자본의 효율성 증대에 있다. 돈이 한 번 더 빠르게 오갈 수 있다는 것은 사업자가 한 번 더 기회를 잡을 수 있다는 뜻이다. 속도의 경제는 더 이상 기술적 개념이 아니다. 비즈니스의 생존을 좌우하는 핵심 전략이다.

기업이 스테이블코인을 발행하려는 이유

"왜 기업이 스테이블코인을 직접 발행하려 할까?" 이 질문은 단순히 기술을 이해하는 차원을 넘어서는 문제다. 많은 사람이 스테이블코인을 단순한 디지털 결제 수단 정도로 생각한다. 하지만 기업 입장에서는 매우 매력적인 수익 모델이 숨어 있는 비즈니스 구조다. 스테이블코인이 기업에 안겨주는 가치가 무엇인지 하나씩 살펴보자.

첫째, 자금 운용으로 인해 수익이 발생한다. 스테이블코인을 활용한 가장 직접적인 수익 구조는 예치 자금을 운용해 얻는 이자 수익이다. 예를 들어 어떤 기업이 ABC코인이라는 이름의 스테이블코인을 발행해 100억 원어치를 판매했다고 가정해 보자. 이 경우 사용자들은 일대일로 달러나 원화 같은 실제 화폐를 지불하고 코인을 구매하게 된다. 사용자들의 스테이블코인 구매 금액은 곧바로 기업 계좌로 예치된다. 일반적으로 기업은 제품의 판매 금액을 금고에 보관하지 않고 안전한 은행 계좌나 단기 국채 등에 투자해 운용 수익을 창출한다. 비록 이자율이 낮더라도 예치 금액의 규모가 크기 때문에 연간 수십억에서 수백억 원의 수익이 발생할 수 있다. 즉, 기업은 스테이블코인을 통해 디지털 화폐를 발행하면서 실물 화폐를 확보하고 이를 운용해 이익을 얻는 구조를 갖출 수 있다.

둘째, 기업은 스테이블코인을 통해 자체 플랫폼 내에서의 통제력과 운영 효율성을 강화할 수 있다. 예를 들어 사용자가 기업에서 발행한 코인으로 결제를 진행하면 기업은 구매 시점, 상품 유형, 소비 패턴 등 다양

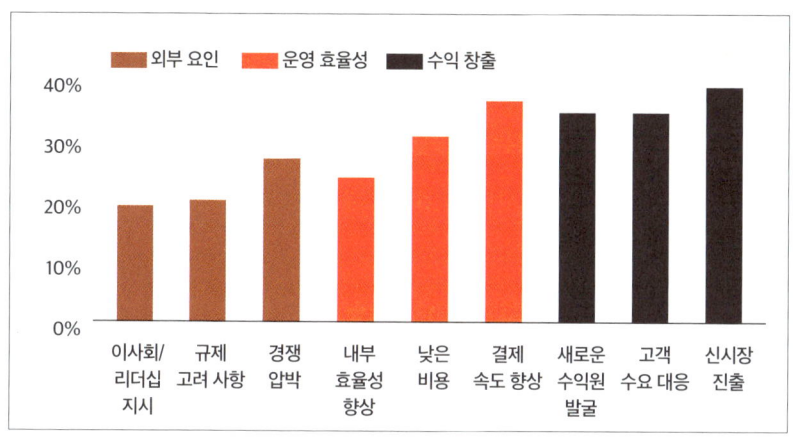

― 기업이 스테이블코인을 검토하는 이유로는 외부 요인, 운영 효율성, 수익 창출의 세 가지가 있다. 이 조사에서는 새로운 수익원 발굴, 고객 수요 대응, 신시장 진출이 모두 30% 이상의 응답을 기록했다. 글로벌 비즈니스에서 민첩한 운영을 가능하게 하는 핵심 요소인 결제 속도 향상 또한 약 35%라는 높은 비율로 중요하게 꼽혔다. ⓒFireblocks

한 데이터를 수집할 수 있다. 이 데이터는 마케팅, 추천 알고리즘, 광고 전략 수립, 가맹점 관리 등 다양한 영역에서 활용할 수 있는 전략적 자산이 된다. 특히 이커머스 기업이나 플랫폼 기반 서비스를 운영하는 기업의 경우, 스테이블코인을 통해 자체 결제 수단을 보유함으로써 사용자 이탈을 줄이고 자사 생태계 안에서 자금 흐름을 유지하려는 전략을 세운다. 즉, 스테이블코인이 단순한 결제를 넘어 고객을 록인lock-in하고 플랫폼 내 사용자 충성도를 높이는 수단이 된다.

셋째, 글로벌 확장 가능성을 높일 수 있다. 스테이블코인은 국경의 제약 없이 사용될 수 있어 기업에 매우 매력적이다. 기존의 법정화폐는 국가마다 다르고 환전, 규제 등의 장벽이 존재하지만 스테이블코인은 인터넷 기반으로 설계돼 있어 전 세계 어디서든 동일한 방식으로 사용할 수 있다. 예를 들어 특정 플랫폼에서 발행한 스테이블코인이 동남아, 중동, 유럽 등의 사용자 간에도 호환된다면 기업은 지역 화폐의 한계를 넘어 글로벌 시장을 연결하는 도구를 얻게 된다. 이러한 확장성은 글로벌 플랫폼 기업이나 다국적 서비스 기업들에 새로운 시장 개척 수단으로 작용한다.

기업 입장에서 스테이블코인은 새로운 수익 창출의 기회이며 고객 충성도 강화의 도구이자 글로벌 시장을 열 수 있는 열쇠다. 이제 "왜 기업이 스테이블코인을 직접 발행하려 할까?"라는 질문에 대한 대답은 명확하다. 스테이블코인은 단순히 기술을 도입하는 문제를 넘어 기업의 미래 전략 전반에 깊이 연결된 중요한 선택이기 때문이다.

한국의 스테이블코인 격전지

한국은 스테이블코인 분야에서 아직 초기 단계에 머물고 있다. 지금 이 순간에도 은행, 핀테크, 빅테크 기업들은 조용하지만 치열한 경쟁을 벌이는 중이다. 표면적으로는 조용해 보여도 물밑에서는 누가 시장을 선점할지 탐색하며 움직이고 있다.

그렇다면 여기서 궁금증이 생긴다. 한국은 디지털 결제 기술이 매우 발달한 나라다. 버스나 지하철을 탈 때, 카페에서 커피를 살 때, 심지어 노점상에서도 스마트폰 하나로 결제할 수 있을 정도로 간편결제와 디지털 금융 인프라가 잘 갖춰져 있다. 이미 빠르고 편리한 인프라가 갖춰져 있어 불편하지 않은데 왜 굳이 블록체인과 스테이블코인을 도입하려 할까? 스테이블코인을 도입하려는 근본적 이유에 대해 살펴보자.

조심스럽게 기회를 잡으려는 은행의 전략

우선 기존의 금융권, 특히 은행은 스테이블코인에 대해 보수적이면서도 매우 민감하게 반응하고 있다. 이유는 간단하다. 스테이블코인이 본격적으로 활성화되면 지금까지 은행이 주 수익원으로 삼았던 신용카드 수수료, 송금 수수료 등이 크게 줄어들 수 있기 때문이다. 예를 들어 현재로서는 누군가 해외로 돈을 보내려면 은행을 거쳐야 하고 수수료도 꽤 많이 든다. 반면 스테이블코인을 이용하면 몇 초 만에 거의 추가 비용 없이 돈을 보낼 수 있으므로 기존의 은행 비즈니스에 위협으로 다가올 수 있다.

그런 이유로 은행들은 새로운 금융 기술의 변화를 외면하지도, 성급히 뛰어들지도 않는 전략을 택하고 있다. 내부적으로 조용히 자체 스테이블코인 발행 혹은 시범 사업을 검토하거나 여러 은행이 힘을 모아 공동 플랫폼을 만드는 방식을 고려하고 있다. 은행은 결국 법과 규제 사항을 철저히 지키면서 디지털 화폐 시장에서도 주도권을 빼앗기지 않겠다는 입장이다.

OBDIA(오픈블록체인·DID협회)는 국내에서 은행의 스테이블코인 공동 연구와 실증사업을 이끄는 핵심 민간 협의체다. KB국민은행, 신한은행, 우리은행, 하나은행, NH농협은행, IBK기업은행, BNK부산은행 등 주요 시중은행이 '스테이블코인 분과'에 가입해 함께 프로젝트를 진행하고 있다. 이 협회는 원화 스테이블코인의 제도화와 상용화를 목표로, 실증사업과 정책 제안, 해외 송금 분야 활용 방안 등 다양한 실무 논의를 주도하고 있다. 은행들은 개별적으로 움직이기보다 OBDIA라는 공동 플랫폼을 통해 협력 모델을 만들고 기술 변화와 규제 환경에 민첩하게 대응하려는 전략을 취하고 있다. 또한 비은행권 핀테크와 블록체인 기업에도 협력의 문을 열어 개방형 생태계를 조성하고 있다.

OBDIA가 은행들의 스테이블코인 추진을 주도하는 이유는 다음과 같다. 첫째, 규제 대응과 제도화 촉진이다. 스테이블코인 관련 법적·제도적 틀이 완전히 마련되지 않은 상황에서 OBDIA는 금융권과 함께 실증사업을 추진하고 정책 제안을 통해 제도화를 앞당기고 있다. 은행들은 안정성과 규제 준수를 최우선으로 하기 때문에 협회 활동을 통해 공동 대응 체계를 갖추고 위험 관리 역량을 강화하고 있다.

둘째, 기술 공유와 협력 플랫폼 역할이다. OBDIA는 은행, 핀테크, 블록체인 기업 등 다양한 이해관계자가 참여하는 개방형 협력체다. 이를 통해 기술 개발, 실증 연구, 노하우 공유, 정책 논의가 이뤄지며 은행들이 비용과 리스크를 분담하면서도 공동 표준과 인프라를 구축할 수 있도록 돕는다.

셋째, 시장 주도권 확보와 안정성 강화다. 은행들은 자금세탁방지, 고객확인제도 등 규제 대응 능력에서 강점이 있다. 이를 바탕으로 스테이블코인 발행 주체를 금융권으로 한정하는 방향으로 논의가 이뤄지고 있으며 OBDIA는 민간 주도의 안정적이고 신뢰성 높은 스테이블코인 생태계 확산을 뒷받침한다.

넷째, 금융 혁신과 경쟁력 강화다. 디지털 자산과 블록체인 기술을 활용해 혁신 금융 서비스를 만들고 글로벌 동향에 발맞춰 시장 진입과 운영을 지원한다. 은행들은 이를 통해 해외 민간 사업자와의 경쟁력에서 우위를 확보하고, 국내 금융 산업의 기술 내재화와 글로벌 경쟁력을 강화하고자 한다.

OBDIA는 국내 은행권이 스테이블코인 도입에 따른 규제, 기술, 시장 리스크를 함께 대응하고, 안정적이며 신뢰성 높은 디지털 화폐 생태계를 구축하기 위한 전략적 협력 플랫폼이다. 이를 통해 은행들은 시장 주도권을 확보하고 미래 금융 혁신의 선두에 서기 위한 발판을 마련하고 있다.

빠르고 실험적인 핀테크의 전략

은행과 달리 핀테크 기업들은 다소 과감하고 빠르게 움직이고 있다. 이들은 기존 금융 시스템이 제대로 커버하지 못했던 틈새시장에 주목한다. 예를 들어 소액 결제, 해외 소상공인 간 거래, 급여 지급, 자산 토큰화, 온체인 결제, 자동화된 B2B 결제 등이다. 이런 시장에서는 스테이블코인이 매우 유용하기에 핀테크 기업들은 기존 금융 시스템이 놓치고 있는 틈새시장에서 기회를 엿보고 있다. 특히 간편결제 서비스를 제공하는 회사들이나 자산을 블록체인 기반으로 토큰화하는 스타트업들이 스테이블코인 기반 서비스를 빠르게 실험 중이다. 글로벌 스테이블코인 시장이 급성장하는 만큼 국내에서도 관련 사업을 선점하려는 의지가 강하며 정부 정책과 법안 통과에 대비해 조기 투자와 준비에 나서는 중이다. 이들은 지금이 곧 기회라 판단하고 규모는 작지만 속도감 있게 새로운 금융 서비스를 만드는 중이다.

거대한 플랫폼을 무기로 삼는 빅테크의 전략

카카오, 네이버, 토스와 같은 빅테크 기업들도 본격적으로 움직이기 시작했다. 이들은 이미 자체 지갑 서비스와 디지털 결제 플랫폼을 갖추고 있어 스테이블코인 도입에 따른 별도의 인프라를 새로 구축할 필요가 거의 없다.

카카오는 카카오뱅크(은행)와 카카오페이(결제)를 중심으로 스테이블코인 생태계를 통합하려는 전략을 세우고 있다. 카카오뱅크는 원화 기반 스테이블코인 발행과 수탁 서비스를 적극적으로 고려하고 있으며, 카카오페이는 메신저 카카오톡에 내장된 지갑과 결제 기능을 활용해 스테이블코인을 일상 결제 환경에 자연스럽게 도입하려는 계획을 세우고 있다. 수천만 명의 사용자 기반과 금융, 결제 인프라를 활용해 통합 금융 플랫폼을 강화하고 신세계 쓱페이 인수 등으로 결제 시장을 확대할 계획이다. 카카오는 은행, 결제, 메신저를 모두 가지고 있는 만큼 한 플랫폼 안에서 연결할 수 있다는 강점을 최대한 살리려 한다.

네이버는 네이버페이를 중심으로 원화 기반 스테이블코인 시장에서 주도권을 확보하겠다는 입장이다. 이미 대규모 사용자 기반과 포인트 시스템, 보안 역량을 갖춘 네이버페이는 거래 안정성을 담보하면서도 편리한 결제 경험을 제공하고 있다. 특히 업비트 운영사 두나무와 협력해 원화 스테이블코인 프로젝트를 추진하고 있으며, 이를 통해 국내외 송금, 온체인 결제, 유동성 확대 등 다양한 활용 방안을 모색하고 있다.

토스는 토스뱅크를 중심으로 원화뿐 아니라 미국 달러에 연동된 스테이블코인 발행까지 고려하고 있다. 이를 위해 다수의 상표권을 출원하며 국내외 시장 동시 진출을 노리는 전략을 취하고 있다. 달러 기반 스테이블코인은 해외 송금과 글로벌 결제 시장에서 경쟁력을 확보하는 핵심 수단이 될 수 있다.

빅테크 기업들은 이미 확보한 플랫폼, 사용자 네트워크, 기술 인프라를 도대로 스테이블코인을 실생활에 빠르게 도입할 수 있는 조건을 갖추고 있다. 이미 수천만 명의 사용자를 확보한 플랫폼에서 새로운 디지털 화폐를 도입한다면 사용자들은 별다른 학습 없이도 자연스럽게 새로운 화폐를 사용하게 되고 스테이블코인이 아주 빠르게 대중화될 가능성이 크다. 즉, 빅테크 기업은 자사의 거대한 플랫폼 영향력을 바탕으로 디지털 자산 시장에서도 빠르게 존재감을 드러낼 수 있는 위치에 있는 셈이다.

이처럼 현재 한국의 스테이블코인 시장은 은행의 안정성과 제도 대응력, 핀테크 기업의 빠른 실행력과 실험 정신, 빅테크 기업의 사용자 기반과 확장성이 서로 맞붙고 있는 3자 대결 구도로 전개되고 있다. 표면적으로는 조용해 보일 수 있지만 업계 안에서는 누가 먼저 미래의 결제 시스템을 주도할 것인지를 두고 치열한 경쟁이 계속되고 있다.

스테이블코인 시장이라는 격전지에서 누가 주도권을 잡게 될지는 아직 확실하지 않다. 스테이블코인의 정책 방향에 대해서도 안정성 확보와 혁신 추구라는 상반된 의견이 있다. 미국이나 유럽이 법률을 마련한 뒤 시행하는 것과 비교하면 한국은 제도적 장치가 늦게 갖춰지는 편이다. 하지만 한 가지는 분명하다. 글로벌 시장과 대비했을 때 아직 규모는 작지만, 한국은 스테이블코인을 둘러싼 가장 빠르고 복잡한 실험이 벌어지는 대표적인 국가가 되었다는 사실이다.

글로벌 은행의 반격

전통 금융의 대표 격인 글로벌 은행들도 디지털 자산 전략을 본격적으로 펼치고 있다. 특히 JP모건은 자체 스테이블코인인 JPM 코인을 만들어 내부 결제 및 기관 간 송금에 활용하고 있다. 단순한 개념 검증PoC을 넘어 실제 고객 자산의 이동에 활용되는 단계까지 발전하고 있다는 점에서 의미가 크다. JPM 코인의 가장 큰 특징은 폐쇄형 구조라는 점이다. 불특정 다수에게 열려 있는 공개형 블록체인과 달리, JPM 코인은 JP모건의 네트워크 안에서만 사용되는 '퍼미셔닝 토큰permissioning token'의 형태로 설계되었다. 이 구조는 은행이 기존 규제를 피해 가지 않으면서도 실시간 결제의 이점은 확보할 수 있도록 고안된 전략이다.

2025년에는 JPM 코인의 공공 블록체인 버전으로 JPMD라는 디지털 예금 토큰을 출시했다. JPMD는 코인베이스가 개발한 이더리움 기반 레이어2 블록체인인 베이스Base 위에서 시범 운영되고 있다. 베이스 네트워크는 퍼블릭 블록체인이지만 완전 탈중앙화가 아닌 부분 탈중앙화 구조와 보안위원회 운영으로 인해 제도권 금융의 요구에 맞는 통제와 신뢰성을 갖추고 있다. JPMD는 은행 예금과 동일한 가치를 지닌 디지털 자산으로, 기관 고객에게 24시간 365일 결제 서비스를 제공하고 스마트 콘트랙트와 온체인 결제 지원을 통해 자금 이동을 신속하고 투명하게 처리할 수 있도록 설계됐다.

국제 송금의 핵심 인프라인 SWIFT 역시 블록체인 기반 기술을 도입하고 있다. 최근에는 중앙은행 디지털 화폐, 즉 CBDC와 상호운용성 실험을 통해 국가 간 결제를 더 빠르고 저렴하게 만드는 방법을 찾고 있으며 스테이블코인과도 연결 가능한 구조를 구상 중이다. 즉, 글로벌 은행들은 기존 금융 인프라와 블록체인을 융합하는 방향으로 진화하고 있다. 이 과정에서 스테이블코인을 받아들이되 통제력을 유지하고자 한다.

글로벌 은행이 스테이블코인을 활용해 수익을 올리는 법

뱅크오브아메리카의 CEO 브라이언 모이니핸Brian Moynihan은 "스테이블코인의 등장은 분명하다. 합법화된다면 다른 외화처럼 다룰 수 있으므로 우리도 그 사업에 참여할 것이다"라고 언급했다. 그의 발언은 스테이블록인이 단순한 기술적 혁신이 아니라 실제 은행 비즈니스에 적용할 수 있는 실질적 수단으로의 가치가 있음을 시사한다.

지난 몇 년간 은행과 금융 시장 인프라는 블록체인 기술을 기대와 우려가 섞인 시각으로 바라보았다. 규제 당국에서는 허가가 필요 없는 퍼블릭 블록체인의 도입에 신중한 태도를 보여왔다. 이에 따라 많은 금융기관에서는 기존의 폐쇄적이고 독점적인 시스템을 대체할 수 있는 디지털 자산 기반 인프라를 구축하기 위해 많은 시간과 자금을 투자했다. 하지만 금융기관에서 자체 개발한 솔루션은 확장성이 부족하거나 외부 생태계의 빠른 혁신을 따라가지 못하는 경우가 많았다.

이러한 흐름에 전환점을 찍은 사건이 있었다. 바로 세계 최대 자산 운용사 블랙록이 2023년에 퍼블릭 블록체인인 이더리움 기반으로 BUIDL 머니마켓펀드를 발행하겠다고 발표한 것이다. 이어서 JP모건 역시 퍼블릭 블록체인인 베이스 위에 자사 스테이블코인인 JPMD 코인을 발행하겠다고 밝히면서 시장이 크게 출렁였다. 블랙록이나 JP모건 같은 기존 금융기관이 퍼블릭 체인을 적극적으로 활용하기 시작하면서 규제 당국 역시 금융 시스템 내 블록체인의 리스크와 이점에 대한 기존의 틀을 재정비할 필요성을 강하게 느끼고 있다.

결제 외에도 은행이 스테이블코인을 통해 수익을 창출하는 방법은 다양하다. 기존 상품과 서비스에 스테이블코인을 적용하거나 스테이블코인 발행사들에 금융 서비스 제공하거나 은행 자체 스테이블코인을 발행하는 것이다. 실제로 ABN 암로ABN AMRO, BNP 파리바BNP Paribas, 호주 뉴질랜드은행ANZ 등 60개 이상의 글로벌 은행들은 이미 스테이블코인

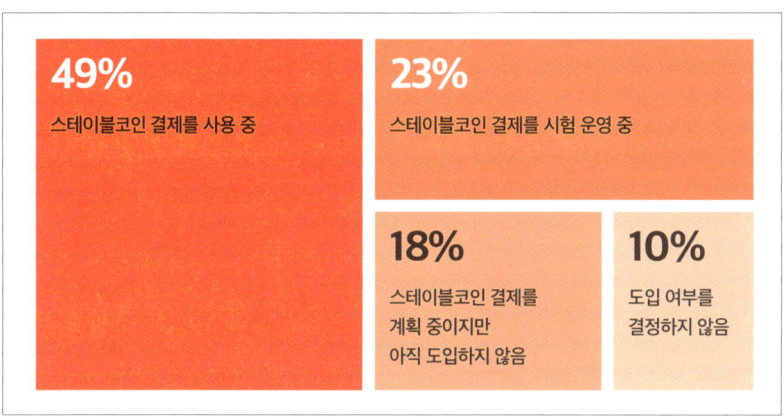

현재 스테이블코인 도입 현황. 90% 이상의 전통 금융권 응답자가 스테이블코인 적용을 고려 중이라고 답했다. ⓒFireblocks

을 활용해 결제, 외환, 국채, 수탁 분야에서 수익을 창출하고 있다.

예를 들어 호주뉴질랜드은행은 호주 내 주요 금융기관으로, 2022년 세계 최초로 은행이 직접 발행한 호주 달러 연동 스테이블코인 A$DC를 선보였다. 총 3000만 A$DC가 스마트 콘트랙트를 통해 발행됐으며, 제로캡Zerocap과의 협업을 통해 빅토르 스모건 그룹Victor Smorgon Group에 전달됐다. 이는 10분 이내로 완료되는 실시간 정산의 효율성과 비용 절감을 입증하는 사례가 됐다. 이뿐만 아니라 A$DC는 토큰화된 탄소배출권BCAU 구매에도 활용돼 스테이블코인의 실물 기반 자산 접근성과 결제 확장성을 넓히는 계기가 됐다.

스테이블코인이 은행 서비스에 미치는 영향

우선 스테이블코인은 365일 24시간 내내 단 몇 초 만에 해외 결제를 가능하게 한다. 예를 들어 고객이 본인의 법정화폐를 스테이블코인으로 바꾼 후, 수취인 국가의 통화로 다시 환전하면 실시간 해외 송금이 가능해진다. 실제로 유럽연합의 뱅킹서클은 유럽연합의 MiCA 규제에 맞춰 EURI라는 스테이블코인을 출시하고 이를 통해 자동으로 스테이블코인을 발행 및 소각하며 국경 간 B2B 결제에 활용하고 있다.

또 스테이블코인을 결제 단위로 사용하면 투자 결제를 빠르고 효율적으로 처리할 수 있어 실시간 포트폴리오 투자 결제에도 유리하다. 예를 들어 콜롬비아의 방콜롬비아Bancolombia는 자국 통화인 페소 기반 스테이블코인을 도입해 고객들이 손쉽게 투자 상품에 접근할 수 있도록 유도하고 있다. 이는 투자 효율을 높이는 동시에 시장에서 입지를 강화하는 전략이기도 하다.

스테이블코인은 법정화폐를 일시적으로 보관하는 수단으로도 많이 사용되는데, 이것이 은행에는 새로운 수탁 수익 기회가 된다. 기업과 개인 모두 법정화폐를 스테이블코인으로 바꿔 보관하고 필요할 때 다시 환전해 쓰는 방식이다. 스테이블코인 발행사 입장에서는 법정화폐를 예치하고 이를 기반으로 코인을 발행해야 하므로 은행의 서비스가 꼭 필요하다. 예를 들어 2025년 2분기 테더의 미국 국채 보유액은 총 1270억 달러로, 독일과 한국을 제치고 더 많은 미국 국채를 보유했다. 또 은행 입장에서도 스테이블코인 발행사에 보관, 결제, 대출 서비스를 제공함으로써 정기적인 수익을 얻을 수 있다. 이렇듯 스테이블코인은 더 이상 틈새시장이라 보기 어려울 만큼 기존 금융 인프라인 은행과 맞물려 규모나 활용도 면에서 급부상하고 있다.

은행에도 스테이블코인 전략이 필요하다

스테이블코인 발행은 단순한 기술 프로젝트가 아니라 대차대조표에 직접 영향을 미치는 사업이다. 2024년, 스테이블코인 발행사인 서클은 USDC 준비금 운영만으로도 17억 달러의 수익을 올렸다. 호주뉴질랜드은행은 2022년 A$DC라는 자체 스테이블코인을 발행해 디지털 자산 거래에 활용하고 있다. 은행에서 직접 스테이블코인을 발행하면 예금 기반의 이자 수익 증가, 고객 맞춤형 디지털 자산 서비스 제공, 외환이나 국채 등 다양한 금융 상품과의 연계 등의 이점이 있다.

　은행으로서는 지금이야말로 스테이블코인 전략을 시작하기에 가장 좋은 시기다. 최근 들어 지역별로 은행들이 스테이블코인 컨소시엄을 만들어 논의하는 움직임을 보이고 있다. 전 세계적으로 규제 정비도 빠르게 이뤄지고 있다. 이는 곧 디지털 자산을 제도권 안에서 안전하게 다룰 수 있는 환경이 마련되고 있다는 뜻이다. 금융 인프라의 급격한 변화 속에서 은행은 기존의 경직된 시스템만 고수할 것이 아니라 유연하고 확장 가능한 인프라를 갖춘 플랫폼과 협력할 필요가 있다.

　스테이블코인 생태계로 전환하는 것은 눈앞의 단기적 수익을 위한

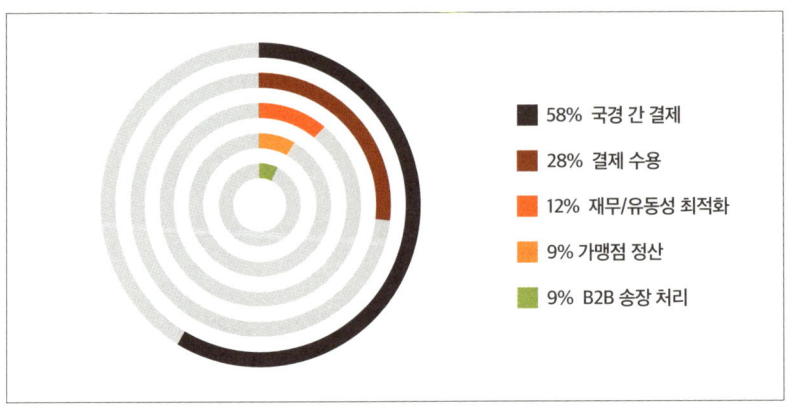

― 전통 은행의 스테이블코인 사용 사례. 국경 간 결제가 58%로 가장 많은 비율을 차지했다.
ⓒFireblocks

기술을 도입하는 문제에만 그치지 않는다. 변화하는 고객의 기대와 시장의 흐름을 반영해 장기적으로 경쟁력을 유지할 수 있는 디지털 기반을 마련하는 것을 본질적인 목표로 삼아야 한다. 결국 더 민첩하게 움직이며 미래를 준비하는 은행만이 살아남을 것이다.

지금 우리가 사용하는 글로벌 결제 시스템의 기반은 60여 년 전에 설계된 것이다. 지금까지 그 구조는 큰 변화 없이 이어져 왔다. 그러나 이제는 시대가 바뀌고 있다. 스테이블코인은 기존 시스템의 한계를 뛰어넘어 더 빠른 속도와 더 낮은 비용으로 국경을 넘는 결제를 가능케 한다. 이러한 장점 덕분에 스테이블코인은 결제 서비스 기업, 핀테크 기업, 은행 모두에게 주목받고 있으며 새로운 시장 진입과 경쟁력 확보를 위한 핵심 수단으로 떠오르고 있다.

단순한 개념 검토를 넘어 실제 구현 단계로 나아가는 사례도 늘어나고 있다. 파이어블록스의 보고서에 따르면 스테이블코인은 전체 플랫폼 거래량의 거의 절반을 차지하고 있으며 글로벌 결제 시스템이 현대화 과정에서 필수 요소로 자리매김하고 있다. 숫자로 살펴보면 현재 파이어블록스에는 전 세계 300개 이상의 은행과 결제 서비스 제공 업체가 참여하고 있으며 매달 3500만 건 이상의 스테이블코인 거래를 처리하고 있다. 전 세계 스테이블코인 거래의 약 15%에 해당하는 수치다.

스테이블코인은 더 이상 가능성에 머무르지 않는다. 실제 금융 시스템 안에서 빠르게 확산되고 있다. 이미 많은 은행과 기업이 변화의 흐름에 올라타고 있다. 지금이야말로 은행이 주도적으로 움직일 시간이다.

페이팔, 애플, 구글이 뛰어든다

암호화폐와 블록체인 기술이 세상에 등장한 지 10여 년이 흘렀다. 초기에는 기술에 열정적인 개발자들과 모험적인 투자자들만의 영역이었지만 이제는 그 양상이 완전히 달라졌다. 전 세계 사람들이 매일 페이팔로 온라인 쇼핑 결제를 하고, 아이폰으로 음악을 듣고, 구글에서 정보를 검색한다. 바로 그 빅테크 기업들이 이제 암호화폐 시장 공략에 나서고 있다. 더 이상 스테이블코인은 작은 스타트업이나 블록체인 전문 기업만의 전유물이 아니다. 세계 경제를 움직이는 거대한 기술 기업인 페이팔, 애플, 구글과 같은 테크 공룡들이 본격적으로 디지털 자산 시장에 진입하면서 암호화폐 산업 전체가 새로운 국면을 맞이하고 있다.

그런데 이들의 접근 방식은 기존의 암호화폐 기업들과는 확연히 다르다. 단순히 새로운 결제 수단 하나를 추가하는 정도에 그치지 않는다. 이들은 "디지털 화폐의 새로운 표준을 우리가 만들겠다"라는 거대한 야망을 품고 체계적으로 움직이고 있다. 마치 과거에 인터넷이 등장했을 때 구글이 검색의 표준이 되고 애플이 스마트폰의 표준을 만든 것처럼 말이다.

이러한 변화가 왜 중요할까? 빅테크 기업들이 가진 가장 큰 무기는 바로 규모다. 페이팔만 해도 전 세계 4억 명이 넘는 사용자를 보유하고 있고, 애플은 15억 대가 넘는 아이폰 사용자를, 구글은 전 세계 인터넷 사용자의 대부분을 자사 서비스의 고객으로 두고 있다. 이들이 암호화폐 시장에 본격적으로 진입한다는 뜻은 단순히 새로운 경쟁자의 등장이 아니라 게임의 룰 자체가 바뀔 가능성을 의미한다.

페이팔, 자체 스테이블코인으로 판을 바꾸다

2023년은 암호화폐 역사에서 중요한 해로 기록될 것이다. 바로 이해에 페이팔이 자체 스테이블코인인 PYUSD(PayPal USD)를 세상에 내놓았기 때문이다. 언뜻 보면 단순히 새로운 암호화폐 출시처럼 보이지만 사실 이는 업계에 엄청난 파장을 일으킨 사건이었다.

이유는 무엇일까? 물론 이전에도 스테이블코인을 지원하는 금융 플랫폼은 많았다. 코인베이스, 바이낸스 같은 암호화폐 거래소나 각종 핀테

— 페이팔의 PYUSD 홍보 화면. ⓒPayPal

크 기업이 USDT, USDC 같은 기존의 스테이블코인을 자사 플랫폼에서 거래하거나 송금 서비스에 활용해 왔다. 하지만 세계적인 규모의 빅테크 기업이 직접 나서서 자체적으로 스테이블코인을 발행한 것은 페이팔이 최초였다.

기존의 암호화폐 기업들은 아무리 성장해도 결국 암호화폐 업계의 일부일 뿐이었다. 하지만 페이팔이라면 이야기가 달라진다. 이미 전통적인 온라인 결제 시장에서 절대적인 지위를 확보한 기업이 암호화폐 시장으로 영역을 확장한 것이기 때문이다. 마치 작은 동네 상점들이 운영하던 시장에 대형 마트가 들어온 것과 같은 상황이다.

PYUSD의 설계 철학

페이팔이 만든 PYUSD는 기술적으로 어떤 특징을 갖고 있을까? PYUSD는 미국 달러에 일대일로 연동되는 스테이블코인이다. 즉, 1PYUSD는 언제나 1달러의 가치를 유지하도록 설계됐다. 하지만 단순히 기술적 연동만으로는 충분하지 않다. 스테이블코인에서 가장 중요한 것은 신뢰다. 사용자들이 "정말로 이 코인이 1달러의 가치를 계속 유지할 수 있을까?"라는 의구심 없이 사용할 수 있어야 하기 때문이다. 이를 위해 페이팔은 매우 전략적인 선택을 했다.

바로 팍소스라는 회사와의 협력이다. 팍소스는 이미 암호화폐 업계에서 규제 준수와 관련해 최고의 평가를 받는 스테이블코인 발행 전문기업이다. 뉴욕주 금융서비스부NYDFS로부터 정식 라이선스를 받아 운영되고 있으며, 바이낸스 USDBUSD 같은 주요 스테이블코인의 발행을 담당해 왔다. 페이팔이 팍소스와 손을 잡은 것은 단순히 기술적 협력을 넘어 규제 기관과 기존 금융 시스템으로부터의 신뢰를 확보하기 위한 전략적 선택이었다.

그렇다면 페이팔은 PYUSD를 통해 무엇을 하려는 것일까? 페이팔의 야망은 단순한 결제 시스템을 뛰어넘는다. 자사의 거대한 생태계 안에서 완전히 통합된 디지털 금융 인프라를 만들려는 것이다. 사용자의 관점에서 생각해 보자. 기존에는 온라인에서 돈을 보내거나 받으려면 복잡한 과정을 거쳐야 했다. 은행 계좌에서 페이팔로 돈을 옮기고, 수수료를 지불하고, 때로는 며칠씩 기다려야 했다. 특히 국제 송금은 더욱 복잡하고 비용도 많이 들었다.

하지만 PYUSD가 있다면 이야기가 달라진다. 사용자들은 페이팔 앱 하나로 모든 것을 해결할 수 있다. PYUSD를 다른 사용자에게 즉시 보낼 수 있고 받을 수도 있다. 더 나아가 페이팔 생태계를 벗어나서 외부 암호화폐 지갑으로 송금하는 것도 가능하고, 필요할 때는 다시 현금으로 바꾸는 것도 간단하다. 마치 현금을 다루는 것처럼 자유롭지만 디지털의 편리함까지 갖춘 새로운 형태의 화폐가 되는 것이다.

핵심은 '은행 없이도' 이 모든 것이 가능하다는 점이다. 물론 기존 은행 시스템과의 연결은 여전히 필요하지만 일상적 금융 활동의 상당 부분은 은행을 거치지 않고도 할 수 있다. 금융 서비스의 민주화라고 할 수 있다. 복잡한 은행 절차나 높은 수수료 없이 누구나 쉽게 디지털 금융 서비스를 이용할 수 있게 되는 것이다.

페이팔의 진짜 야망은 여기서 그치지 않는다. 그들에게는 더 크고 원대한 계획이 있다. 바로 자사 네트워크에 참여하고 있는 수백만 개의 가맹점에서도 PYUSD 결제가 가능하도록 확장하는 것이다. 이 야망이 실현되면 어떤 일이 벌어질까? 현재 페이팔은 전 세계 3000만 개가 넘는 가맹점을 보유하고 있다. 작은 온라인 쇼핑몰부터 대형 이커머스 플랫폼까지 우리가 일상적으로 이용하는 수많은 온라인 서비스가 페이팔 결제를 지원하고 있다. 이 모든 곳에서 PYUSD로 결제할 수 있게 된다면 사실상 글로벌 디지털 달러 경제권이 페이팔을 중심으로 형성될 것이다.

한국에 사는 사용자가 미국의 온라인 쇼핑몰에서 물건을 사고 싶다면 기존에는 환전이나 국제 결제 수수료를 걱정해야 했다. 하지만 PYUSD 생태계에서는 그런 걱정이 없다. 전 세계 어디서든 동일한 디지털 달러로 자유롭게 거래할 수 있기 때문이다. 이는 단순한 결제 편의성을 넘어 글로벌 상거래의 패러다임 자체를 바꿀 수 있는 문제다. 페이팔이 이 비전을 성공적으로 실현한다면 실질적으로 디지털 시대의 글로벌 기축통화를 만들어내는 것과 같은 효과를 낼 수 있다. 물론 이것은 기존 금융 시스템과 각국 정부의 통화정책에도 큰 영향을 미칠 수 있는 민감한 사안이다.

애플, 침묵하는 거인의 계산된 기다림

애플은 암호화폐 시장에서 조용한 관찰자 같은 존재다. 아직 자체 스테이블코인을 발행하거나 암호화폐 지갑 서비스를 직접적으로 제공하지는 않는다. 하지만 이것이 애플이 암호화폐에 관심이 없다는 뜻일까? 전혀 그렇지 않다.

애플의 애플페이Apple Pay, 애플지갑Apple Wallet, 페이스IDFace ID 기반 인증 시스템은 이미 디지털 자산 시대를 위한 가장 촘촘하고 신뢰할 수 있는 인프라로 평가받고 있다. 전 세계 15억 명의 아이폰 사용자들이 이미 얼굴 인식이나 지문 인식으로 결제하고, 애플페이를 통해 일상적인 금융 거래를 처리하고 있다. 이는 암호화폐 지갑에서 가장 중요한 보안과 편의성을 이미 완벽에 가깝게 구현한 시스템이라는 뜻이다.

특히 2020년대 들어 애플의 움직임에 미묘한 변화가 생겼다. 앱스

— 애플의 애플페이. 애플 기기를 통해 신용카드, 체크카드, 교통카드 등을 등록해 결제할 수 있는 모바일 간편결제 서비스를 제공하고 있다. ⓒApple

토어 내 NFT, 디지털 자산 결제에 대한 정책을 조정하고 있으며 일부 파트너 앱에서는 암호화폐를 통한 결제를 제한적으로 허용하고 있다. 이전에는 매우 엄격했던 암호화폐 관련 앱에 관한 심사 기준도 점차 완화되는 추세다.

또한 iOS 기반 생체 인증과 연동된 보안 지갑 기능은 앞으로 애플이 자체 스테이블코인 혹은 제휴 코인을 도입할 때 강력한 사용자 기반과 UX 경쟁력을 갖춘 무기가 될 수 있다. 현재도 많은 암호화폐 지갑 앱들이 애플의 생체 인증 기술을 활용하고 있다. 만약 애플이 직접 나선다면 보안성과 편의성에서 기존의 어떤 서비스보다 뛰어난 솔루션을 만들어 낼 가능성이 크다.

한 번에 점령하는 애플의 스타일

전문가들은 애플이 움직이기 시작하는 순간, 시장의 판도가 달라질 것이라고 말한다. 애플의 역사를 보면 충분히 납득할 수 있는 전망이다. 애플은 새로운 시장에 진입할 때 섣불리 뛰어들지 않는다. 대신 충분히 관찰하고, 준비하고, 완벽에 가까운 제품을 만든 후에 '한 번에 점령하는' 전략을 고수한다. 스마트폰 시장이 그랬고, 태블릿 시장이 그랬으며, 스마트워치 시장도 마찬가지였다. 각각의 영역에서 애플은 후발 주자였지만 결국에는 시장을 지배하는 제품을 만들어냈다. 암호화폐도 예외는 아닐 것이다. 애플이 준비 중인 것으로 보이는 것들을 살펴보면 단순히 기존 암호화폐를 지원하는 수준을 넘어설 가능성이 높다. 아이폰, 아이패드, 맥, 애플워치가 모두 연결된 애플만의 독특한 생태계 안에서 작동하는, 완전히 새로운 형태의 디지털 자산 시스템을 구상하고 있을 수 있다.

구글, 생태계를 장악하기 위한 계산

구글은 페이팔이나 애플과는 다른 전략을 취하고 있다. 언뜻 보면 비교적 개방적인 전략처럼 보인다. 암호화폐 광고를 제한적으로 허용하며 웹3 기업들과의 협업을 통해 블록체인·토큰 관련 검색, 분석, 클라우드 서비스 분야를 빠르게 확대 중이다. 하지만 이러한 개방적인 접근 방식에는 치밀한 계산이 숨어 있다. 구글의 핵심 비즈니스 모델을 생각해 보자.

구글은 직접 제품을 판매하기보다는 플랫폼을 제공하고, 그 플랫폼에서 생성되는 데이터와 트래픽을 통해 수익을 창출하는 기업이다. 검색엔진, 유튜브, 안드로이드도 마찬가지다. 이런 구글의 DNA가 암호화폐 시장에서도 그대로 발휘되고 있다.

특히 주목할 만한 것은 구글클라우드Google Cloud의 움직임이다. 구글클라우드는 코인베이스, 크로노스Cronos, 솔라나 같은 주요 블록체인과의 파트너십을 통해 단순한 클라우드 서비스 제공자를 넘어섰다. 구체적인 서비스는 다음과 같다. 첫째, 노드 호스팅 서비스다. 블록체인 네트워크가 작동하려면 전 세계 곳곳에 노드(네트워크 참여 컴퓨터)들이 있어야 한다. 구글은 자사의 거대한 서버 인프라를 활용해 노드들을 안정적으로 호스팅하고 있다. 둘째, 블록체인 데이터 분석 서비스다. 블록체인에서 생성되는 방대한 거래 데이터를 실시간으로 분석하고 인사이트를 제공하는 서비스를 개발하고 있다. 셋째, 토큰화 기술 지원이다. 기업들이 자산을 토큰으로 전환할 때 필요한 기술적 도구와 인프라를 제공하고 있다.

이는 구글이 단순한 검색 플랫폼에서 블록체인 생태계의 핵심 인프라 사업자로 변신하고 있음을 보여주는 예시들이다. 마치 인터넷 초기에 구글이 검색을 통해 웹 생태계의 중심이 된 것처럼, 이번에는 클라우드를 통해 블록체인 생태계의 중심이 되려는 것이다.

2025년 8월에는 '구글클라우드 유니버설 레저GCUL'라는 새로운 레이어 1 블록체인 프로젝트의 구체적인 내용을 공개했다. 이 프로젝트의 목표는 금융기관이 안심하고 블록체인 플랫폼을 활용할 수 있게 만드는 것이다. 구글이 직접 레이어 1 블록체인을 만들려는 이유는 서클이나 스트라이프 같은 글로벌 핀테크 기업들이 이미 자체 블록체인과 분산 원장 기술을 빠르게 확장하고 있기 때문이다. 구글은 중립성을 강조하며, 누구나 부담 없이 기관용 블록체인 인프라를 사용할 수 있게 하겠다는 전략을 내세웠다.

현재 이 프로젝트는 프라이빗 테스트넷 단계에 있으며, 2025년 시장 테스트를 거쳐 2026년 상용화를 목표로 하고 있다. 구글은 글로벌 기준에 맞춘 대규모 네트워크를 구축해 앞으로 수십억 명의 사용자와 다양한 기관을 대상으로 서비스를 확대할 계획이다.

안드로이드 생태계의 활용

구글의 또 다른 강력한 무기는 안드로이드다. 전 세계 스마트폰의 70% 이상이 안드로이드를 사용하고 있다. 구글은 이 거대한 플랫폼을 암호화폐 서비스의 기반으로 활용하고 있다. 안드로이드 기반 지갑 서비스와 API를 통해 다양한 암호화폐 결제 앱들이 구글 생태계에서 원활하게 동작할 수 있도록 지원하고 있다. 또한 구글 플레이 스토어의 정책도 점차 유연해지고 있다. 과거에는 암호화폐 관련 앱들에 엄격한 기준을 적용했지만, 최근에는 합법적이고 규제를 준수하는 앱들에 대해서는 문호를 열어가고 있다.

이는 구글이 직접 암호화폐를 만들지는 않더라도 암호화폐 생태계가 성장할 수 있는 토양을 제공하겠다는 의미로 해석할 수 있다. 그 과정에서 구글은 플랫폼 사업자로서의 지위를 확고히 하고 모든 암호화폐 관련 활동이 자사의 플랫폼을 거쳐 가도록 만들려는 것이다.

구글의 진짜 강점은 데이터 분석과 AI 기술이다. 암호화폐 시장에서도 이 강점을 십분 활용하고 있다. 예를 들어 구글은 비트코인이나 이더리움 같은 주요 암호화폐의 실시간 가격 정보를 검색 결과에 직접 표시하고 있다. 또한 블록체인 거래 데이터를 분석해 시장 트렌드나 이상 거래를 탐지하는 서비스도 개발하고 있다. 더 나아가 구글의 AI 기술을 활용한 암호화폐 투자 분석 도구나 개인 맞춤형 포트폴리오 추천 서비스 등도 준비하고 있을 가능성이 높다. 구글이 가진 방대한 사용자 데이터와 AI 기술을 결합하면 기존의 어떤 암호화폐 서비스보다 정교하고 개인화된 서비스를 제공할 수 있기 때문이다.

결국 구글은 직접 코인을 발행하지는 않지만 코인이 돌아가는 모든 생태계를 장악하겠다는 전략을 취하려는 것으로 보인다. 구글의 목표는 스테이블코인을 포함한 디지털 자산 시장의 데이터, 인프라, 도구를 모두 지배하는 것이다. 만약 모든 암호화폐 거래가 구글 클라우드에서 처리되고, 모든 암호화폐 정보 검색이 구글을 통해 이루어지며, 모든 암호화폐 앱이 안드로이드에서 실행된다면 구글은 직접 코인을 발행하지 않아도 사실상 전체 암호화폐 생태계의 핵심 통제권을 갖게 된다. 이는 매우 영리한 전략이다. 직접 규제 리스크를 감수하며 코인을 발행하는 대신, 남들이 만든 코인이 성장할 수 있는 환경을 제공하면서 그 과정에서 발생하는 모든 가치를 흡수하겠다는 것이기 때문이다.

누가 디지털 자산의 표준이 될 것인가

빅테크 기업들의 움직임은 단순히 새로운 결제 옵션을 추가하는 수준을 넘어섰다. 미래 디지털 경제의 주도권을 놓고 본격적인 전쟁을 펼치고 있다. 페이팔, 애플, 구글은 각자의 강점을 바탕으로 스테이블코인 중심의 새로운 디지털 경제 질서를 구축하려는 경쟁에 돌입한 상태다.

이러한 경쟁 구도에서 궁극적으로 승자가 될 기업은 어디일까? 사실 질문 자체가 잘못된 것일 수도 있다. 세 기업 모두 각기 다른 접근 방식을 취하고 있어서 결국에는 서로 다른 영역에서 각자의 지배력을 확보하게 될 가능성이 높기 때문이다. 페이팔은 직접적인 금융 거래와 상거래 결제 영역에서, 애플은 개인 사용자의 자산 관리와 프리미엄 금융 서비스 영역에서, 구글은 데이터 분석과 기술 인프라 영역에서 각각 독보적인 위치를 차지할 것으로 예상된다.

하지만 여기서 정말 중요한 것은 이들의 경쟁이 결국 전체 암호화폐 시장의 성장과 성숙화를 이끌어낼 것이라는 점이다. 세계 최고의 기술 기업들이 본격적으로 참여하면서 암호화폐는 더 이상 실험적인 기술이 아니라 실생활에 깊숙이 스며든 필수 인프라가 되어가고 있다.

5부

스테이블코인을 향한
전 세계의 도전

9장

경쟁인가 협력인가?
CBDC와 스테이블코인

암호화폐 시장이 열리며 중앙은행은 화폐의 주도권,
나아가 국가의 권력 구조에 대해 근본적으로 성찰하기 시작했다.
그리고 그 결과 중앙은행 디지털 화폐, CBDC가 탄생했다.

"민간 플랫폼이 돈을 만들고 유통하는 세상에서
정부는 어떻게 주권을 잡을 것인가?"

중앙은행 디지털 화폐의 등장

지갑에서 마지막으로 현금을 꺼낸 때가 언제인지 기억나는가? 이제 우리는 지갑 대신 스마트폰을 꺼내 QR코드를 스캔하거나 한 번의 터치로 결제를 끝낸다. 지폐와 동전은 점차 일상에서 자취를 감추고 있다. 현금은 마치 우표나 공중전화처럼 시대의 뒤안길로 밀려나 버렸다.

한국의 현금 거래 비중은 2024년 기준 전체 결제 수단의 10% 미만으로 떨어졌다. 스웨덴과 노르웨이에서는 현금 비중이 5% 아래로 내려갔고 일부 상점에서는 아예 현금을 받지 않는다. 세계는 조용히, 그러나 빠르게 '무현금 사회'로 이동 중이다.

디지털 결제는 이제 선택이 아닌 기본이다. 페이팔, 알리페이Alipay

그리고 네이버페이(네이버파이낸셜)와 카카오페이 같은 민간 기업들은 이미 수억 명의 사용자를 등에 업고 디지털 결제 시장을 선도하고 있다. 페이팔은 2023년에 자체 스테이블코인 PYUSD를 출시하며 화폐 발행자로 진화하기 시작했고, 네이버파이낸셜과 카카오페이도 스테이블코인 관련 파트너십을 공개하며 같은 방향성을 내비쳤다.

그 방향성의 끝은 단지 결제 수단을 편리하게 만드는 것이 아니라 디지털 화폐를 설계·발행·유통하는 새로운 민간 화폐의 주체가 되는 것일지도 모른다. 이러한 변화 속에서 각국의 중앙은행은 스스로 질문했을 것이다. "디지털 시대에 공공 화폐는 어떤 모습이어야 하는가?" "민간 플랫폼이 돈을 만들고 유통하는 세상에서 정부는 여전히 통화 주권을 가질 수 있는가?" "국가가 통제하지 못하는 화폐가 늘어날 때, 국민을 어떻게 보호할 것인가?"

이 질문들은 단순한 기술 발전에 대한 대응을 넘어 화폐의 주도권, 나아가 국가의 권력 구조에 대한 근본적 성찰을 요구한다. 이런 고민의 결과가 바로 중앙은행 디지털 화폐CBDC다. 2025년 기준 108개국이 CBDC를 연구 중이며 3개국이 정식 발행했고, 49개국이 시범 운영 중이다. 스테이블코인이 시장을 선점하며 주목받고 있지만 그 흐름을 따라가기만 해서는 안 된다는 판단이 반영된 결과일 것이다.

CBDC란 무엇인가

CBDC는 현금을 디지털화한 국가의 화폐다. 이는 단순히 종이돈을 디지털 숫자로 바꾸는 것을 의미하지 않는다. CBDC는 국가가 직접 발행하고 관리하는 디지털 법정화폐로서 지폐나 동전 그리고 우리가 은행 앱에서 확인하는 계좌 잔고와 동일한 법적 지위를 가진다. 예컨대 한국은행이 디지털 원화를 발행한다면 그 화폐는 원화 지폐와 일대일로 동일한 가치를 갖는다. 하지만 물리적 형태가 아니라 스마트폰 앱에서 존재하는 디지털 현금으로 작동한다. 그래서인지 많은 사람이 "CBDC도 그냥 스테이블코인 아닌가요?"라고 묻는다. 표면적으로는 가치가 안정된 디지털 화폐라는 점에서 비슷하다. 하지만 CBDC와 스테이블코인은 본질적으로 다르다.

	CBDC	스테이블코인
발행 주체	중앙은행(정부)	민간 발행사
가치 보증	국가의 신용	법정화폐·자산 담보
법적 지위	법정통화	일반 자산
감독 구조	중앙 집중형	블록체인 기반 분산형
위험 구조	낮은 신용 위험	발행사 리스크 존재

앞서 소개한 USDT, USDC 그리고 최근 다양한 신규 프로젝트들이 발행하는 스테이블코인은 모두 1달러에 고정된 가치를 유지한다는 약속, 즉 페깅을 전제로 작동한다. 그럼 페깅은 어떻게 유지되는가? 민간

발행사가 달러 등의 법정화폐나 국채, 현금성 자산을 담보로 예치해 스테이블코인과 일대일 교환이 가능하다는 신뢰를 만든다.

하지만 여기엔 전제가 있다. 발행사가 담보 자산을 충분히 보유하고 이를 언제든 인출할 수 있어야 한다. 이러한 전제가 깨지면 스테이블코인은 한순간에 붕괴할 수 있다. 2022년 테라의 UST 붕괴는 바로 그런 위험이 현실로 나타난 사례다. 당시 400억 달러 이상의 자산 가치가 순식간에 증발했다.

반면 CBDC는 국가가 발행하고, 정부가 지급을 보증한다는 점에서 그 신뢰의 기반이 다르다. 이 말은 곧 국가가 존재하는 한 그 화폐는 파산하지 않으며 법적으로 누구나 받아들여야 하는 공식적인 돈이라는 뜻이다. 이것이 스테이블코인과의 본질적인 차이다.

CBDC의 특징은 세 가지로 요약할 수 있다. 첫째, 중앙은행이 직접 발행한다. 곧 CBDC는 국가의 신용을 담보로 한다. 둘째, 법정통화로서 지위를 갖는다. 따라서 세금 납부, 공공요금 지불, 물품 구매 등의 거래에도 사용할 수 있다. 마지막으로 디지털 네트워크를 기반으로 운용된다. CBDC는 실물이 없는 순수 디지털 자산이다. 그러나 암호화폐와 달리 중앙은행의 서버 또는 프라이빗 블록체인과 같은 공공 시스템 위에서 작동하며 스마트폰, QR코드 등 기존의 다양한 결제 방법을 지원한다.

스테이블코인과 다른 CBDC의 기술

CBDC는 표면상으로는 블록체인 기술을 채택한 것처럼 보인다. 하지만 실제 운용 방식은 우리가 알고 있는 기존 금융 시스템과 매우 유사하다. 즉, 모든 통제 권한은 여전히 중앙은행에 있다. 좀 더 자세히 살펴보자. 여러 컴퓨터(서버)가 동시에 데이터를 저장하고 서로 검증하는 분산 저장 기술인 블록체인을 이용하면 투명성과 보안성을 높일 수 있다. CBDC는 중앙은행이 발행하고 운용하는 화폐이므로 블록체인 기술의 일부만 가져오되 핵심인 탈중앙화는 적용하지 않는다.

CBDC는 기술적으로 두 가지 방식 중 하나로 구현될 수 있다. 우선 중앙 집중형 방식이다. 이는 가장 전통적인 방법으로 거래 기록, 잔액 정보, 사용자 데이터 등을 중앙 서버 한 곳에 저장하고 중앙은행이 그 운영을 책임진다. 우리가 사용하는 인터넷뱅킹과 비슷한 방식이다. 따라서 시스템이 중앙 기관의 통제 아래에 있으며 사용자가 거래를 요청하면 은행 서버가 승인하고 기록을 남긴다.

다음으로 허가형 분산원장 방식이다. 이는 블록체인의 특징인 여러 컴퓨터에 분산 저장하는 기술을 도입한다. 하지만 오직 중앙은행과 허가받은 몇몇 금융기관만이 데이터를 저장하고 검증할 수 있다. 이를 분산원장기술distributed ledger technology, DLT•이라고 한다. 겉보기엔 블록체인

- 거래 기록을 여러 컴퓨터(노드)에 분산 저장하는 기술로 블록체인은 DLT의 한 형태다. CBDC에서 DLT는 중앙은행이 노드 접근을 통제하는 허가형(permissione) 네트워크로 거래 속도와 보안을 높이면서도 정부의 감독을 유지할 수 있다.

을 활용하는 것 같지만 실제 운영은 여전히 중앙 집중식이다. 예를 들어 한 아파트 단지 주민들만 모인 단톡방에서 서로 정보를 공유한다고 해서 전 국민 커뮤니티가 되는 건 아닌 것처럼 말이다.

비슷하게 생긴 디지털 화폐지만 CBDC와 스테이블코인은 기술과 운영 방식 면에서 완전히 다르다. CBDC는 블록체인 기술을 일부만 가져와 속도와 안정성을 높이는 데 활용할 뿐이다. 누가 거래를 승인할지, 어떻게 기록할지는 전적으로 중앙은행이 정하고 통제한다.

CBDC는 사용 목적과 설계 구조에 따라 소매형retail과 도매형wholesale으로 나뉜다. 이 구분은 단순히 대상을 나누는 기준일 뿐 아니라 정책 목표와 기술 구현 방식에도 큰 영향을 미친다.

소매형 CBDCretail CBDC는 국민 모두를 위한 디지털 현금이다. 커피를 사거나 교통비를 결제하거나 친구에게 송금하는 등 일상적 거래에 사용된다. 스마트폰 앱이나 디지털 지갑을 통해 누구나 개설 및 사용할 수 있어, 특히 은행 계좌가 없는 이들에게 금융 접근성을 제공하는 데 목적이 있다.

도매형 CBDCwholesale CBDC는 일반 대중이 아닌 은행과 금융기관 사이의 고액 거래에 사용되는 디지털 화폐로, 금융 시스템의 효율성을 높이는 도구다. 주로 중앙은행과 상업은행 또는 국가 간의 금융기관이 대규모 결제, 정산, 외환 교환 등을 빠르고 안전하게 처리하는 데 사용된다.

바하마의 샌드달러

바하마는 700개가 넘는 섬으로 이루어진 국가다. 수도인 나소Nassau를 벗어나면 은행 지점이 거의 없고 현금을 운송하는 데도 시간과 비용이 많이 든다. 이 같은 금융 접근성 문제를 해결하기 위해 바하마 중앙은행은 2020년 세계 최초로 전국 단위 CBDC인 샌드달러Sand Dollar를 공식 발행했다. 샌드달러는 바하마 달러BSD에 일대일로 연동되며 스마트폰 앱이나 선불카드를 통해 누구나 송금과 결제에 이용할 수 있다. 모든 거래는 실시간으로 처리되고 기존 은행 시스템보다 수수료가 최대 70% 저

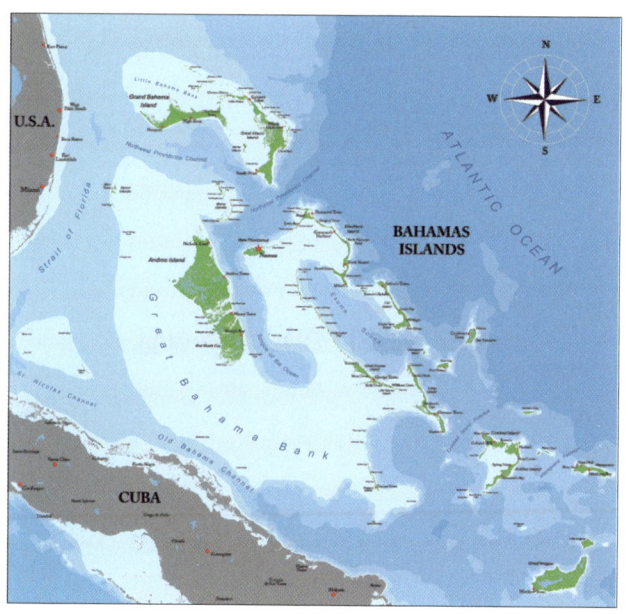

— 바하마는 700개가 넘는 섬으로 되어 있어 섬 간 송금과 결제가 복잡하고 비용이 많이 드는 문제가 있었다. ⓒShutterstock

럼하다. 코로나19 기간에는 비접촉 결제 수단으로도 활용됐다.

2023년 기준, 바하마 인구의 30%가 샌드달러 지갑을 보유하고 있다. 특히 섬 간 송금과 소액 결제에서 높은 활용도를 보인다. 바하마 중앙은행의 총재 존 롤John Rolle은 "샌드달러는 우리 국민이 금융 시스템에 더 쉽게 접근하도록 돕는다. 섬 간 송금이 몇 초 만에 가능해졌다"라고 말하기도 했다.

하지만 샌드달러의 도입이 완전한 성공을 거뒀다고 보긴 어렵다. 인터넷 인프라가 부족한 외딴 섬에서는 여전히 서비스를 사용하기 어렵고 고령층을 중심으로 디지털 금융 이해도도 낮다. 또한 플랫폼 다양성이 부족해 사용자 선택권이 제한적이라는 지적도 있다. 그럼에도 샌드달러는 CDBC의 중요한 선례다. 바하마의 실험은 단순한 기술 도입을 넘어, 디지털 화폐가 금융 포용성과 공공 인프라로서의 가능성을 어떻게 실현할 수 있는지 보여주는 대표적 사례로 꼽힌다.

한국은행의 CBDC 실증 실험

한국은행도 CBDC 도입을 꾸준히 검토해 왔다. 2020년 3월, 태스크포스를 꾸리면서 기술적 타당성부터 경제적·법적 영향까지 폭넓은 분석을 시작했고, 그 노력이 최근 프로젝트 한강이라는 이름의 대규모 실증 실험으로 이어졌다.

프로젝트 한강은 한국형 CBDC 모델의 실생활 적용 가능성을 검증하기 위한 시범 사업으로 2025년 4월 1일부터 6월 30일까지 약 10만 명의 일반인을 대상으로 진행됐다. 주로 디지털 화폐가 실제 결제 환경에서 얼마나 효과적으로 작동하는지, 카카오페이나 네이버페이와 같은 기존 민간 결제 수단과 비교해 어떤 장점과 한계가 있는지 확인하는 데 초점을 맞췄다.

프로젝트의 핵심은 중앙은행이 직접 개인에게 디지털 화폐를 발행하는 대신, 시중은행이 중개자 역할을 수행하는 방식을 실험하는 것이다. 우선 한국은행이 기관용 CBDC를 발행하고 KB국민, 신한, 하나, 우리, NH농협, IBK기업, BNK부산 등 7개 시중은행은 이를 기반으로 예금 토큰*을 발행한다. 예금 토큰은 각 은행의 모바일 앱을 통해 개설된 전자지갑에서 기존 예금(최대 100만 원)을 전환해 사용하는 형태로 운영된다.

프로젝트에서는 스마트 콘트랙트를 기반으로 돈의 흐름을 관리하는 기능도 테스트했다. 예를 들어 청년 바우처를 특정 가게에서만 사용하도록 설정하거나 사용 기한이 지나면 예금 토큰이 자동으로 소멸하도록 만드는 기능이다.

사용자의 결제 방식은 QR코드 스캔으로 간편하게 이뤄졌다. 다양한 온오프라인 환경, 예를 들어 교보문고, 세븐일레븐, 이디야커피, 농협 하나로마트와 같은 오프라인 매장뿐 아니라 현대홈쇼핑, 배달앱 땡겨요 등 온라인 플랫폼에서도 사용이 가능했다. 이를 통해 디지털 현금의 가장

- 상업은행이 고객의 예금을 기반으로 블록체인 네트워크에서 발행하는 디지털 자산. 기존의 전통적인 예금 계좌와 달리 예금 토큰은 블록체인을 통해 거래될 수 있으며, CBDC나 스테이블코인과 유사하다.

— 한국은행이 진행한 '프로젝트 한강'의 세븐일레븐 편의점 결제 방법. 일반인 실험자를 모집해 온·오프라인을 대상으로 진행되었으며, 전자지갑에서 예금을 토큰으로 전환해 사용할 수 있도록 만들었다. ⓒ한국은행

큰 효용성인 판매처의 판매대금 즉시 수취를 확인할 수 있었다.

2025년 6월 말 기준, 약 8만 개의 전자지갑이 개설됐으며 이는 목표치(10만 명)의 80% 수준에 달했다. 총결제 건수는 2만 8700건으로 전자지갑 사용자 대비 약 42.3% 수준의 이용률을 보였다.

한국은행은 프로젝트 한강의 평가 보고서를 2025년 7월 중 발표하고 이후 시스템 구조를 개선해 새로운 활용 사례를 모색할 계획이다. 개인 간 송금, 정부의 디지털 바우처 프로그램, 국제 결제 연계 등 응용 범위를 더욱 넓히고 후속 실험도 준비 중이다.

프로젝트 한강은 단순한 기술 실험에 머물지 않는다. 디지털 화폐가 현실의 경제 시스템에 어떻게 녹아들 수 있는지를 확인하는 첫 실전 무대였다. 이용률과 사용 측면에서는 아쉬운 결과를 남겼지만 한국형 CBDC 모델의 기본 골격과 과제를 분명히 확인하는 의미 있는 발걸음이었다. 향후 디지털 화폐가 일상 속으로 더 깊이 스며들 수 있을지는 사용자 경험을 얼마나 개선하고 어떤 실질적 혜택을 제공하느냐에 달려 있다.

CBDC, 은행 없는 이들을 위한 문

인프라가 잘 갖춰진 우리나라에서는 은행이 없는 삶을 상상하기 어렵다. 은행이 없다면 월급이 들어올 계좌도 없고 공과금을 낼 방법도 없으며 신용카드, 자동이체, 대출도 존재하지 않을 것이다. 즉 경제활동 자체가 불가능해지는 것이다. 세계은행에 따르면 전 세계 약 13억 명의 성인이 아직도 금융 시스템 바깥에 있다. 그들에겐 저축할 곳도, 송금할 수단도, 대출받을 창구도 없다. 이러한 배제는 빈곤의 결과가 아니라 빈곤을 영속화하는 구조적 메커니즘에 따른 결과다. 특히 여성, 농촌 거주자, 난민, 미성년자 등 제도권 밖에 놓인 이들에게 금융 서비스의 부재는 곧 기회의 부재를 의미한다.

　CBDC와 스테이블코인은 금융 시스템의 장벽을 부수기 위한 새로운 열쇠로 주목받고 있다. 전통 금융 시스템은 신뢰의 증명을 기반으로 돌아간다. 대표적인 증명 방식은 신분증, 고정 주소, 정규 소득, 직접 방문 등이다. 하지만 제도권 밖에 있는 사람들에겐 이러한 조건이 넘을 수 없는 벽으로 작용한다. 반면 디지털 화폐는 스마트폰 하나만 있으면 경제 시스템의 문을 열어준다. 최근에는 은행 계좌 없는 사람은 있어도 스마트폰 없는 사람은 드물다고 할 정도로 개발도상국에서도 스마트폰 보급률이 빠르게 증가하고 있다. 이러한 환경 변화가 전통 금융의 제약 없이 디지털 방식으로 금융 서비스를 제공할 가능성을 만들어내고 있다.

디지털 화폐를 도입할 경우, 금융 시스템의 혜택에서 벗어난 사람들이 얻을 수 있는 포용 효과는 세 가지로 압축된다.

첫째, 접근성의 확대다. 은행에서 요구하는 신원 확인, 거주지 증명, 신용 이력 없이도 디지털 지갑을 생성할 수 있다. 난민, 비정규 노동자, 무국적자도 국가의 통화정책에 참여할 수 있는 길이 열리는 것이다.

둘째, 기래 비용의 절감이다. 세계은행에 따르면 개발도상국 간 해외 송금 수수료는 평균 6~10%에 이른다. 이는 저소득 가구의 부담을 더욱 가중시킨다.

셋째, 정책 전달의 자동화다. 디지털 화폐는 실시간 복지 정책 전달을 가능케 한다. 예를 들어 인도의 JAM 트리니티 정책은 농민 보조금 전달을 디지털화하며 중간 유실을 줄이고 효율성을 높였다. 이를 통해 2025년 3월 기준, 디지털 루피 유통량이 전년 대비 334% 증가했으며 정부는 CBDC 기반 사회보장 시스템 구축을 가속화하고 있다. 다만 여전히 일일 사용자 수는 기대치에 못 미쳐 보편적 채택을 위한 신뢰 구축과 인센티브 설계가 과제로 남아 있다.

인도의 JAM 트리니티

인도를 디지털 복지국가로 탈바꿈하는 결정적 전환점이 바로 JAM 트리니티다. JAM은 전 국민 은행 계좌 개설 Jan Dhan Yojana, 생체 기반 디지털 신원 인증 Aadhaar, 모바일 통신 인프라 Mobile number의 조합을 의미한다. 세 가지 요소는 인도 정부가 추진한 직접혜택이전제도 direct benefit transfer, DBT의 기반이 됐고 수혜자가 중간 과정을 거치지 않고 정부의 보조금이나 복지금 등을 본인 명의의 은행 계좌로 직접 수령할 수 있게 만들었다.

— 인도의 JAM 트리니티. 전 국민 은행 계좌 개설, 생체 기반 디지털 신원 인증, 모바일 통신 인프라의 조합이다. ⓒKNN

이전까지 인도의 복지금은 지역 관리나 중개인을 거치며 부패, 유실, 지연이라는 문제에 자주 시달렸다. 하지만 JAM 시스템이 정착되면서 정부는 수억 명의 국민에게 신속하고 정확하게 자금을 전달할 수 있는 기술적 능력을 확보하게 됐다. 특히 농민 보조금이나 LPG 보조금, 교육 장학금 등 다양한 사회보장제도가

> JAM을 기반으로 디지털화되며 복지의 투명성과 효율성이 비약적으로 향상됐다. JAM 트리니티는 디지털 루피와 같은 CBDC의 도입에도 핵심 인프라로 작용한다. 정부는 JAM을 통해 확보한 디지털 신원과 계좌 연결 시스템을 기반으로 향후 CBDC를 활용한 실시간 복지금 지급, 사용 목적 지정, 자동화된 조건부 지급 등 더욱 정교한 정책 집행 가능성을 실험하고 있다. JAM은 단순한 디지털 편의 장치를 넘어 국가의 행정 역량과 신뢰를 재구성한 인프라 혁신의 상징이다.

물론 CBDC가 금융 포용 문제를 모두 해결해 주지는 못한다. 디지털 기기 사용에 익숙하지 않은 고령층이나 장애인 등 디지털 소외 계층에 대한 세심한 고려가 필요하다. 이들을 위해 오프라인에서도 사용할 수 있는 CBDC 기술을 개발하거나 사용법에 대한 충분한 교육과 지원을 제공하는 노력이 병행돼야 한다. 또한 안정적 인터넷 통신망과 전력 공급과 같은 기본 인프라 구축도 선행돼야 할 과제다.

CBDC는 기술의 혜택을 사회의 가장 취약한 곳까지 전달하는 강력한 포용적 금융 도구가 될 수 있다. CBDC의 도입은 새로운 화폐 도입을 넘어 모든 사람이 동등하게 경제활동에 참여하고 그 과실을 나누는 기회의 문을 여는 것이다. 또한 CBDC가 성공적으로 안착한다면 '은행 없는 이들'이라는 표현은 과거의 유물이 되고 진정한 의미의 보편적 금융 시대가 열릴 것이다.

통화 주권과 프라이버시 사이의 갈등

디지털 화폐의 미래를 논할 때 CBDC와 스테이블코인은 종종 대립적 관계로 묘사된다. CBDC는 국가가 통제하는 중앙집권적 화폐로 돈의 흐름을 엄격히 관리할 수 있지만 개인의 프라이버시를 위협할 가능성이 있다. 반면 스테이블코인은 민간 기업이 발행하는 탈중앙화된 화폐로 혁신적이지만 국가의 통화 주권을 약화시킬 수 있다. 여기에 사이버 보안과 규제 문제까지 얽히며 디지털 화폐는 기술 혁신을 넘어 사회적 논쟁의 중심에 서게 됐다.

둘의 관계는 과연 한쪽이 다른 쪽을 대체해야만 끝나는 제로섬 게임일까? 결론부터 말하자면 CBDC와 스테이블코인은 단순한 경쟁을 넘어 각자의 영역에서 역할을 분담하며 상호 보완적으로 발전할 가능성이 크다. 둘의 관계는 충돌과 공존이라는 두 가지 키워드로 요약된다.

통화 주권과 금융 안정의 충돌

CBDC와 스테이블코인이 충돌하는 가장 큰 쟁점은 바로 통화 주권과 금융 안정 문제다. 스테이블코인은 민간 기업이 발행하고 운영 주체가 자율적으로 정책을 결정하기 때문에 특정 스테이블코인이 사회 전반의 결제 수단으로 광범위하게 사용될 경우 국가의 통화 시스템을 위협할 수 있다.

예를 들어 거대 기술 기업이 발행한 '대한코인'이라는 스테이블코인이 자사 플랫폼의 기축통화가 되면, 사람들이 은행 계좌 대신 '대한코인'을 주로 사용한다. 이 경우 중앙은행이 금리를 올려도 테크코인 보유 및 사용이 지속되어 대출 수요가 줄지 않을 수 있다. 이는 중앙은행의 금리 정책 효과를 약화시키고 유동성 조절 능력을 떨어뜨린다.

테크코인이 시장을 지배할 경우, 금융 위기 때 정부가 돈의 흐름을 관리하거나 경제를 부양하기 위해 돈을 풀어도 정부의 정책이 제대로 작동하지 않을 수 있다. 이는 통화 주권이 민간 기업으로 넘어가는 결과를 초래하며 금융 시스템의 안정성을 위협한다. 국제통화기금IMF의 보리Bo Li 부총재는 "스테이블코인을 통화로 볼지 금융 자산으로 볼지 각국이 명확히 규정하지 않으면 글로벌 금융 시장의 혼란이 커질 수 있으

— 보 리 Bo Li 부총재는 세계경제포럼 WEF '서머 다보스 2025' 회의에서 세계 여러 지역에서 스테이블코인을 규제하기 위한 실험과 제도 정비가 빠르게 진행되고 있다고 말했다. ⓒIMF

며 CBDC와의 경쟁 문제로 이어질 수 있다"라고 경고했다. 그 연장선상에서 미국과 유럽 등 주요국이 스테이블코인에 엄격한 규제를 시행하고 있는 것이다.

반대로 CBDC는 중앙은행이 통제력을 더 강화할 수 있는 도구이기도 하다. 중앙은행은 금리를 올리거나 내리고 돈의 양을 조절해 물가를 안정시키고 경제 성장을 지원한다. CBDC를 사용하면 중앙은행에서 모든 거래를 실시간으로 추적하고 돈의 흐름을 직접 관리할 수 있다. 중국의 디지털 위안 e-CNY의 사례가 대표적이다. 2025년 8월 기준, 중국은 약 2억 6100만 명의 사용자에게 디지털 위안을 배포해 국제 무역에서 달러 의존도를 줄이는 전략을 펼치고 있다.

공존의 가능성

CBDC와 스테이블코인은 서로의 영역을 침범하지 않고 공존하며 시너지를 낼 수도 있다. CBDC는 모든 국민이 보편적으로 사용하는 소매 결제retail payment 영역과 금융기관 간의 거액 결제wholesale payment 시스템에서 핵심적 역할을 수행할 가능성이 높다. 국가가 보증하는 최고의 안전성과 신뢰성 위에서 CBDC는 디지털 경제의 근간이 되는 결제 인프라, 즉 디지털 레일digital rail을 제공할 수 있다. 한마디로 CBDC는 디지털 결제의 고속도로와 같다.

스테이블코인은 디지털 결제라는 고속도로 위를 달리는 차량으로, 특정 서비스나 혁신적 금융 상품에 강점을 보인다. 예를 들어 프로그래밍 가능한 특성을 활용한 디파이, 국경 간 송금, 스마트 콘트랙트 기반 자동 결제 등은 스테이블코인을 효율적으로 활용할 수 있는 영역이다. 민간의 창의성과 기술력으로 무장한 스테이블코인은 CBDC의 안정적 기반 위에서 다양한 부가 서비스를 창출하는 애플리케이션 역할을 한다.

CBDC와 스테이블코인의 역할 분담은 이미 현실화되고 있다. 한국은행의 프로젝트 한강처럼 중앙은행이 도매용 CBDC 인프라를 제공하면 민간 은행들은 소매용 디지털 화폐 서비스를 제공함으로써 공공과 민간이 협력할 수 있다. 즉, 중앙은행은 금융 시스템의 안정성을 책임지는 결제 최종성을 제공하고, 민간 기업들은 이를 바탕으로 고객에게 맞춤형 서비스를 제공해 혁신을 주도하는 것이다.

결론적으로 CBDC와 스테이블코인의 관계는 경쟁과 협력이 공존하는 복합적 양상을 띨 것이다. 정부와 중앙은행은 통화 주권과 금융 안정을 위해 스테이블코인 시장에 대한 규제의 고삐를 늦추지 않겠지만 동시에 민간의 혁신을 저해하지 않는 선에서 공존의 길을 모색할 것이다.

CBDC가 잘 닦인 고속도로라면 스테이블코인은 그 위를 달리는 다양한 자동차와 같다. 목적지가 다른 두 주체가 하나의 시스템 안에서 조화를 이루며 디지털 금융 생태계를 더욱 풍요롭게 할 것이다.

CBDC의 프라이버시 논란

CBDC의 등장에 우려의 목소리를 내는 사람들은 아마도 "돈이 나를 대신해 말을 할까 봐 두렵다"라는 감정을 토로할 것이다. 자신이 무엇을 샀는지, 누구에게 보냈는지, 언제 어디서 무엇을 위해 썼는지를 자신보다 다른 사람이 먼저 알 수 있다면 어떻겠는가. 그것이 CBDC에 얽힌 가장 큰 우려다.

중앙은행이 발행하는 CBDC는 프로그래머블 머니의 한 종류로 그 자체로는 중립적인 도구다. 하지만 모든 거래가 중앙의 장부에 기록된다는 사실은 이론적으로는 정부가 모든 국민의 경제활동을 실시간으로 들여다볼 수 있다는 가능성을 내포한다. 프로그래머블 머니라는 말은 그럴듯하지만 듣는 이에게는 불편할 수 있다. 돈이 아니라 나의 삶이 설계된다는 느낌을 주기 때문이다.

2024년 도널드 트럼프는 대선 캠페인 중 CBDC를 비판하며 이렇게 말했다. "이런 통화는 정부가 당신의 돈을 완전히 통제하게 만들며 당신도 모르게 돈을 빼앗을 수 있다." 실제로 2023년 플로리다주는 프라이버시 보호를 이유로 주 정부 결제에서 CBDC 사용을 금지했다.

CBDC의 프라이버시 문제에 대한 우려는 세 가지 축으로 구체화된다. 첫째, 거래의 익명성 상실이다. 우리의 모든 소비 패턴, 자산 현황, 송금 내역이 중앙화된 시스템에 영구적으로 기록된다면 단순한 금융 정보 이상으로 개인의 사상, 관계, 생활 방식까지 추론할 수 있는 민감한 데이터가 된다. 만약 이러한 세부 정보가 유출되거나 악용될 경우, 개인의 사생활은 심각하게 위협받을 수 있다.

둘째, 중앙 집중형 데이터의 보안 위협 문제가 발생할 수 있다. 모든 국민의 금융 거래 데이터가 중앙은행이나 특정 기관의 서버에 집중적으로 저장된다면 해커들에게 매우 매력적인 공격 목표가 될 수밖에 없다. 해킹 한 번으로 국민 전체의 금융 정보가 유출되는 사상 초유의 사태가 벌어질 수도 있다.

셋째, 정부에 의한 거래 통제 가능성이다. CBDC는 프로그래밍이 가능하다는 특징이 있다. 즉, 정부가 특정 개인이나 집단의 자금을 동결하거나 담배, 주류 등 특정 상품의 구매를 제한하거나 지원금의 사용처를 강제하는 등 국민의 경제활동을 통제하는 수단이 될 수 있다. 이러한 통제 가능성은 개인의 자유로운 경제활동을 위축시키고 권위주의 정부에 의해 악용될 소지가 다분하다.

그럼 민간이 발행하는 스테이블코인은 좀 더 자유로울까? 스테이블코인은 정부가 직접 개입하지 않기에 감시의 손길로부터 한발 물러나 있다. 그렇다고 해서 자유로운 화폐라고 볼 수는 없다. 예를 들어 2021년 미국 상품선물거래위원회CFTC는 USDT를 발행하는 테더가 거래 데이터를 저장하고 있던 것을 적발해 투명성 부족과 자산 보증에 대한 허위 진술을 근거로 4100만 달러의 벌금을 부과했다. 즉, 발행 주체가 정부에서 민간으로 바뀌었을 뿐 프라이버시의 위협은 여전히 존재한다.

전 세계 중앙은행들은 이러한 세간의 우려를 고려해 프라이버시 보호를 CBDC 설계의 최우선 과제로 삼고 있다. 현재 논의되는 대표적 해법은 이중 구조two-tier 운영 모델과 프라이버시 강화 기술privacy-enhancing technology,PET의 도입이다.

이중 구조 운영 모델은 중앙은행이 직접 개인에게 CBDC를 발행하는 것이 아니라 민간 은행이나 핀테크 기업을 중개 기관으로 두는 방식이다. 이 경우 중앙은행은 전체 시스템의 안정성과 거액 결제만을 관리하고 개인의 거래 정보는 민간 중개 기관에서 담당한다. 현재의 금융 시스템과 유사한 구조다. 이 모델을 활용하면 중앙은행이 개인의 세부 거래 내역에 접근하는 것을 차단함으로써 프라이버시 침해 우려를 완화하는 효과가 있다. 앞서 이야기한 프로젝트 한강에서 시도한 방식이기도 하다.

프라이버시 강화 기술은 좀 더 근본적인 해결책을 제시한다. 대표적인 기술로는 거래의 유효성만 증명하고 거래 내용은 드러나지 않게 하는 암호 기술, 즉 영지식 증명이 있다. 예를 들어 사용자가 물건을 살 때, 잔고가 충분하다는 사실은 증명되지만 잔고의 액수나 사용자의 신원은 노출되지 않는 방식이다. 또 일정 금액 이하의 소액 거래는 익명성을 보장하고 고액 거래만 고객확인제도를 요구하는 한도 기반 익명성limited anonymity 모델도 활용된다. 이는 일상적 소비는 보호하고 범죄에는 대응할 수 있는 타협안을 제시한다.

아무리 뛰어난 보안 방식을 채택한다고 해도 프라이버시 문제는 기술만으로 해결할 수 없다. 그보다는 "국가가 어디까지 들어올 수 있고 어디에서 멈춰야 하는가"라는 사회적 합의가 필요하다. CBDC가 우리 사회에 성공적으로 안착하려면 기술의 정교함보다 먼저 사람들의 믿음을 얻어야 한다. 편리와 감시 사이, 기술과 윤리 사이, 국가와 개인 사이에서 아슬아슬한 줄타기를 하며 새로운 돈의 시대를 준비해야 할 것이다.

정책과 사회적 과제의 균형

디지털 화폐는 국가의 힘과 개인의 자유, 중앙의 통제와 민간의 혁신이 충돌하는 지점에 놓인 새로운 화폐 모델이다. CBDC는 통화정책의 실효성을 높이고 통화 주권을 확립하는 도구다. 중앙은행이 금리를 조정하고 유동성을 조절하며 경제를 안정시키는 역할을 하기 위해선 돈의 흐름을 직접적으로 추적하고 통제할 수 있어야 한다. CBDC는 바로 그 목적을 위해 설계된 화폐다. 또한 금융 범죄를 차단하고 비상시에는 정부가 경제에 신속하게 개입할 수 있는 기반이 되기도 한다. 스테이블코인은 CBDC와는 전혀 다른 철학 위에 서 있다. 누구나 접근 가능하고 빠르고 저렴하게 이용할 수 있으며 조건에 따라 자동으로 움직이는 프로그래머블 머니다. 이 돈은 디파이, 글로벌 송금, 웹 기반 결제 등 민간이 주도하는 혁신의 전면에 서 있다. 하지만 규제의 울타리에서 벗어난 채 빠르게 성장하면서 기존 통화정책의 효력을 약화시키고 위기 상황에서는 금융 시스템의 균형 자체를 흔들 수 있다는 우려도 커지고 있다. 정부가 설계하지 않은 화폐가 시장의 기준이 되는 순간, 통제가 불가능해질 것이라는 우려다.

우려와 기대가 뒤섞인 상황에서 각국에서는 CBDC와 스테이블코인 사이의 균형을 자신만의 방식으로 풀어가고 있다. 중국은 통화 주권을 최우선에 두는 태도를 취하고 있다. 디지털 위안은 중앙은행이 직접 거래를 추적하고 정책을 집행할 수 있는 수단으로 활용된다. 이 화폐는 위안화의 국제화를 앞당기고 달러 중심의 금융 질서에서 벗어나려는 전략적 무기이기도 하다.

한편 미국은 프라이버시의 보호와 관련해 분명한 선을 긋고 있다. CBDC가 정부의 감시 수단이 될 수 있다는 우려 속에 공화당을 중심으로 강한 반대 여론이 형성되면서 스테이블코인을 더 실용적인 대안으로 받아들이고 있다. 미국은 민간 주도의 스테이블코인에 대해서는 규제를 강화하는 방식으로 통화 시스템을 관리하려는 움직임을 보이고 있다. 유럽은 중국과 미국 사이 어딘가에 있다.

디지털 유로는 프라이버시 보호와 기술 혁신의 균형을 목표로 삼는다. 유럽중앙은행은 시민들의 신뢰를 얻기 위해 영지식 증명, PET 같은 프라이버시 강화 기술을 설계에 포함시키고 있으며, 디지털 화폐가 민주주의 가치와 충돌하지 않도록 법적·제도적 장치를 마련하고 있다.

결국 CBDC와 스테이블코인은 서로의 결핍을 채우는 상보적 존재다. 하나는 안정성과 공공성을, 다른 하나는 속도와 유연성을 제공한다. 둘 중 하나가 모든 문제를 해결할 수는 없다. 남은 과제는 어떻게 함께 설계하느냐다. 신뢰는 중앙에서만 만들어지는 것도, 완전히 분산된 곳에서만 자라는 것도 아니다. 공공과 민간이 각자의 책임을 다할 때 비로소 신뢰가 만들어진다. 그 설계의 중심에는 언제나 사람의 자유와 믿음이라는 오래된 가치가 자리해야 할 것이다.

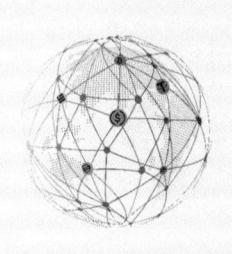

10장

글로벌 디지털 화폐 패권 전쟁

> 달러는 종이에서 데이터로, 은행에서 스마트폰의 프로토콜로 이동했다. 이제 미국의 달러가 유지될 것인지에 대한 질문은 무의미하다. 미국은 달러를 더 이상 강요하지 않는다. 기술로 설계된 디지털 달러를 '선택할 수밖에 없게' 만들었고, 세계 각국은 이에 맞서 자신들만의 성벽을 구축하고 있다.
>
> "어떻게 세계를 지배할 것인가?"

달러 패권을 연장하기 위한 미국의 야망

전 세계 경제는 여전히 달러의 질서 속에서 움직이고 있다. 국제 무역, 석유 결제, 외환 보유, 심지어 국가 간 부채까지 거의 모든 글로벌 금융의 공통 언어는 미국 달러, 즉 USD다. 하지만 달러의 패권이 흔들릴 수 있다는 우려는 늘 존재해 왔다. 중국의 위안화 부상, 러시아의 탈달러 선언, 금 기반 거래 실험, CBDC 확산 등 세계의 통화 패권은 점점 다극화되고 있다. 아이러니하게도 이런 통화 패권 경쟁의 흐름 속에서 미국은 디지털 자산이라는 새로운 도구를 통해 패권을 재설계하고 있다. 그 핵심에는 스테이블코인, 특히 달러 기반의 스테이블코인 USDC, USDT 등이 있다.

달러 가치는 때로 오르거나 내리기도 하지만, 여전히 세계에서 가장 안정적인 통화라는 점은 분명하다. 달러가 전 세계 경제의 기준점 역할을 하고 있기 때문이다. 마치 모든 나라의 시간을 맞출 때 그리니치 표준시를 기준으로 삼는 것처럼 국제 거래와 투자에서는 달러가 기준이 된다. 다른 통화들이 불안정할 때 투자자와 기업은 자연스럽게 달러로 피해 가는 경향이 있다. 이러한 안전 자산 지위는 하루아침에 만들어진 것이 아니라 수십 년간 쌓아온 미국 경제의 신뢰도와 안정성에 바탕을 두고 있다.

많은 사람이 스테이블코인을 단순히 '달러의 디지털 버전' 정도로 이해한다. 하지만 이는 스테이블코인의 진정한 가치를 제대로 보지 못하는 관점이다. 스테이블코인은 달러가 가진 기본적인 가치 저장 기능을 그대로 유지하면서도, 디지털 시대가 요구하는 새로운 기능들을 추가로 제공하는 '업그레이드된 달러'라고 보는 것이 더 정확하다. 마치 종이 지도가 GPS 내비게이션으로 발전한 것과 같다. 기본적인 길 안내라는 핵심 기능은 동일하지만 실시간 교통 정보, 최적 경로 제안, 음성 안내 등의 기능이 추가되면서 완전히 새로운 경험을 제공하는 것이다. 스테이블코인 역시 달러의 안정성이라는 핵심 가치를 유지하면서도 디지털 기술로 만들어진 새로운 금융 서비스들을 통해 사용자들에게 더 나은 경험을 제공한다. 이것이 바로 스테이블코인이 금융계의 주목을 받는 이유다.

미국의 지니어스법은 무엇인가

2024년 봄, 미국에서는 스테이블코인을 제도권 안으로 끌어들이기 위한 중요한 법안이 발의됐다. 바로 지니어스법Guiding and Establishing National Innovation for U.S. Stablecoins Act, GENIUS Act이다. 정식 명칭은 '미국 스테이블코인 혁신 정립 및 촉진을 위한 법안'으로, 쉽게 말해 결제용 스테이블코인을 안전하게 규제하기 위한 법안이다.

그동안 스테이블코인은 빠르게 성장했지만 제도적 기준이 명확하지 않았다. 발행 주체는 누구여야 하는지, 준비금은 어떻게 보관해야 하는지, 사고가 났을 때 소비자를 어떻게 보호할 것인지에 대한 기준이 없었던 것이다. 지니어스법은 바로 이러한 물음에 명확한 답을 제시하기 위

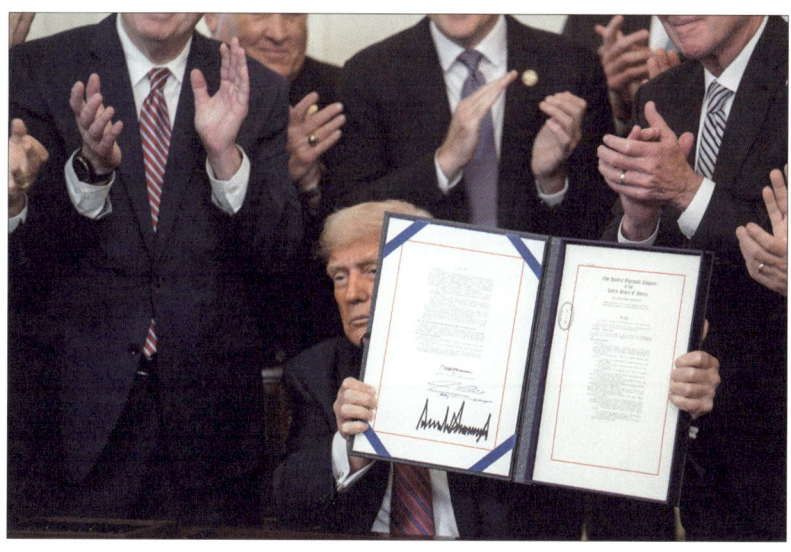

— 2025년 7월 18일 트럼프 대통령이 지니어스법에 서명했다. ⓒReuters

해 만들어졌다.

지니어스법은 몇 가지 핵심 내용을 담고 있다. 첫째, 스테이블코인은 반드시 미국 달러와 일대일로 연동돼야 한다. 예를 들어 한 개의 스테이블코인을 발행했다면 그만큼의 현금이나 미국 국채 같은 안전한 자산을 준비금으로 갖고 있어야 한다. 이것은 투자자와 사용자가 안심하고 쓸 수 있도록 하기 위한 장치다.

둘째, 스테이블코인을 발행하려는 기업은 은행 면허를 받거나 특별히 등록된 기관이어야 한다. 쉽게 말해 아무나 마음대로 발행할 수 없다는 뜻이다. 하지만 일정 요건을 갖추면 은행이 아닌 기업도 발행할 수 있도록 유연성을 두었다. 대표적인 예로 자체 스테이블코인을 발행하는 페이팔을 들 수 있다.

셋째, 투명한 회계 관리와 보고 체계를 갖춰야 한다. 준비금은 매일 점검하고 금융 당국에 보고해야 한다. 이를 통해 갑작스러운 사고나 파산이 일어났을 때도 소비자 자산이 안전하게 보호될 수 있도록 하고 있다.

지니어스법은 연방과 주 정부의 역할을 분리하고 조화롭게 정리했다는 점에서 주목할 만하다. 연방 정부는 정책의 큰 틀을 만들고 주 정부는 지역 내에서 발행 기관을 감독하도록 설계돼 있어서 규제의 효율성과 유연성을 높이고 있다.

스테이블코인의 주요 리스크 영역

스테이블코인이 글로벌 결제와 디지털 금융 생태계에서 핵심적 역할을 넓혀가면서 그에 따르는 리스크 관리도 주목받고 있다. 특히 스테이블코인의 제도 혁신과 안정적인 도입을 방해하는 리스크에는 어떤 것이 있는지 살펴보자.

첫째, 불법 금융 및 제재에 대응해야 한다. 퍼블릭 블록체인에서의 스테이블코인 거래는 기존 은행의 통제 체계와는 매우 다른 방식으로 이뤄진다. 발행자는 블록체인 분석 도구를 활용해 모니터링하고 발행이나 소각 시 상대방 검증을 수행해야 하며 고유 기능을 적절히 관리해야 한다. 지니어스법은 발행자가 정부 명령에 따라 스테이블코인을 압류, 동결, 소각, 이전 중단할 수 있는 기능을 가져야 한다고 명시하고 있으며 이는 설계 및 운영 측면에 중대한 영향을 미친다. 발행자 외에도 스테이블코인을 현금화하는 오프램프 사업자도 지갑 주소 허용 목록 관리, 트랜잭션 필터링, 지갑 동결 등의 통제를 수행해야 한다.

둘째, 사이버 보안 및 프로토콜 위험에 대비해야 한다. 미국 통화감독청Office of the Comptroller of the Currency, OCC은 이미 관련 사이버 보안 프레임워크Cybersecurity Supervision Work Program를 도입했지만 뉴욕 이외의 지역에서는 아직 실효성 검증이 미비하다. 키 관리, 스마트 콘트랙트 감사, 새로운 블록체인 론칭 등에 대한 리스크 분석이 필요하다. 여러 체인 간 확장 시, 크로스체인 브릿지가 공격 대상이 될 수 있으며 이에 대한 보안 정책, 사고 대응 계획, 운영 지속성을 확보해야 한다.

셋째, 도산 및 청산 계획을 명확히 해야 한다. 지니어스법은 스테이블코인 보유자의 채권 순위를 우선순위로 명시하고 있다. 따라서 발행자는 청산 계획을 사전에 수립하고 위험 기반 자기자본 요건을 충족해야 한다. 특히 향후 36개월 내 스테이블코인 관련 도산 시 분배 방식, 법적 공백, 미국 연방예금보험공사 미가입 기업의 위험 요소 등을 연구해 2028년 이전까지 제도 정비를 완료하는 것이 목표다.

넷째, 제3자 리스크 및 조합성composability을 관리해야 한다. 스마트 콘트랙트의 조합성은 기능의 확장성을 넓히지만 리스크 관점에서는 통제 복잡성을 증가시킨다. 발행자들은 자산 보관, 트레저리 운영, 실행 서비스, 디파이 노출까지 전 과정에 걸친 공급망 통제를 수립해야 한다.

다섯째, 사기 위험에 대비해야 한다. 지니어스법은 사기에 대해 명시적 규정을 담고 있지는 않지만 전통 결제 업계에서 사기는 가장 우려되는 리스크 중 하나다. AI 기반 신종 사기 등 새로운 위협에 대응하기 위한 적응형 방어 체계가 필요하다.

여섯째, 지배 구조 및 이해 상충 여부를 관리해야 한다. 스테이블코인 발행이 기관 생태계 전반에 통합되면서, 특히 트레저리 운영 및 인센티브 구조에서 이해 충돌 가능성이 커지고 있다. 법안의 인가 시스템은 거버넌스 문제를 신청 단계에서부터 감독할 수 있는 수단을 제공해야 한다.

지니어스법은 스테이블코인 산업을 모두 허용하겠다는 법안이 아니다. 스테이블코인 생태계에 참여하려는 기관은 법률의 조항뿐 아니라 앞으로 제정될 구체적 규제와 감독 체계까지도 충분히 이해하고 대응해야 한다. 결국 지니어스법은 스테이블코인을 안전하게 쓸 수 있는 디지털 달러로 만들기 위한 미국의 전략이다. 자세히 들여다보면 달러의 글로벌 지위를 지키고 새로운 결제 시장에서 미국이 주도권을 갖기 위한 장기적 계획을 담고 있다. 또한 법의 제정으로 끝이 아니라 미국 내 스테이블코인 관련 정책과 규제 논의를 본격적으로 시작하는 발판이라 할 수 있다.

스테이블코인은 더 이상 규제의 회색지대에 머물러 있지 않다. 지니어스법과 같은 법안이 시행되면 전통의 금융기관도 스테이블코인을 안심하고 다루는 기반을 마련할 수 있다. 이는 미국뿐만 아니라 전 세계 금융 시스템에도 큰 영향을 미치게 될 것이다.

미국이 CBDC보다 스테이블코인을 활용하는 이유

많은 국가가 CBDC 발행을 서두르고 있지만 미국은 상대적으로 조심스럽다. 이유는 단순하다. 이미 민간 스테이블코인이 그 역할을 충분히 수행하고 있기 때문이다. USDC를 발행하는 서클, USDT를 발행하는 테더 같은 기업은 미국에서 실제 달러 자산을 기반으로 스테이블코인을 발행하고 규제 및 감사를 받으며 운영된다. 미국 정부와 규제 당국은 이들을 직접 운영하진 않지만 감독과 기준 설정을 통해 우군으로 삼고 있다. 이는 일종의 달러 패권의 민간 위탁 운영 모델이라 볼 수 있다.

미국이 굳이 CBDC 도입을 서두르지 않아도 되는 이유가 바로 이것이다. 이미 달러는 스테이블코인을 통해 디지털 세계에서 확장되고 있으며 미국은 패권의 주도권을 놓치지 않고 있다. 디지털 국경을 넘나드는 스테이블코인 덕분에 달러의 패권이 더 넓어지고 있는 것이다. 실제로 스테이블코인의 유통은 미국 바깥에서 더욱 활발하게 이뤄지고 있다. 2024년 기준, USDT는 글로벌 거래소 거래량의 90% 이상을 차지하고 있으며, USDC는 B2B 결제, 금융기관 간 정산, 크로스보더 펀딩 등에서 빠르게 채택되고 있다. 파이어블록스, 코인베이스, 비자, 페이팔 등 미국 기업들도 스테이블코인을 활용한 금융 서비스 확장을 적극 추진하고 있다.

미국은 이제 달러 사용을 강요하지 않는다. 기술로 설계된 디지털 달러를 선택하게 만들면 되기 때문이다. 달러는 종이 화폐에서 데이터로, 은행을 거치지 않고 스마트폰에서, 규제 제약 없이 프로토콜 위에서 돌아간다. 이제 질문은 "미국의 달러가 유지될 것인가?"가 아니라 "달러가 어떤 형태로 세계를 지배할 것인가?"로 바뀌었다. 그에 대한 답은 점점 더 스테이블코인이라는 형태로 옮겨가는 중이다.

세계 금융 질서를 노리는 중국의 디지털 위안화

2022년 베이징 동계올림픽 당시, 세계 각국에서 온 관광객들은 신기한 경험을 했다. 지하철을 타고, 음식을 주문하고, 기념품을 사는 모든 과정이 스마트폰 앱 속 디지털 위안화라는 가상의 돈으로 이뤄졌기 때문이다. 현금도, 카드도 필요 없었다. 이는 단순한 기술 시연이 아니었다. 중국이 전 세계를 상대로 벌이는 화폐 패권 전쟁의 서막이었다.

중국은 현재 CBDC 분야에서 가장 적극적이고 선도적인 움직임을 보이고 있다. 중국 인민은행에서 직접 발행하는 법정 디지털 통화인 디지털 위안화를 수억 명에 달하는 인구가 시범 사업에 참여해 일상에서 사용하고 있다. 디지털 화폐의 도입은 기술 실험을 넘어 훨씬 더 깊고 전략적인 국가의 의도가 담겨 있는 움직임이다. 그 핵심에는 위안화의 국제화라는 장기적이고도 포괄적인 목표가 자리 잡고 있다. 중국은 이미 오래전부터 미국 달러 중심의 국제 금융 질서에 종속되지 않고 자국 통화인 위안화를 글로벌 결제 수단으로 확장하기 위해 지속적으로 노력해 왔다. 이러한 지정학적 도구로서의 역할에 디지털 위안화라는 기술적 혁신이 더해지고 있는 것이다.

글로벌 경제를 장악하기 위한 중국의 전략

특히 일대일로Belt and Road Initiative, BRI 전략과 디지털 위안화의 결합에 주목해야 한다. 일대일로는 중국이 아시아, 중동, 아프리카, 유럽 등 여러 국가와 지역을 철도, 항만, 도로, 에너지 등 물리적 인프라로 연결하며 구축해 온 대규모 국경 간 프로젝트다. 여기에 디지털 위안화가 접목되면 중국은 인프라 수출을 넘어 결제 시스템과 화폐 흐름까지 통제할 수 있는 경제권을 구축하게 된다. 이는 곧 디지털 위안화를 중심으로 한 새로운 금융 생태계의 형성을 의미한다. 더 나아가 달러 중심의 세계 금융 질서에 대한 강력한 도전이기도 하다.

디지털 위안화는 미국 중심의 SWIFT 결제망이나 기존 국제 금융 시스템을 우회할 수 있는 수단으로 활용될 수 있다. SWIFT 시스템은 미국과 서방 국가들이 통제하는데, 중국은 디지털 위안화를 통해 기존 시스템을 우회할 수 있는 길을 열었다. 러시아가 우크라이나를 침공한 후 서

― 일대일로는 중국이 주도하는 글로벌 인프라 개발 프로젝트로, 육상 실크로드(일대)와 해상 실크로드(일로)를 연결해 유라시아 대륙을 경제적·전략적 거점으로 통합하려는 전략이다.
ⓒShutterstock

방 국가들이 SWIFT에서 러시아 은행들을 퇴출시켰지만, 중국과 러시아는 디지털 위안화를 통한 거래를 늘리고 있다. 달러 시스템을 거치지 않기 때문에 제재의 영향을 받지 않는다. 특히 중국과 교역하는 개발도상국이나 신흥국과의 결제에서 디지털 위안화를 사용할 경우 양측 모두 외환 리스크를 줄이고 결제 속도를 높이며 수수료 비용을 절감하는 등 효율성 면에서 큰 이점을 얻을 수 있다. 이는 결과적으로 중국 기업의 해외 진출과 글로벌 시장 확대에 강력한 촉진제가 될 것이다.

한편 중국은 민간이 주도하는 스테이블코인에 대해서는 매우 엄격하고 보수적인 태도를 고수하고 있다. 중국 내에서 USDT, USDC 등 미국계 스테이블코인의 유통은 사실상 금지돼 있으며 자국 내에서 스테이블코인의 발행도 허용되지 않는다. 금융 질서의 중심을 민간이 아닌 국가가 통제해야 한다는 확고한 의지가 드러나는 대목이다. 대신 디지털 위안화를 국가 차원의 디지털 화폐로 자리매김해 스테이블코인을 전면적으로 대체하겠다는 방침을 내세우고 있다.

중국의 디지털 위안화 추진 정책은 디지털 화폐의 패권을 직접 쥐고 글로벌 금융 시스템에서 주도권을 확보하려는 전략적 시도의 일환이다. 미국이 민간 기업 중심으로 스테이블코인을 발전시키고 동맹국들과의 연대를 강화하는 반면, 중국은 국가가 직접 발행하고 통제하는 디지털 위안화로 글로벌 화폐 질서를 새롭게 설계하고 있다. 결국 디지털 위안화는 중국의 금융 주권을 강화하고 글로벌 경제에서 위안화의 입지를 확대하기 위한 핵심 도구이며, 기술·경제·외교·지정학이 교차하는 최전선에 위치한 국가 전략이라 할 수 있다.

유럽의
규제 우선주의가 가져올 미래

유럽연합은 디지털 자산 시장에서 다른 어떤 지역보다 발 빠르게 규제의 틀을 갖추었다. 대부분의 국가가 먼저 시장을 키우고 나중에 규제를 생각할 때, 유럽은 정반대의 접근 방식을 택했다. 규제의 기준을 마련하고 그 위에 질서 있게 시장을 설계하는 전략이다. 이것이 바로 유럽형 디지털 자산 규제 모델의 핵심이다. 그 중심에는 MiCA라는 이름의 포괄적 규정이 있다.

MiCA는 2023년에 공식 채택된 유럽연합 최초의 디지털 자산 관련 단일법으로, 이름 그대로 암호 자산 시장에 대한 규정을 뜻한다. 이 규정은 유럽연합 27개국 전체에 동일하게 적용되는 법적 기준을 담고 있으며 디지털 자산의 정의, 발행, 유통 그리고 서비스 제공자에 대한 규제 기준을 폭넓게 다룬다.

구체적으로는 다음과 같은 내용을 포함하고 있다. 첫째, 스테이블코인 발행자의 등록 요건과 자본금 요건이다. 둘째, 백서 공개 의무, 즉 투자자에게 투명하게 사업 내용을 공개하도록 하는 조항이다. 셋째, 보유 자산의 관리 방식과 준비금 운용 기준이다. 넷째, 시장 조작 및 내부자 거래 금지 조항, 즉 디지털 자산 시장에도 전통 금융과 동일한 윤리 기준을 적용한다는 조항이다. 이처럼 MiCA는 암호화폐와 디지털 자산이라는 새로운 금융 영역에 전통 금융 수준의 투명성, 안정성, 책임을 부여하고자 한다.

MiCA의 목표는 디지털 화폐 생태계

유럽연합은 MiCA를 통해 유로 기반 디지털 경제 생태계 경쟁력을 키우는 전략을 내세우고 있다. 그중에서도 전자화폐형 스테이블코인E-Money Token에 대한 규제를 강조한다. 이 법안에 따르면 유로에 연동된 스테이블코인은 일정 요건을 충족할 경우 공식 전자화폐로 간주돼 유럽 내에서 합법적 통화처럼 사용될 수 있다. 즉, 민간 기업이 발행하는 스테이블코인을 규제의 안으로 끌어들이면서 유로화와 충돌하지 않고 상호 보완적으로 작동하게 만들려는 목적을 담고 있다. 예를 들어 2022년 미국의 스테이블코인 발행사 서클이 프랑스에서 EUROC라는 이름의 유로 연동 스테이블코인을 발행한 바 있다. 이는 사업 진출의 목적보다는 MiCA 규정을 염두에 두고 유럽 시장에서 정식으로 인정받는 스테이블코인을 만들기 위한 전략적 행보였다.

MiCA의 적용 대상은 유럽연합 지역에서 사업을 영위하거나 유럽연합 내 고객에게 서비스를 제공하는 모든 업체를 아우르므로 사실상 유럽 전역에서 암호 자산 사업을 하려면 반드시 MiCA를 준수해야 한다. 주요 적용 대상으로는 암호 자산 발행자, 서비스 제공 업체, 스테이블코인 발행자가 있다.

먼저 암호 자산 발행자에 해당하는 암호화폐, 스테이블코인, 자산 기반 토큰 등을 발행하는 주체는 자산의 구조, 위험 요소, 담보 내용 등을 투명하게 공개해야 한다. 투자자에게 제공되는 백서도 필수이며, 허위·과장 광고에 대한 규제도 적용된다. 다음으로 서비스 제공 업체CASP에 해당하는 거래소, 지갑 서비스, 수탁기관, 자산관리자 등 암호 자산과 관련된 서비스 사업자는 자본 적정성, 내부 통제, 사이버 보안, 고객확인제도 등 다양한 요건을 충족해야 한다. 마지막으로 자산 기반 토큰ART 및 전자화폐 토큰EMT에 해당하는 스테이블코인 발행자는 MiCA에서 별도로 엄격하게 다뤄진다. 이들은 전액 준비금 보유, 환매 가능성, 회계 감사 및 투명성 보고 등 일련의 엄격한 요건을 만족해야 하며 일정 기준을 초과하면 사용량 제한도 받을 수 있다. 이처럼 MiCA는 기존 암호화폐 산업의 불확실성과 무법 상태를 극복하려는 유럽의 강력한 정책 의지를 담고 있다.

규제를 넘어선 생태계 설계를 위한 큰 그림

MiCA는 암호 자산 생태계를 더욱 성숙하고 신뢰할 수 있게 이끌기 위한 제도적 설계를 담고 있다. 그 목적은 소비자 보호, 시장의 무결성 유지 그리고 규제를 통한 건전한 혁신의 유도라 할 수 있다. 나아가 디지털 자산 시장이 제도권 안에서 더욱 안전하게 성장할 수 있는 토대를 마련하고자 한다. MiCA가 제시하는 디지털 화폐 생태계의 주요 특징은 크게 세 가지로 요약할 수 있다.

첫째, 소비자 보호를 강화한다. 이를 위해 MiCA는 투자자가 자신이 구매하는 암호 자산의 성격과 위험성을 명확히 이해할 수 있도록 포괄적인 보호 조치를 도입하고 있다. 투자 전 필수 리스크 고지를 통해 투자자가 위험을 충분히 인지할 수 있게 하고, 사기성 광고와 허위 정보 유포를 금지함으로써 시장의 투명성을 확보한다. 또한 분쟁 발생 시 공정한 처리 절차를 보장하고, 내부자 거래 및 시장 조작에 대한 방지 장치를 마련해 시장의 공정성을 유지하고자 한다.

둘째, 암호 자산 산업이 지속 가능한 방식으로 성장하기 위한 운영 요건과 내부 통제를 강화한다. 암호 자산 서비스 제공자는 MiCA의 규정에 따라 엄격한 내부 운영 요건을 갖춰야 한다. 기업의 건전성을 유지하기 위한 자본 적정성을 충족해야 하며, 보안 사고를 예방하기 위한 사이버 보안 체계를 구축해야 한다. 그리고 자산의 보관 및 접근 제어에 관한 보안 절차를 마련하고, 감독 기관에 대한 정기 보고 및 감사 의무를 이행해야 한다.

셋째, 스테이블코인에 대해 엄격한 규제를 적용한다. MiCA는 특히 금융 시스템의 안정성과 직결되는 스테이블코인에 대해서는 더욱 엄격한 규제를 적용한다. 세부적으로 살펴보면 모든 스테이블코인은 명확한 준비금 요건을 충족해야 하며 그 준비금은 쉽게 환매할 수 있어야 한다. 준비금 구성 및 현황은 정기적으로 외부 감사를 받아야 하며 보고서를 통해 공개돼야 한다. 금융 안정에 중대한 위협을 줄 수 있는 스테이블코인은 일정 거래 한도 또는 이용 제한을 받을 수 있다.

이러한 MiCA의 규정들은 디지털 화폐가 대규모로 사용됐을 때 발생할 수 있는 시스템 리스크를 사전에 차단하기 위한 조치를 담고 있다.

MiCA가 암호 자산 산업에 미치는 영향

MiCA의 도입은 규제 부담을 늘리기보다는 건전하고 신뢰할 수 있는 산업 생태계를 조성함으로써 장기적인 성장 기반을 마련하는 데 있다. 기업 입장에서는 규정 준수 및 운영 조정을 위해 각 회원국 감독 당국에 등록 및 승인 절차 이행, 위험 관리, 자금세탁방지, 고객확인제도 등 강화된 내부 통제 시스템 구축, 기술 인프라와 인력에 대한 추가 투자, MiCA 규정에 부합하는 보고 및 감사 시스템 구현을 실천해야 한다. 이를 통해 기업은 유럽연합 전역에서 합법적으로 사업을 영위할 수 있는 자격을 얻는다. 또한 MiCA는 시장 접근성과 기회를 제공하는 데 도움을 주기 위해 마련됐다. 예를 들어 여권passporting 제도를 통해 하나의 유럽연합 국가에서 인가를 받으면 전 유럽연합 시장에 접근할 수 있도록 허용한다. 이는 국경 간 진입장벽을 크게 낮춰 기업이 더욱 자유롭게 확장할 수 있는 환경을 마련해 준다.

MiCA가 산업에 가져올 실질적이고 긍정적인 변화는 크게 네 가지로 볼 수 있다. 우선 시장 안정성이 크게 향상된다. 모든 참여자가 동일한 기준을 따르므로 시장의 투명성과 예측 가능성이 높아진다. 이는 투자자와 기업 모두에게 더욱 안정적인 환경을 제공한다.

또한 기관의 참여 확대가 가능해진다. 규제가 명확해짐에 따라 은행, 보험사, 자산운용사 등 전통 금융기관들이 암호 자산 시장에 참여할 수 있는 법적 토대가 마련되어 시장의 깊이와 유동성을 크게 증가시킬 것으로 예상된다.

소비자 신뢰 제고 역시 중요한 변화다. 명확한 정보 공개와 포괄적인 보호 장치 덕분에 소비자는 더욱 안심하고 암호 자산을 활용할 수 있게 되고, 이는 시장의 저변 확대로 이어질 수 있다.

마지막으로 혁신의 장려 효과도 기대할 수 있다. 기업들은 불확실한 법적 환경이 아닌 명확한 기준 아래에서 안전하게 신제품을 개발하고 실험할 수 있다. 건전하고 지속 가능한 혁신을 촉진하는 기반이 될 것이다.

MiCA는 2024~2025년을 기점으로 본격적으로 시행되며 기업은 평가 단계, 구현 단계, 유지 단계에서 단계별 전략을 통해 이에 대비할 수 있다. 평가 단계에서는 현재 운영 체계를 점검하고 규정 미비점을 파악한다. 구현 단계에서는 내부 정책과 기술 인프라를 MiCA 기준에 맞춰 조정한다. 유지 단계에서는 규정 변화에 유연하게 대응하며 정기적 검토와

교육을 지속한다.

글로벌 암호 자산 규제의 이정표가 되는 MiCA

MiCA의 영향력은 유럽을 넘어 글로벌로 확산될 가능성이 크다. 미국, 싱가포르, 한국 등 주요 국가 역시 MiCA를 벤치마킹해 법과 제도를 정비하고 있다. MiCA는 향후 암호 자산의 글로벌 표준을 선도하며 산업 전반의 투명성과 신뢰성을 높이는 데 결정적 역할을 할 것이다. 궁극적으로 MiCA는 암호 자산 시장이 제도 안에서 성장할 수 있는 발판을 마련해 줄 것이다.

유럽중앙은행은 2025년을 목표로 디지털 유로의 시범 발행을 계획하고 있다. 현재 기술 실험과 정책 검토 단계에 들어가 있다. 디지털 유로가 도입될 경우, 스테이블코인과 함께 유럽 내 디지털 결제 생태계의 핵심 기둥이 될 것으로 기대된다.

유럽은 MiCA로 대표되는 질서 있는 성장orderly growth을 전략으로 택했다. 디지털 자산이 가진 잠재력을 인정하면서도 무질서한 확장을 막고 소비자 보호와 금융 시스템의 안정성을 최우선에 두려는 의지가 엿보인다. 이는 단기적으로는 다소 느리게 보일 수 있지만 장기적으로는 지속 가능한 디지털 금융 생태계를 구축하는 데 중요한 토대가 될 것이다. 결국 시장이 크고 빠르게 성장하더라도 성장을 뒷받침하는 튼튼한 규제와 시스템이 없다면 무너질 우려가 있기 때문이다.

유럽은 2008년 글로벌 금융 위기와 2022년 FTX 사태 등을 통해 얻은 교훈을 바탕으로 MiCA라는 해답을 제시하고 있다. 결국 MiCA는 디지털 유럽의 철학을 담은 규칙이라 할 수 있다. 앞으로 세계 여러 나라가 디지털 자산을 제도화하는 데 중요한 기준이 될 것이다.

보수적인
일본의 반전 전략

일본은 전통적으로 보수적인 금융 시스템을 가진 나라로 알려져 있지만 최근에는 디지털 자산과 관련된 기술과 정책에서 빠른 변화의 움직임을 보이고 있다. 특히 스테이블코인 도입과 관련해 눈에 띄는 속도로 실험을 시도하는 중이다.

그 중심에는 일본 최대 금융그룹 중 하나인 스미토모미쓰이금융그룹SMBC이 있다. 스미토모미쓰이금융그룹은 글로벌 디지털 자산 인프라 기업인 파이어블록스, 블록체인 개발사인 아바랩스Ava Labs, 일본 IT 서비스 기업 TIS와 함께 스테이블코인 생태계 조성을 위한 협력을 시작했다. 이들은 2023년 양해각서MoU를 체결하고 본격적으로 스테이블코인의 실용 가능성을 검토해 나가고 있다.

네 기관은 스테이블코인을 금융기관 간 결제, 기업 간 거래, 토큰화된 자산의 정산 수단으로까지 확대해 활용할 수 있는지 모색하고 있다. 예를 들어 일본 국채, 회사채, 부동산과 같은 실물 자산이나 금융 자산을 블록체인을 통해 디지털 토큰 형태로 바꾼 후, 정산 과정에서 스테이블코인을 사용하는 방식을 연구하고 있다. 이들의 목표는 복잡하고 느린 기존의 자산 이전 과정을 더욱 빠르고 효율적으로 만드는 것이다.

또한 스테이블코인을 발행하고 유통하기 위해 필요한 기술 구조, 규제 요건, 보안 기준 등을 정리함으로써 구체적 실행을 위한 공동 프레임워크 개발에도 착수하고 있다. 일본 내는 물론이고 국제적 관점에서 스테이블코인을 활용하기 위해 필요한 법적·제도적 인프라, 시장 수요와 기술 조건 등도 분석하고 있다.

일본 정부도 민간 은행의 움직임을 적극적으로 뒷받침하고 있다. 일본은 이미 2022년부터 스테이블코인에 대한 법적 틀을 마련하기 위해 움직여 왔다. 대표적으로 금융청FSA에서는 스테이블코인의 소비자 보호, 발행 자격, 유통 구조 등에 대해 구체적 가이드라인을 제시하고 있다. 이처럼 일본은 정부 차원에서 명확한 방향성을 제시하고 민간 기업들이 협력 프로젝트를 시도함으로써 아시아에서 가장 빠르게 스테이블코인을 제도화하고 상용화하려는 국가 중 하나임을 보여주고 있다.

현재 일본은 기술 실험의 단계를 지나 실물 자산과 연결되는 실제 금융 시스템 속에 스테이블코인을 통합하기 위해 본격적으로 움직이고 있다. 스테이블코인을 통해 자국의 디지털 금융 생태계를 한층 더 진화시키려는 단계에 이미 진입한 것이다. 이러한 움직임은 일본뿐만 아니라 아시아 전체의 디지털 자산 발전 흐름에도 큰 영향을 줄 것으로 보인다.

혁신과 규율의 균형을 맞추고 있는 일본

2018년, 일본은 세계 최초로 암호화폐 거래소를 법제화한 국가로 거듭났다. 당시 금융청은 거래소에 대한 등록제, 자금세탁방지 규칙, 소비자 보호 조치를 시행하며 전 세계적으로 주목을 받았다. 하지만 2019년 이후 몇 차례 해킹 사고가 발생하면서 규제가 한층 강화됐다. 자산 분리 보관 의무, 핫월렛 관리 기준, 내부 통제 기준 강화 등의 규제를 통해 일본은 세계에서 가장 까다로운 거래소 운영 기준을 가진 나라가 됐다.

그럼에도 일본은 디지털 자산을 완전히 막는 대신, 오히려 제도권 안에서 실험하고 조율하는 방식을 택했다. 우선 2023년부터 엔화 기반 스테이블코인 발행을 합법화했고, 은행과 금융기관 중심으로 스테이블코인 실험을 시작했다. 대표적으로 미즈호, MUFG 같은 대형 은행들이 참여한 프로그매트코인Progmat Coin 프로젝트는 일본판 USDC를 만들기 위한 실험이다. 스테이블코인의 담보 자산을 실제 은행 예치금 기반으로 운용함으로써 신뢰성과 가격 안정성을 확보하려는 시도다. 미국형 스테이블코인이 민간 발행에 가까운 것과 달리, 일본형 스테이블코인은 전통 금융권과 긴밀하게 연결된 스테이블코인 생태계를 지향한다.

일본의 첫 엔화 스테이블코인 시도도 곧 이뤄질 예정이다. 일본 금융청은 핀테크 기업 JPYC를 스테이블코인 발행 사업자로 등록할 계획이라고 밝혔다. 2023년 6월부터 시행된 개정 자금결제법은 스테이블코인을 일반 가상화폐와 구분하고, 발행 주체를 은행·신탁사·자금이동업자로 한정했다. JPYC는 자금이동업자로 등록해 발행 자격을 갖췄다. 발행되는 스테이블코인의 단위는 JPYC이며, 1JPYC는 1엔의 가치를 유지한다. 이를 위해 예금이나 일본 국채를 담보로 활용한다. JPYC는 향후 3년간 약 1조 엔 규모의 스테이블코인을 발행해 국제 송금 등 실사용 사례를 확대할 계획이다. 이 외에도 여러 일본 기업이 엔화 스테이블코인 발행을 검토하고 있어 일본 내 경쟁 구도가 형성될 가능성이 있다.

일본 최초의 디지털 네이티브 은행인 민나은행Minna Bank은 '모두의 은행Minna no Ginko'이라는 이름에 걸맞게 새로운 세대의 라이프스타일에 최적화된 뱅킹 경험을 제시하고 있다. 후쿠오카 금융그룹의 자회사로 출범한 민나은행은 세계 최초로 완전 클라우드 기반의 코어 뱅킹 시스템을 구현하며 일본 금융 산업에 혁신의 바람을 불러일으켰다. 민나은행은 24시간 연중무휴로 이용할 수 있는 서비스, 깔끔하고 직관적인 사용자 인터페이스, 모바일 환경에 최적화된 원활한 사용자 경험을 제공한다.

특히 민나은행의 고객 중 70% 이상이 15~39세의 디지털 중심 세대라는 점에 주목해야 한다. 기존 은행 시스템에 만족하지 못한 이들을 위해, 민나은행은 일상에 금융이 자연스럽게 녹아들도록 설계됐다. 은행이라는 개념을 따로 의식하지 않아도 되는 경험, 즉 모든 사람의 일상에 완벽하게 통합되는 은행을 추구하고 있는 것이다.

민나은행은 자신들의 비전을 구체화하기 위해 서비스형 뱅킹Bank-

— 일본의 민나은행에서 제공하는 월릿 서비스. ⓒMinna no Ginko

ing-as-a-Service, BaaS 파트너들과의 긴밀한 협업을 통해 금융 기능과 소비 경험이 매끄럽게 융합된 새로운 서비스를 공동 개발하고 있다. 계좌와 송금, 대출 중심의 전통적 은행을 뛰어넘어 생활 속 다양한 소비 순간에 자연스럽게 작동하는 금융 플랫폼으로 진화하고자 한다.

더불어 민나은행은 최근 스테이블코인과 웹3 지갑이 일상 금융을 어떻게 변화시킬 수 있는지를 탐구하는 획기적 이니셔티브를 발표했다. 파이어블록스, 솔라나, TIS와 협력해 실제 지불과 거래, 차세대 사용자 경험을 위한 스테이블코인의 기술적·실용적 가능성을 다각도로 살펴본다는 계획도 세우고 있다.

한편 일본은행에서는 디지털 엔화, 즉 CBDC 도입 가능성을 수년간 연구해 왔지만 공식 발행 여부는 여전히 검토 중이다. 현금 선호 문화, 노령화 인구, 사이버 보안에 대한 우려 등 사회적 특수성을 고려해 지나치게 빠른 도입 속도를 경계하는 것으로 해석된다. 하지만 일본은 결코 늦지 않았다. 이들은 '빠르게'보다 '정확하게'를 택한 행보를 보이고 있을 뿐이다. 신뢰 기반의 질서 있는 혁신, 그것이 일본 금융 전략의 핵심이다.

K-스테이블코인의
기회와 딜레마

싱가포르에서 생활하다 보면 한류 열풍을 가까이에서 느낄 때가 많다. 최근 전 세계적인 인기를 끌고 있는 넷플릭스 한국 드라마뿐 아니라 한국의 패션과 뷰티 트렌드도 꾸준히 주목받고 있다. 내가 입는 옷이나 사용하는 화장품을 본 현지인들에게 "어디서 살 수 있느냐"라는 질문을 자주 받기도 한다. 그래서 해외 친구들에게 한국 온라인 쇼핑몰 사이트를 알려주곤 하는데, 문제는 그다음이다.

대부분의 국내 온라인 쇼핑몰은 본인 확인을 위해 국내에서 개통한 휴대전화 번호를 요구한다. 해외에 거주하는 친구들은 한국 휴대전화 번호가 없어 회원 가입조차 할 수 없다. 설령 웹사이트가 영어로 번역되어 있어도 결제 과정에서 또 다른 장벽에 부딪힌다. 한국의 폐쇄적인 인증과 결제 시스템 때문에 실제 구매로 이어지지 못하는 것이다.

이런 상황을 보고 있으면 안타깝다. 한국 제품을 구매하려는 해외 소비자의 수요는 분명히 증가하고 있지만, 제도와 시스템이 이를 따라가지 못하고 있기 때문이다. 만약 원화 스테이블코인이 결제 수단으로 도입된다면 상황은 달라질 수 있다. 국적이나 휴대전화 번호에 상관없이 블록체인 지갑과 스테이블코인을 활용해 결제가 가능하다면 해외 소비자는 한국 온라인 시장에 더욱 쉽게 접근할 수 있을 것이다.

즉, 원화 스테이블코인은 한국 시장의 경직된 결제 인프라를 한층 더 개방적으로 바꾸는 열쇠가 될 것이다. 이는 단순히 해외 소비자의 편의를 높이는 차원을 넘어, 한국 기업에 새로운 시장을 개척할 기회를 제공한다. 한국의 패션, 뷰티, 콘텐츠 산업이 이미 글로벌 경쟁력을 갖춘 만큼 결제 장벽이 완화된다면 파급력은 더욱 커질 것이다.

기술은 빠르지만, 제도는 더딘 한국의 현실

한국은 정보통신 인프라가 뛰어나고 디지털 기술에 대한 국민의 적응력도 세계적으로 손꼽힌다. 이러한 기술력과 디지털 친화성 덕분에 모바일 뱅킹, 간편결제, 인터넷 쇼핑, 온라인 증권 투자 등 디지털 금융 분야의 대중화가 빠르게 이루어졌다.

암호화폐 시장에서도 한국은 초창기부터 뜨거운 관심을 보였다. 글로벌 거래량 기준을 살펴봐도 한국은 상위권에 꾸준히 이름을 올리고 있으며 투자자층도 다양하다. 20대부터 50대까지 세대와 관계없이 디지털 자산을 직간접적으로 보유한 사람이 넘쳐난다. 하지만 아이러니하게도 암호 자산의 핵심 축인 스테이블코인과 관련된 제도 정비는 상대적으로 더디게 진행됐다. 기술은 빠르게 발전했지만, 제도는 이를 따라가지 못하고 있다.

2022년, 한국을 비롯한 전 세계에 충격을 준 테라 루나 사태도 적지 않은 영향을 줬다. 이 사건은 한국에서 시작돼 한국 투자자의 피해도 매우 컸다. 이를 계기로 전 세계 암호화폐 시장의 신뢰가 무너졌고 한국 정부와 금융 당국 역시 큰 충격을 받았다. 이후 한국은 스테이블코인 관련 규제에 대해 더욱 신중한 태도를 취하게 됐다. 투자자 보호와 금융 시스템의 안정성을 최우선으로 고려해야 한다는 목소리가 커졌고 혁신보다 안전에 무게를 두는 경향이 강해졌다.

하지만 시간이 지나며 다시금 변화의 조짐이 나타나고 있다. 최근 금융위원회는 K-스테이블코인 가이드라인을 마련하겠다는 계획을 발표하며 스테이블코인을 제도권 내로 끌어들이기 위한 준비에 나섰다. 이에 따라 국내 은행, 증권사, 핀테크 기업도 스테이블코인 발행자 혹은 유통 중개자의 역할을 수행할 가능성을 적극 검토 중이다.

기회와 리스크의 딜레마

한국은행은 CBDC, 즉 디지털 원화의 발행 실험을 점차 확대하고 있다. 특히 은행들을 중심으로 사용 가능성을 확인하는 시범 프로젝트를 진행 중이다. 이는 단순한 결제 시스템을 넘어 토큰화된 금융 시스템으로 진화할 수 있는 기반이 된다. 이러한 흐름은 블록체인과 스마트 콘트랙트 기술을 결합해 금융 상품의 발행, 거래, 정산까지 자동화할 수 있는 미래의 금융 환경을 준비하는 과정이라 할 수 있다.

민간 영역에서도 활발한 움직임이 이어지고 있다. 카카오, 네이버 등 국내 빅테크 기업은 디지털 콘텐츠, 게임, 글로벌 커머스 결제 시스템 등에서 활용될 수 있는 자체 스테이블코인 발행을 준비 중이다. 특히 해외에서 K-콘텐츠의 인기가 높아지는 지금, K-스테이블코인은 한류 경제권을 뒷받침할 새로운 도구로 주목받고 있다.

그러나 기대와 함께 우려도 커지고 있다. 규제를 어떻게 설계하느냐에 따라 시장의 미래가 크게 달라질 수 있기 때문이다. 만약 정부가 너무 강하고 경직된 규제를 적용한다면 민간 기업의 실험과 혁신은 위축될 수밖에 없다. 반대로 아무런 규제 없이 시장에 맡긴다면 테라 사태와 같은 사건이 반복될 위험이 있다. 따라서 지금 한국은 지나친 규제와 무규제 사이에서 가장 적절한 균형점을 찾아야 하는 상황에 놓여 있다.

한국은 디지털 금융과 암호화폐 시장에서 세계적으로 가장 스마트한 소비자를 가진 나라다. 국민의 디지털 이해도와 기술 채택 속도가 매우 빠른 만큼 이에 맞는 정교한 제도 설계가 필수적이다. 이제 한국은 추격자가 아니라 암호 자산 시대를 이끄는 선도자로 자리 잡기 위한 중요한 기로에 서 있다. 스테이블코인을 통한 금융 실험이 다시 시작되는 지금, 책임 있는 혁신이라는 키워드 아래 제도와 기술, 글로벌 전략을 동시에 설계하는 일이 그 어느 때보다 중요해졌다.

한국의 디지털 자산 시장 동향

한때 한국의 디지털 자산 시장은 테라 루나 사태와 FTX 파산 등 국제적인 대형 사건의 여파로 '크립토 윈터'라고 불리는 혹독한 침체기를 겪었다. 투자자들은 암호화폐 시장에 대한 불신과 변동성 탓에 발길을 돌렸고, 업계 전체 분위기도 움츠러들었다. 그런데 2025년 6월을 기점으로 분위기가 달라지기 시작했다. 디지털 자산 시장에 새로운 전환점이 될 만한 제도적 호재가 연달아 발표됐다. 정책과 제도 차원에서 암호화폐 산업을 키우려는 움직임이 본격화된 것이다.

그 배경에는 이재명 대통령의 정책 방향이 자리한다. 대통령은 대선 기간 내내 디지털 허브 국가로 도약하겠다는 목표 아래 블록체인과 디지털 자산에 대해 긍정적 메시지를 꾸준히 내놓았다. 특히 청년 세대와 디지털 산업 종사자들에게 많은 관심을 받았다. 당선 직후, 그 공약은 실제 정책으로 옮겨지기 시작했다.

가장 큰 변화는 바로 원화에 연동된 스테이블코인의 발행을 허용하는 법안이 구체화됐다는 점이다. 이는 단순히 민간 기업이 자체적으로 디지털 원화를 만들어 사용하는 것을 넘어 정부가 제도적으로 스테이블코인을 인정하고 관리하는 방향으로 나아가, 글로벌 금융 시장에서 한국의 디지털 금융 주권을 확보하겠다는 의미다. 향후 원화 스테이블코인은 국내 결제, 금융 서비스, 해외 송금 등에 폭넓게 활용될 것으로 보인다. 실제 금융기관과 핀테크 기업도 관련 사업을 준비 중이다.

또한 2025년 6월에는 그동안 논의만 무성했던 디지털 자산을 기초로 하는 ETF(상장지수펀드)와 같은 금융 상품을 허용하는 법안이 국회에 발의됐다. 이에 따라 일반 투자자들이 증권 계좌로 더욱 손쉽고 안전하게 디지털 자산에 투자할 수 있게 됐으며, 시장에 대한 신뢰와 기관 투자도 증가하고 있다. 금융위원회와 거래소, 운용사들이 협의에 속도를 내면서 제도권 투자 수단으로 암호화폐가 편입될 날이 머지않았다.

무엇보다 주목할 만한 변화는 국민연금이 암호화폐 자산에 투자할 수 있도록 하는 규제 지원이 검토되고 있다는 점이다. 국민연금은 한국 최대의 연기금으로 그동안 보수적 투자 전략을 고수해 왔지만 최근 글로벌 자산 다변화와 디지털 경제 흐름에 발맞춰 변화의 조짐을 보이고 있다. 연금 자산의 일부를 비트코인 ETF나 디지털 자산 관련 주식 혹은 인프라 펀드에 투자할 수 있도록 제도적 지원이 마련되고 있다.

미국의 퇴직연금과 암호화폐의 만남

미국에서도 퇴직연금과 암호화폐의 만남이 현실화되고 있다. 2025년 8월, 도널드 트럼프 대통령은 퇴직연금 제도에 큰 변화를 예고하는 행정명령에 서명했

> 다. 그 핵심은 바로 401(k)라 불리는 미국 대표 퇴직연금 계좌에서 암호화폐를 비롯해 사모펀드, 부동산, 인프라와 같은 대체 자산에 투자할 수 있도록 한 것이다. 401(k)는 한국의 퇴직연금과 비슷한 제도로, 대부분의 미국 직장인이 노후를 대비해 이용한다. 그동안은 주식이나 채권처럼 비교적 안전한 자산 위주였지만, 이번 행정명령으로 더 높은 수익과 다양한 자산 포트폴리오를 원하는 투자자에게 새로운 선택지가 생긴 셈이다.

민간 영역에서도 큰 변화가 보인다. 투자자의 자산 보호를 위한 '디지털자산보호재단' 설립, 콜드월릿 비율 확대, 실명 계좌 연동 등 투자자 신뢰도를 높이는 실질적인 조치가 잇따르고 있다. 수수료 경쟁력 강화, 투명한 정책 도입, 본인 확인 절차 강화 등으로 거래 환경도 더욱 안전하고 투명하게 변화 중이다.

최근에 나타나는 변화는 한국이 더 이상 디지털 자산을 위험한 투기 상품으로만 바라보는 것이 아니라 제도권 안에서 새로운 산업과 기회로 받아들이기 시작했음을 상징적으로 보여준다. 2025년은 한국이 디지털 자산 시장의 규제 패러다임을 전환하는 본격적인 출발점이 될 것이다.

11장

세계는 이미
움직이고 있다

스테이블코인은 이제 단순한 기술이 아니라 신뢰가 무너진 사회에서
마지막 희망이자 연결 고리로 작동하고 있다. 복잡한 규제와 구조를 떠나
가장 기본적인 목적, 사람과 사람을 연결하는 기능에 집중하는 것이다.

**"금융이란 은행 없이도 작동할 수 있는가?
정부가 무너져도 화폐는 존재할 수 있는가?"**

아르헨티나와 브라질의
인플레이션 방패

남미의 두 나라, 아르헨티나와 브라질은 같은 목표를 향해 달려가고 있다. 바로 스테이블코인을 자국의 금융 시스템에 본격적으로 받아들이는 것이다. 비록 서로 속도는 다르지만 최종 목적지는 같다.

아르헨티나와 브라질은 디지털 화폐를 적극적으로 받아들이는 국가로 유명하다. 글로벌 암호화폐 분석 회사인 체이널리시스의 조사에 따르면 아르헨티나는 전 세계에서 암호화폐를 많이 사용하는 20개국 중 14위에 올랐다. 2024년 한 해 동안 아르헨티나로 들어온 암호화폐는 무려 911억 달러로 남미 지역에서 1위를 차지했다. 브라질도 903억 달러를 기록하며 바로 뒤따르고 있다.

두 나라에서 스테이블코인이 얼마나 인기 있는지는 거래 통계를 보면 알 수 있다. 아르헨티나에서는 모든 암호화폐 거래 중 61.8%가 스테이블코인으로 이뤄졌고, 브라질에서는 59.8%를 기록했다. 전 세계 평균인 44.7%보다 훨씬 높은 수치다. 브라질 중앙은행장도 2024년 2월에 "브라질 내 암호화폐 거래의 90%가 스테이블코인과 관련되어 있다"라고 공식 발표할 정도였다. 두 나라가 보여주는 놀라운 수치는 단순히 새로운 기술에 대한 호기심 때문이 아니라 실생활에서 정말 필요하기 때문에 나타난 것이다.

브라질의 규제 환경과 스테이블코인 실험

브라질은 디지털 금융에서 혁신적 환경을 조성하고 있다. 특히 2024년 11월, 브라질 중앙은행은 가상자산 규제에 관한 공개 협의를 세 차례에 걸쳐 발표하면서 금융 업계의 이목을 집중시켰다. 이후에도 다양한 비공개 회의와 행사를 이어가며 스테이블코인에 대한 관심이 일시적인 유행이 아님을 증명하고 있다.

브라질 국민은 이미 디지털 결제에 대해 좋은 경험을 갖고 있다. 2020년부터 중앙은행이 도입한 디지털 즉시 결제 시스템인 PIX 덕분이다. PIX는 국내 결제 시스템의 문제를 해결하는 데는 효과적이었지만 국제 결제에서는 여전히 한계를 드러냈다. 이러한 이유로 브라질 국민은 국경 간 결제를 위한 해결책으로 스테이블코인을 주목하게 됐다.

현재 브라질 내 스테이블코인 혁신은 핀테크 기업과 거래소를 중심으로 이뤄지고 있다. 정부가 명확하고 개방적인 규제 방향을 제시했기 때문이다. 예를 들어 브라질 헤알화에 고정된 스테이블코인 BRL1의 출시를 주도한 컨소시엄에는 메르카도비트코인Mercado Bitcoin, 폭스비트Foxbit, 비트소가 참여했다. 파이어블록스는 자산 토큰화 및 보관 역할을 맡았다. BRL1은 브라질 통화와 국채 기반으로 운용되며 거래소 간 직접 매매도 가능하다. 처음에는 브라질 국내 시장에 집중했지만, 앞으로는 글로벌 거래소와 협력해 온라인 쇼핑몰이나 수출 업체들이 실시간으로 결제할 수 있는 서비스를 제공할 계획이다.

또한 논코Nonco는 스마트 콘트랙트를 통해 FX거래 과정을 자동화하고 온체인 방식으로 외환 시장을 혁신하고자 움직이고 있다. 브라질 내 관련 규제가 더욱 명확해질수록 기업 간 거래나 B2B 분야에서의 스테이블코인 활용도도 높아질 전망이다. 스테이블코인이 정식 결제 수단으로 인정받게 되면 브로커나 은행 등 기관별로 다른 법적 기준이 적용됨으로써 시장 구조 자체를 변화시킬 수 있다. 동시에 기존 금융기관과 결제 서비스 업체, 디지털 자산 중개 업체들에 스테이블코인의 장점을 활용해 국경 간 거래를 혁신할 기회를 제공할 것이다.

아르헨티나, 극심한 인플레이션 속 암호화폐 도입

아르헨티나는 세 자릿수에 달하는 고인플레이션으로 인해 암호화폐를 조기에 도입한 국가다. 아르헨티나 국민은 기존 방식으로는 얻을 수 없던 안정적 통화 접근 수단을 미국 달러에 고정된 스테이블코인을 통해 얻고 있다. 현재는 외환 거래가 주를 이루고 있지만 현지 업체들은 국제 기업들로부터 아르헨티나로 자금 유입과 관련된 협력 수요가 점차 확대되고 있다고 설명한다. 기업, 수출입 업체, 결제 업체 등 다양한 경제 주체가 스테이블코인을 통해 국경 간 결제 문제를 해결할 수 있음을 인식하고 있기 때문이다.

규제 면에서도 변화가 감지된다. 2025년 3월, 아르헨티나의 자본시장 규제 기관인 국가증권위원회CNV는 스테이블코인을 포함한 가상자산 사업자Virtual Asset Service Provider, VASP의 등록, 규정 준수, 수탁 등에 관한 포괄적 규정을 발표했다. 예를 들어 핀테크 기업과 결제 업체가 스테이블코인을 은행 시스템에 도입하려면 장기적으로 중앙은행의 추가 승인 절차가 필요할 수 있다. 만약 승인 절차가 완료된다면 스테이블코인은 단순한 소매용 디지털 자산을 넘어 아르헨티나의 국제 상거래에 필수적인 인프라로 자리 잡게 될 것이다.

아르헨티나와 브라질의 전자상거래 업체, 수출입 업체, 국경을 넘나드는 기업들은 스테이블코인을 활용할 방법을 차근차근 준비하고 있다. 일상생활에서도 이미 스테이블코인을 사용하고 있으며 BRL1과 같은 프로젝트 덕분에 실질적 선택지도 생겨나고 있다. 조만간 규제 명확성이 확보되면 두 국가는 전 세계에서 가장 발전된 암호화폐 시장 중 하나로 성공 사례를 만들어나갈 것이다.

필리핀과 베네수엘라의
송금 혁명

지금 이 순간에도 지구 반대편에서 일하는 누군가는 가족을 위해 번 돈을 고향으로 보내고 있다. 그들이 송금하는 돈은 단순한 돈이 아니다. 누군가의 월세, 식탁 위의 식사, 아이의 학비가 된다. 이주 노동자들이 가족에게 보내는 송금액은 일부 국가에서 GDP의 10%를 넘어서는 생명선과도 같은 역할을 한다. 만약 그러한 돈이 고향에 도착하기까지 일주일이 걸리고, 수수료 명목으로 10%를 떼이고, 때로는 중간은행 오류로 다시 돌아오는 일이 생긴다면 어떨까?

전통 송금 시스템은 평균 수수료가 6~10% 정도 발생하고, 도착하기까지는 대략 2~5일이 소요된다. 심지어 은행 계좌가 없는 가족은 현금을 수령하기조차 어려운 상황이다. 이러한 낡은 흐름을 디지털 자산이 바꾸고 있다. 그중에서도 스테이블코인 기반의 송금이 전통의 시스템을 혁신하고 있는데, 그 최전선에 있는 나라가 바로 필리핀과 베네수엘라다.

필리핀 해외 노동자의 생명을 바꾸는 기술

필리핀은 오랫동안 노동자 송출국이라는 이름으로 불려왔다. 단순한 표현 같지만 한 나라의 경제 구조와 국민의 삶의 방식이 고스란히 담긴 말이기도 하다. 현재 전 세계 곳곳에는 1000만 명이 넘는 필리핀 출신 이주 노동자들이 흩어져 있다. 이들은 가사 노동, 간병, 건설, 식음료 서비스 등 다양한 분야에서 일하며 가족과 고국을 위해 매달 번 돈을 송금하고 있다. 이들이 매년 고국으로 보내는 돈은 400억 달러에 이른다. 필리핀의 해외 노동자들이 보내는 송금액은 국가 GDP의 약 9%를 차지할 정도로 막대한 규모다. 그야말로 해외에서 번 돈이 고국의 경제를 지탱하는 구조인 셈이다.

내가 살고 있는 싱가포르에서도 이주 노동자들의 삶을 어렵지 않게 목격할 수 있다. 싱가포르에는 수많은 필리핀 출신 가사 도우미들이 거주하며 아이를 돌보고 어르신을 간병하고 가족의 일상을 뒷받침하는 중요한 역할을 수행하고 있다. 매주 일요일이 되면 시내 중심가나 지하철역 주변의 송금remittance 서비스 업체 앞으로 필리핀 여성들의 줄이 길게 늘어선다. 그들은 비좁은 방에서 한 주를 보내고 단 하루뿐인 휴일에 친구들과 재회하고, 그중 일부는 가족에게 보낼 돈을 마련해 송금 창구 앞에 선다. 휴대전화를 열어 주소와 금액을 확인하고 송금 용지를 작성한 후 오랜 기다림 끝에 한 주의 수입 중 일부를 가족에게 보낸다.

이주 노동자들이 고국으로 송금하는 장면은 외화 유입 이상의 의미를 내포한다. 그것은 가족에 대한 책임과 희생이 만들어낸 연결 고리이자 한 국가를 지탱하는 경제적 생명선이다. 필리핀의 수백만 가정이 바로 이주 노동자들에게 송금을 받아 아이들의 학비를 마련하고 병원비를 감당하며 매일의 식탁을 차린다. 필리핀 경제에서 거대한 송금의 흐름은 외화 수입을 넘어 삶을 연결하는 필수 시스템이자 국가 경제를 지탱하는 기둥과도 같다.

하지만 앞서 설명한 것처럼 그동안 국가 간 송금은 결코 쉽지 않았다. 전통적 송금 경로인 웨스턴유니언, 머니그램 등은 수수료가 높고 현금 수령을 위해 줄을 서야 하는 단점이 있었다. 심지어 시골 지역에서는 인터넷도 느리고 모바일뱅킹의 접근성도 낮아 시간과 비용이 이중으로 드는 구조였다. 무엇보다 수수료가 많게는 6~8%까지 붙는 탓에 가족에게 전달되는 돈이 줄어드는 일이 다반사였다. 하지만 이제 상황이 빠르게 달라지고 있다. 미국, 싱가포르, 중동 등지에 거주하는 필리핀 출신 이주자들이 USDC나 USDT와 같은 스테이블코인으로 송금하는 것은 물론, 고국의 가족들도 GCash, PayMaya와 같은 모바일 월릿 앱을 통해 즉시 수령할 수 있게 됐다.

	과거 송금 방식	스테이블코인 송금 방식
소요 시간	수일에서 일주일	수 분
평균 수수료	6~8%	1~2% 이하
수취 방식	현금 수령소 방문	모바일 앱 즉시 수령
리스크	은행 오류 혹은 중개 손실	거래가 공개·추적될 가능성 있음

필리핀 중앙은행BSP도 암호화폐 및 전자지갑을 제도권 금융 시스템 안으로 수용하고 이를 감독·지원하는 방향으로 정책을 전환하고 있다. 이제 필리핀에서 스테이블코인은 금융 포용성과 삶의 질 향상을 이끄는 열쇠가 되고 있다.

하이퍼인플레이션을 넘어서는 베네수엘라의 생존 전략

필리핀이 송금 혁신의 대표 사례라면 베네수엘라는 디지털 화폐가 생존의 수단으로 자리 잡은 대표적인 국가다. 베네수엘라는 지난 수십 년간 매우 심각한 문제에 직면해 있다. 정치적으로는 불안정한 상황이 이어지고, 경제는 깊은 위기에 빠져 있으며, 무엇보다 하늘 높은 줄 모르고 치솟는 극심한 인플레이션에 시달리고 있다. 2020년 기준, 베네수엘라의 연간 인플레이션율은 무려 2500% 이상을 기록했다. 이는 일반적인 경제 상황에서는 상상하기 어려운 수준이다. 자국 화폐인 볼리바르는 해마다 가치가 폭락해 빵 한 덩이보다 지폐가 더 싸다는 말까지 나올 정도였다.

설상가상으로 베네수엘라 정부는 외환 통제 정책을 시행하고 있어 달러화 사용도 자유롭지 못하다. 이로 인해 베네수엘라 국민은 현금을 안전하게 보관할 방법조차 없어 많은 불편에 시달렸다. 이런 절망적인 경제 상황 속에서 베네수엘라 국민은 생존을 위해 디지털 화폐라는 새로운 대안을 찾게 됐다.

현재 해외에 거주하고 있는 베네수엘라 이주자는 약 700만 명을 넘어서고 있다. 이들은 고향에 남아 있는 가족들을 위해 송금을 하고 있는데, 과거에는 전통적인 송금 서비스를 이용했지만 이제는 USDT, USDC와 같은 스테이블코인을 활용하는 방식으로 바뀌고 있다. 베네수엘라 거리의 상점들 또한 QR코드로 스테이블코인 결제를 받고 있으며 일반 가정에서는 지갑 앱만 있으면 병원비를 지불하거나 식료품을 살 수 있게 됐다. 특히 X(구 트위터), 텔레그램 같은 플랫폼에서 P2P(개인 간 거래) 방식으로 스테이블코인을 주고받는 모습이 일상화되고 있다. 이제 은행 계좌나 신분증, 정부의 허락이 없어도 스마트폰만 있다면 가족을 도울 수 있고, 생필품을 살 수 있으며, 교육비를 보낼 수 있다.

베네수엘라의 사례는 우리에게 몇 가지 중요한 질문을 남긴다. 과연 금융이란 무엇인가? 은행 없이도 금융 시스템은 작동할 수 있는가? 정부가 무너져도 화폐는 존재할 수 있는가? 스테이블코인은 신뢰가 무너진 사회에서 마지막 희망이자 연결 고리로 작동하고 있다. 필리핀과 베네수엘라에서 목격한 디지털 자산의 지향점은 한마디로 금융의 인간화 humanization라 할 수 있다. 복잡한 규제와 구조를 떠나 가장 기본적인 목적, 즉 사람과 사람을 연결하는 기능에 집중하는 것이다.

은행 없는 금융 혁신의 실험장, 아프리카

전 세계 경제계에서는 풍부한 천연자원과 젊은 인구 구조를 가진 아프리카를 '기회의 대륙'이라 불러왔다. 하지만 정작 금융 인프라 측면에서는 오랫동안 미개척지로 여겨졌다. 은행 지점의 수가 절대적으로 부족했고, 신용카드나 예금 계좌의 보급률도 매우 저조했으며, 무엇보다 불안정한 규제 환경으로 전통적인 금융 시스템이 뿌리내리기 어려웠다.

하지만 아이러니하게도 금융 인프라의 부족과 한계가 아프리카를 '은행 없는 금융 혁신'의 실험장으로 탈바꿈하는 계기가 됐다. 다른 대륙의 국가들이 전통 은행에서 디지털 금융으로 옮겨 가는 진화의 경로를 밟았다면 아프리카는 기존 금융 시스템을 건너뛰고 곧바로 디지털 금융으로 도약하는 중이다.

모바일 머니에서 스테이블코인으로

2007년, 케냐에서 탄생한 엠-페사M-Pesa라는 서비스는 아프리카 사람들의 삶을 완전히 바꿔놓았다. 이 서비스 덕분에 은행 계좌 없이도 휴대전화만 있으면 돈을 보내고, 물건값을 내고, 심지어 저축도 할 수 있었다. 수억 명의 사람들이 생애 처음으로 제대로 된 금융 시스템을 이용할 수 있게 된 것이다. 엠-페사는 단순히 휴대전화로 돈을 주고받는 앱이 아니라 아프리카의 수많은 사람에게 금융이라는 문을 열어준 혁신적인 도구

— 케냐 GDP의 약 40% 이상이 엠-페사를 통해 흐를 정도로 경제 전반에 깊게 자리 잡았다. 금융 소외 계층을 크게 줄여 성공적인 핀테크 사례로 꼽히기도 한다. ⓒAP Photo

였다.

그리고 지금, 아프리카는 또 한 번의 진화를 준비하고 있다. 스테이블코인과 디지털 자산이 그 중심에 있다. 나이지리아, 가나, 케냐와 같은 국가에서는 자국 통화의 불안정성과 만성적 인플레이션, 외화 부족 문제가 심화되면서 USDT나 USDC 같은 미국 달러 연동형 스테이블코인을 실제 상거래에 널리 사용하고 있다. 시장 상인, 온라인 판매자, 개인 송금자 모두 스테이블코인을 안정적 가치 보존 수단이자 빠르고 저렴한 결제 수단으로 활발히 활용하고 있다.

아프리카 디지털 금융 혁신의 또 다른 동력은 젊은 인구다. 대륙 전체 인구의 절반 이상이 25세 이하일 만큼 젊은 층이 많다. 이들은 디지털 환경에 빠르게 적응하며 새로운 금융 기술을 적극적으로 수용하고 있다. 특히 나이지리아, 케냐, 남아프리카공화국 등에서는 젊은 개발자와 창작자 커뮤니티가 활발하게 성장 중이다. 이들은 블록체인 기술을 기반으로 은행을 거치지 않고 개인끼리 직접 돈을 빌려주는 P2P 대출, 국경을 넘나들며 빠르고 저렴하게 송금할 수 있는 국제 송금 서비스 그리고 디지털 아트나 콘텐츠를 만들어 팔 수 있는 NFT 창작 플랫폼 등을 직접 만들어내고 있다. 글로벌 크립토 기업들도 아프리카 시장의 가능성을 높이 평가해 진출을 서두르고 있으며, 일부 프로젝트는 새로운 서비스의 첫 번째 출시 지역으로 아프리카 시장을 선택하고 있다. 이제 아프리카는 기술 수혜자나 후발 주자가 아니라 디지털 금융의 실험자이자 선도자로 자리매김하고 있다.

아프리카의 몇몇 국가는 민간 주도의 디지털 금융 혁신과 중앙은행 주도의 CBDC 실험에도 과감히 나서고 있다. 나이지리아는 이나이라 eNaira라는 디지털 화폐를 정식 출시해 사용 중이다. 이 디지털 화폐는 계좌 기반이지만 금융 포용 확대, 공공 복지금 및 보조금 지급, 국경 간 결제 등 다양한 국가 정책과 연계해 활용하려는 명확한 목적을 갖고 있다. 가나는 파일럿 단계를 거쳐 이-세디e-Cedi의 상용화를 준비 중이며 남아프리카공화국은 프로젝트 코카Project Khokha라는 이름으로 블록체인 기반 결제, 국경 간 송금, 증권 결제 자동화 등 디지털 화폐의 시범 운영을 다각도로 진행하고 있다. 프로젝트들은 일상의 결제 수단은 물론, 공공 복지금 지급, 세금 환급, 정부 보조금 배포, 디지털 신분 인증 등 다양한 행정 서비스와의 연결을 시도하고 있다.

이와 동시에 현실적 한계도 존재한다. 스마트폰 보급률의 편차, 불균등한 인터넷 접근성, 디지털 금융에 대한 이해 부족 등은 국가 주도의 CBDC 확산에 걸림돌이 된다. 따라서 아프리카 일부 국가에서는 CBDC와 스테이블코인의 병행 전략을 채택하고 있다. 즉, 공공 부문에서는 정부가 발행한 CBDC를 통해 정책적 목적을 달성하고, 민간에서는 스테이블코인을 실용적 거래에 활용하는 이중 구조를 자연스럽게 형성하고 있다.

아프리카의 디지털 금융 사례는 금융 혁신이 반드시 선진 금융 인프라에서만 나오는 것이 아니라는 중요한 통찰을 전한다. 오히려 기존 금융 시스템이 취약하거나 불완전한 지역일수록 디지털 자산을 통한 금융 접근성을 더 빠르게 확산할 수 있다. 지금도 아프리카 국가는 은행 없이, 신용 점수 없이, 물리적 지점 하나 없이 돈을 벌고 보내고 보관하고 사용하는 새로운 방식을 스스로 만들어내고 있다. 그 중심에는 스테이블코인과 디지털 자산 그리고 새로운 기술을 빠르게 흡수하는 젊은 세대가 있다. 아프리카는 지금, 세계에서 가장 역동적인 금융 실험장일 뿐만 아니라 은행 없는 디지털 경제의 미래를 앞서 보여주고 있다.

금융 허브의 주도권을 노리는 싱가포르와 홍콩

디지털 자산과 스테이블코인은 이제 국가 경제 전략의 핵심 축으로 자리 잡고 있으며 금융 주권과 글로벌 자금 흐름을 좌우하는 새로운 전장이 되었다. 동남아의 대표적인 금융 중심지인 싱가포르와 홍콩은 이러한 흐름 속에서 서로 다른 방식으로 대응하고 있다. 싱가포르는 규율 있는 개방성을 통해 글로벌 금융 기업들이 안심하고 들어올 수 있는 제도 기반을 강화하고 있다. 반면 홍콩은 중국 본토와의 연결 고리를 활용해 공공 실험장으로서의 역할을 수행하며 웹3와 제도 금융의 공존을 모색하고 있다.

싱가포르, 규율 있는 개방성으로 디지털 자산을 품다

싱가포르는 아시아를 대표하는 글로벌 금융 허브이자 디지털 자산 혁신의 중심지로 주목받고 있다. 명확하고 믿을 수 있는 규칙을 마련해 둔 덕분이다. 바로 그 중심에 싱가포르 정부의 일관된 전략, 즉 규율 있는 개방성regulated openness이라는 철학이 자리 잡고 있다. 싱가포르의 철학은 말 그대로 혁신에는 문을 열되 금융 안정성과 소비자 보호라는 원칙은 해치지 않도록 강력한 제도적 기반을 마련한다는 접근 방식을 품고 있다. 싱가포르는 암호화폐와 스테이블코인, 디지털 커스터디, 토큰화된 자산 등 다양한 디지털 금융 실험을 제도권 내에서 안전하게 실행함으로써 보기 드문 성공 사례로 떠오르고 있다. 싱가포르가 추구하는 디지털 자산 혁신 전략의 특징을 구체적으로 살펴보자.

첫째, 싱가포르는 규제의 명확성을 갖추고자 한다. 싱가포르가 디지털 자산의 중심지로 떠오른 가장 큰 이유는 바로 명확하고 신뢰할 수 있는 규제 체계에 있다. 싱가포르는 중앙은행이자 금융 규제 당국인 통화청Monetary Authority of Singapore, MAS을 통해 세계에서 가장 먼저 디지털 자산을 세분화하고 각 자산군에 맞는 라이선스 체계를 구축했다. 예를 들어 통화청은 암호화폐 및 스테이블코인을 제도권 내에서 다룰 수 있도록 디지털 결제 토큰Digital Payment Token, DPT이라는 법적 분류를 도입했다. 더불어 디지털 결제 토큰 관련 사업자에게는 등록 및 주요 결제 기관Major Payment Institution, MPI 라이선스를 요구함으로써 제도권 내에서 신뢰할 수 있는 금융 서비스로 성장하는 기반을 제공했다.

그 결과, 글로벌 디지털 자산 기업들이 싱가포르를 아시아 거점으로 삼기 시작했다. 미국의 스테이블코인 발행사인 서클이 대표적이다. 2023년, 서클은 싱가포르에 서클 인터넷 싱가포르 유한회사Circle Internet Singapore Pte.Ltd.라는 현지 법인을 설립하며 아시아 진출의 교두보를 마련했다. 이는 단순한 지사 설립이 아니라 아시아 금융 시장의 중심지인 싱가포르를 거점으로 삼아 디지털 금융 서비스의 새로운 패러다임을 제시하겠다는 서클의 야심 찬 계획의 시작이었다. 서클의 싱가포르 진출에서 가장 주목할 만한 성과는 2023년 6월 싱가포르통화청으로부터 취득한 주요 결제 기관 라이선스다. 이 라이선스는 서클에 싱가포르 내에서 디지털 결제 토큰 서비스와 국내외 송금 서비스를 공식적으로 제공할 수 있는 권한을 부여한다. 특히 서클의 대표적인 스테이블코인인 USDC를 비롯한 디지털 결제 토큰을 합법적으로 운영할 수 있게 됐다는 점에서 그 의미가 크다.

둘째, 스테이블코인을 금융 인프라로 편입하려는 국가 전략을 추구한다. 싱가포르의 디지털 자산에 대한 접근 방식은 매우 독특하다. 많은 국가에서 디지털 자산을 투기성 자산이나 신기술 정도로 치부하는 것과 달리 싱가포르는 이를 국가 금융 인프라의 핵심 구성 요소로 편입하려는 명확한 전략을 가지고 있다. 이러한 전략적 비전을 가장 잘 보여주는 것이 바로 프로젝트 가디언Project Guardian이다.

통화청은 2023년부터 프로젝트 가디언을 통해 토큰화된 자산, 스테이블코인, CBDC에 대한 포괄적인 실험을 진행하고 있다. 이 프로젝트의 가장 큰 특징은 기술적 실험에 그치지 않고 금융기관들과의 긴밀한 협업을 바탕으로 실용적인 응용 가능성을 탐구한다는 점이다. 예를 들어 스테이블코인을 활용한 은행 간 송금, 기업 간 정산, 국제 무역 결제 등 다양한 분야에서 실증 테스트가 이뤄지고 있다. 프로젝트 가디언의 테스트베드는 기존의 글로벌 금융 인프라, 특히 SWIFT 시스템을 장기적으로 대체할 수 있는 가능성까지 열어두고 있다. 이렇듯 싱가포르는 스테이블코인을 결제와 정산을 위한 인프라이자 실질적 금융 시스템의 일부로 포지셔닝하고 있다.

셋째, 공공 실험실의 역할을 부여해 민간 혁신과의 공존을 꾀하고 있다. 싱가포르의 또 다른 특징은 민간 기업과의 협력 모델이다. 정부 주도로 일방적 규제안을 제시하지 않고 민간의 기술 혁신을 제도권 내로 끌어들여 공공 실험실처럼 활용한다는 점에서 독보적이다. 실제로 파이어블록스, 리플, 팍소스와 같은 글로벌 디지털 자산 인프라 기업들이 싱가포르에 법인을 설립하고 활발히 활동 중이다. 이들 기업은 통화청과의 협업을 통해 은행, 보험사, 핀테크 등 전통 금융기관과 디지털 자산을 연결하는 기술적 가교 역할을 하고 있다. 통화청도 규제 기관에 머물지 않고 시장과 함께 실험하고 결과를 분석하며 제도를 유연하게 조정하는 민관 협력형 혁신 파트너의 모습으로 진화하고 있다. 싱가포르의 민관 협력 모델은 전 세계적으로도 매우 드문 사례이며 싱가포르의 디지털 자산 정책이 국제 사회에서 모범 사례로 평가받는 이유이기도 하다.

싱가포르의 디지털 자산 전략은 무조건적인 자유와 경직된 통제 사이에서 절묘한 균형을 이루고 있다. 다시 말해 규제는 엄격하되 명확하고 예측 가능하며, 혁신은 장려하되 무분별한 투기는 철저히 차단한다.

이러한 규율 있는 개방성은 글로벌 기업과 기관 투자가들에게 높은 신뢰를 주고 있으며 싱가포르를 아시아 디지털 자산 중심지로 빠르게 성장시키고 있다. 앞으로도 싱가포르의 사례는 디지털 자산과 제도권 금융의 조화를 고민하는 여러 국가에 중요한 참고점이 될 것이다.

홍콩, 중국과 세계 사이에서 스테이블코인을 실험하다

홍콩은 오랫동안 아시아 금융 허브로서 확고한 입지를 다져왔다. 영국 식민지 시절부터 형성된 국제적 금융 시스템과 1997년 중국 반환 이후 유지된 일국양제一國兩制 체제는 홍콩만의 독특한 금융 생태계를 만들어냈다. 이러한 제도적 유연성과 글로벌 네트워크를 바탕으로 홍콩은 오늘날 디지털 자산 시대에 다시 한번 중요한 실험 무대가 되고 있다.

홍콩의 디지털 자산 전략은 매우 흥미롭다. 중국 본토의 국가 전략과 글로벌 시장의 요구를 동시에 고려한 플랫폼형 접근이라 할 수 있다. 다시 말해 홍콩은 중국과 세계를 잇는 디지털 금융의 완충 지대이자 시험장 역할을 자처하고 있다. 홍콩의 디지털 자산 전략의 특징을 몇 가지 살펴보자.

첫째, 스테이블코인 가이드라인을 발표함으로써 제도화의 첫걸음을 뗐다. 2023년, 홍콩 금융 당국인 증권선물위원회SFC는 스테이블코인 발행 및 운영에 대한 포괄적 가이드라인을 발표했다. 이는 단순한 권고 수준을 넘어 스테이블코인 사업자들이 합법적으로 운영할 수 있는 법적 근거와 인허가 체계를 마련하는 데 중점을 둔다. 또한 투자자 보호, 준비금 요건, 투명성, 회계 감사 등 주요 규제 항목을 가이드라인에 포함하고 있으며, 은행과 협력해 발행되는 스테이블코인 구조를 우선적으로 고려한다. 특히 달러뿐 아니라 중국 위안화CNY,CNH와 연동된 스테이블코인의 가능성도 열어두어 향후 위안화 국제화 전략과의 연결을 염두에 둔 포석으로 보인다. 다시 말해 홍콩은 글로벌 통화인 달러와 중국의 통화 위안 사이에서 균형을 이루려는 외교적 전략까지 고려한 규제를 설계하고 있다.

둘째, 엠브릿지mBridge 프로젝트를 통해 국경을 넘는 CBDC 실험장을 자처하고 있다. 홍콩은 디지털 자산 전략을 국가 간 협력으로 확장하고 있다. 대표적인 사례가 바로 엠브릿지 프로젝트다. 이 프로젝트는 홍콩통화청HKMA이 중국인민은행PBoC, 태국중앙은행, 아랍에미리트중앙은행과 함께 추진하는 다자간 CBDC 실험이다. 이 프로젝트의 핵심 목표는 각국에서 발행한 디지털 화폐를 활용해 국경을 넘는 실시간 결제를 가능하게 만드는 것이다. 예를 들어 디지털 위안화와 디지털 홍콩달러, 디지털 바트(태국), 디지털 디르함(UAE) 간에 직접 결제는 물론, 중간 결제망 없이 실시간으로 국가 간 송금을 처리할 수 있는 인프라 구축을 실험 중이다. 특히 기존의 스테이블코인을 대체할 가능성을 열어두고 있다. 즉, 중앙은행에서 직접 발행한 디지털 화폐가 국제 결제의 주도권을 쥐는 새로운 시나리오를 실험하고 있는 것이다. 이처럼 홍콩은 스테이블코인을 제도권 내에 수용하면서도 중국이 주도하는 디지털 위안화와의 관계 설정에서도 미묘한 균형 전략을 취하고 있다. 디지털 금융 주권을 유

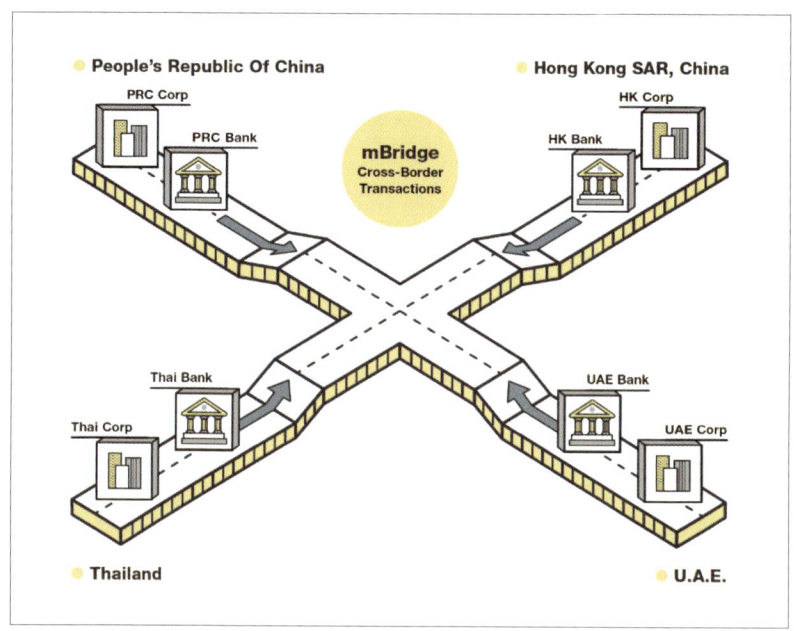

— 엠브릿지 프로젝트에서 중국, 홍콩, 태국, UAE 등 여러 중앙은행이 DLT 기반 플랫폼을 통해 실시간 FX 및 PVP Payment versus Payment 거래를 수행하는 모습. ⓒHong Kong Monetary

지하면서도 본토의 정책 방향에서 벗어나지 않는 홍콩만의 절충적 접근이라 할 수 있다.

셋째, 웹3 허브 선언을 통해 탈중앙화와 제도권의 공존을 꾀하고 있다. 2022년 말, 홍콩 정부는 공식적으로 웹3 허브 전략을 선언했다. 이 전략은 스타트업 유치 정책을 넘어 본격적으로 디지털 자산 산업 전반을 제도권 금융과 연결하겠다는 국가적 프로젝트다. 디지털 자산 및 웹3 관련 스타트업 유치를 위한 정책을 지원하고, 투자자 보호를 위한 명확한 법적 틀을 마련하며, 전통 금융기관과 디지털 자산 간 협업을 유도하는 것이 프로젝트의 핵심 내용이다. 이는 홍콩이 디파이, NFT, DAO 등의 탈중앙화된 혁신과 중앙집중적 금융 시스템TradFi의 중간 지점을 찾으려는 시도이자 혼합형 금융 생태계를 만들어가려는 선언이기도 하다.

넷째, LEAP 프레임워크를 통해 디지털 자산 생태계의 미래를 그리고 있다. 홍콩은 최근 디지털 자산 산업 전반을 체계적으로 육성하기 위한 포괄적 정책의 틀, 즉 LEAP 프레임워크를 발표했다. LEAP는 단순한 규제나 단일 프로젝트 이상의 내용을 담고 있다. 디지털 자산의 발행, 유통, 관리 전반을 포괄하는 장기 전략으로 홍콩이 아시아 금융 허브를 넘어 디지털 자산 선도 도시로 도약하기 위한 청사진이라 할 수 있다. 또한 규제, 시장, 기술, 정책이 유기적으로 작동하는 통합 생태계를 지향함을 보여주는 정책이라 할 수 있다.

LEAP 프레임워크의 주요 내용

1. 딜러 및 수탁 업체를 위한 새로운 라이선스 제도 도입

홍콩 증권선물위원회는 투자자 보호와 시장 투명성 강화를 위해 디지털 자산 딜러와 수탁 업체custodian를 위한 새로운 라이선스 체계를 도입한다. 이를 계기로 그동안 일부 회색지대에 머물러 있던 사업자들이 공식 인가 절차를 거쳐 합법적으로 운영할 수 있는 길이 열렸다. 또한 자산 운용사, 거래소, 지갑 서비스 제공 업체 등 다양한 기업들이 규제의 불확실성 없이 활동할 수 있게 됐다.

2. 토큰화의 법적 기반 강화

LEAP 프레임워크는 기존 금융 자산 및 실물 자산의 토큰화가 본격화되는 시대에 대비해 법적 장벽과 쟁점을 심층적으로 검토하기 위한 연구도 병행한다. 예를 들어 부동산, 국채, 예술품, 사모펀드와 같은 자산을 블록체인상에서 토큰화할 경우 발생할 수 있는 소유권 이전, 담보 설정, 법적 책임 분산 등 다양한 이슈를 분석하고 이에 대한 명확한 법적 해석 및 가이드라인을 마련하겠다는 취지다. 이를 계기로 향후 글로벌 기업이나 금융기관들이 홍콩에서 안전하게 자산을 토큰화하고 유통할 수 있는 기반을 제공하게 될 것이다.

3. 정부 주도 프로젝트 확대: 토큰화 채권 및 스테이블코인 실험

홍콩 정부는 이미 발행한 토큰화된 국채(디지털 녹색 채권)에 이어 다양한 정부 주도 금융 프로젝트를 더욱 확대할 계획이다. 이를 통해 실제 공공서비스 영역에서도 토큰화 채권 발행이 정례화될 수 있으며 동시에 스테이블코인 시범 운영도 공식화될 예정이다. 이러한 시범 운영은 디지털 화폐가 공공자금, 복지금, 세금 환급 등 실생활에 직접 활용될 가능성을 보여주는 중요한 전환점이 될 것이다.

4. 규제 기술RegTech, 사이버 보안, 인프라를 위한 인센티브 프로그램 신설

LEAP 프레임워크에는 지역 기업들의 기술 경쟁력을 높이기 위한 유인책도 함께 마련돼 있다. 이를 위해 규제 기술, 사이버 보안, 리스크 모니터링 인프라 등에 투자하는 기업에는 보조금 및 정책적 인센티브를 제공한다. 이는 중소 핀테크 기업이나 기술 스타트업이 홍콩 내에 현지 거점을 설립하고 디지털 자산 산업에 참여할 수 있는 실질적 효과를 불러일으킬 것이다. 동시에 홍콩은 더욱 견고하고 신뢰할 수 있는 디지털 금융 인프라를 구축하게 된다.

아시아 디지털 금융 허브의 주도권은 어디로 갈 것인가

디지털 자산과 스테이블코인은 이제 단순한 기술 트렌드가 아니다. 이는 국가 경제 전략의 핵심 축으로 자리 잡고 있으며, 금융 주권과 글로벌 자금 흐름의 방향을 결정하는 새로운 전장이 되고 있다. 앞으로 어느 나라가 디지털 금융을 주도하느냐에 따라 세계 경제의 균형이 달라질 수 있다. 이 치열한 경쟁의 중심에 있는 아시아의 두 금융 허브, 싱가포르와 홍콩은 비슷한 목표를 지향하지만 접근 방식은 확연히 다르다.

싱가포르는 규율 있는 개방성을 추구하고 있다. 무분별한 자유가 아니라 안전망과 규제를 바탕으로 신뢰할 수 있는 개방성이다. 세계적인 금융 기업들이 안심하고 들어올 수 있도록 법적 기반과 제도적 장치를 마련하고, 동시에 혁신이 움틀 수 있는 공간을 제공하고 있다. 그 결과 싱가포르는 글로벌 기업이 안정적으로 디지털 자산 관련 비즈니스를 펼칠 수 있는 안전한 항구로 자리매김하고 있다.

반면, 홍콩은 중국 본토와의 긴밀한 연결성을 적극적으로 활용하고 있다. 단순한 금융 허브를 넘어 공공 실험장의 역할을 자임한다. 웹3 스타트업부터 전통 금융기관까지 다양한 주체가 제도적 틀 안에서 공존할 수 있도록 실험을 거듭하고 있다. 이는 중국 본토의 정책 방향과 맞물리며 글로벌보다 앞서 디지털 자산의 제도화 과정을 시도하는 장이 되고 있다.

앞으로 누가 더 많은 디지털 자산 기업을 유치하고 누가 더 실용적이고 신뢰할 수 있는 결제 수단을 제공하느냐에 따라 아시아 디지털 금융 허브의 패권이 달라질 수 있다. 정책, 기술, 규제, 외교, 소비자 신뢰 등 다양한 요소가 복합적으로 얽힌 거대한 국가 전략의 경쟁이라 할 수 있다. 싱가포르와 홍콩의 실험은 이제 막 시작됐으며 그 향방은 아시아는 물론 세계 디지털 자산 시장의 판도를 바꿀 수 있는 중요한 변수로 작용할 것이다.

	홍콩	싱가포르
전략 슬로건	웹3 허브 '중국과 세계의 중간 지대'	규율 있는 개방성
주요 감독 기관	증권선물위원회 통화청	통화청
규제 프레임워크	2023년 스테이블코인 가이드라인 발표(CNH 포함)	DPT 라이선스 체계 명확한 자산 분류 체계
CBDC 관련 프로젝트	엠브릿지(중국·태국·아랍에미리트와 국경 간 CBDC 실험)	프로젝트 가디언(토큰화+CBDC+스테이블코인 테스트)
스테이블코인 입장	허용하되 위안화 연동 가능성도 열어둠	금융 인프라의 일부로 통합 실험
디지털 자산 기업 유치	웹3 스타트업 유치 정책 선언 (2022년 말)	서클, 팍소스, 파이어블록스, 리플 등 본사 및 허브 설립
정부 역할	실험장과 조정자 (중국 정책과 글로벌의 균형)	규제자이자 민관 실험 파트너 (테스트베드 운영)
리스크 접근법	디지털 위안화와의 정합성 고려 및 균형 전략	규제의 명확성과 예측 가능성 기반의 신뢰 유도
목표	탈중앙화와 제도권 공존 모델 구축	기관 신뢰 기반의 글로벌 결제 허브 구축

스테이블코인과 새로운 글로벌 금융의 시작

스테이블코인은 이제 실험적인 아이디어가 아니라 전 세계 금융 질서를 바꾸는 현실적인 제도와 인프라로 자리 잡고 있다. 각국의 정책, 제도적 전략, 현실 세계의 금융 시스템에 유기적으로 스며들며 실질적인 변화를 이끌고 있다. 그리고 이러한 변화는 지금 이 순간에도 실시간으로 업데이트되고 있다. 이러한 흐름 속에서 금융 혁신에 어떻게 대응하고 준비할 것인가는 점점 더 중요한 과제가 되고 있다. 특히 규제 체계의 확립과 정책 방향이 핵심 요소다. 규제가 명확히 정립되면 더 많은 결제 기업이 스테이블코인을 채택할 것이며, 이는 기존 금융 시스템의 대대적 업그레이드를 촉진할 것이다.

블록체인과 스테이블코인은 이제 미래 금융의 기반이자 디지털 경제의 핵심 인프라로 자리 잡았다. 두 기술의 결합은 기존 시스템의 보완을 넘어 결제 생태계를 근본적으로 강화하며 새로운 시장을 창출하고 기존 시장을 재편하는 동력이 되고 있다. 결제 산업 전반에 걸쳐 혁신 기술로의 전환이 본격화될 것이며 이는 우리 세대에서 가장 규모가 큰 금융 시스템의 구조적 변화로 이어질 가능성이 크다. 이제 금융 환경의 변화는 선택의 문제가 아니다. 산업 전반의 진화를 이끄는 필연적 흐름이며 글로벌 금융의 새로운 기준이 될 것이다.

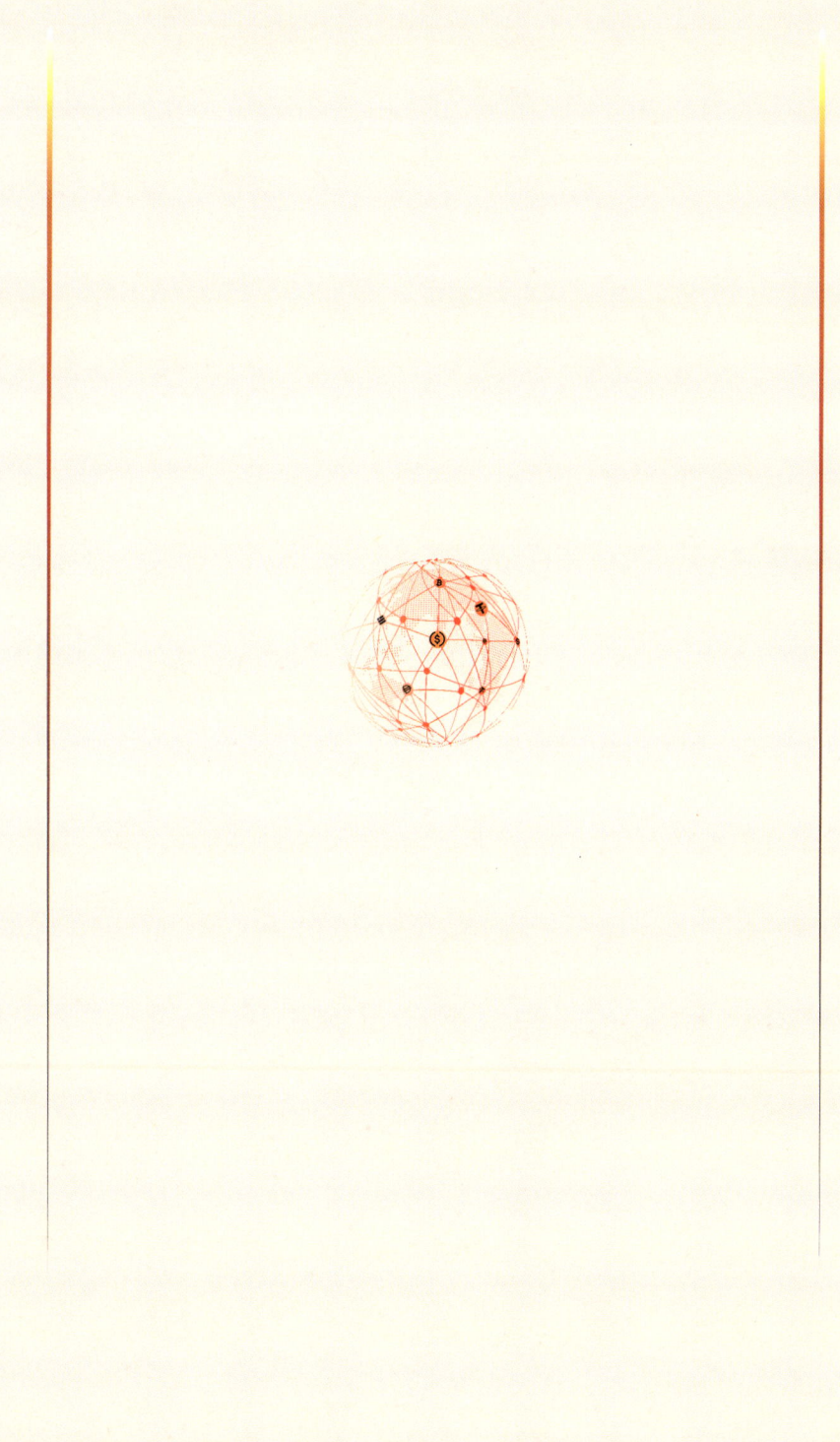

6부

스테이블코인이 만들어갈 미래 세상

12장

자산의 경계를 지우는 토큰화 기술

플랫폼은 잠들지 않고 거래소는 닫히지 않는다.
스마트 콘트랙트는 쉼 없이 작동하며 블록은 매초 새로운 기록을 써 내려간다.
세상은 24시간 깨어 있다.

"크립토는 잠들지 않는다."

부동산, 주식, 채권, 예술품이 디지털 자산이 된다

디지털 자산의 확산은 실물 세계의 모든 자산을 디지털화하는 새로운 시대를 열고 있다. 이른바 토큰화tokenization라는 기술은 부동산, 주식, 채권, 예술품 등 우리가 오랫동안 실물 기반으로 여겨온 자산을 블록체인 위에 디지털 토큰 형태로 옮겨놓는 것을 의미한다. 토큰화가 불러온 변화의 흐름은 자산 거래 방식, 투자 방식, 자산의 존재 방식을 바꾸고 있다. 이제 부동산을 소유하기 위해 수억 원을 준비해야 할 필요가 없으며 명화 한 점을 감상하는 데 그치지 않고 일부를 소유하는 것도 가능해졌다.

전통적으로 부동산이나 예술품과 같은 실물 자산은 유동성이 낮았다. 고가의 실물 자산은 쉽게 사고팔 수 없고 거래 과정이 복잡하며 자산의 분할이 어렵기 때문이다. 그러나 실물 자산을 디지털 토큰으로 변환하면 자산의 가치를 소수 단위로 나누어 수많은 개인 투자자에게 분배할 수 있다. 이로써 유동성은 크게 높아지고 소액 투자자도 고가 자산 투자에 참여할 수 있다.

자산 토큰화는 접근성의 민주화라는 새로운 시대정신을 구현하고 있다. 토큰화된 주식, 채권, 부동산, 예술품은 인터넷만 있으면 누구나 지갑을 통해 손쉽게 구매하고 거래할 수 있다. 특히 개발도상국 투자자나 젊은 세대에게는 기존 금융 시스템보다 뛰어난 접근성을 제공한다.

1달러로 빌딩에 투자하는 시대

빌딩에 투자한다는 것은 대체로 많은 사람이 상상하기 어려운 일이다. 특히 부동산 가격이 급등한 지금, 평범한 사람에게 빌딩 투자는 엄두가 나지 않는 일일지도 모른다. 사실상 고층 오피스 빌딩이나 강남의 상가 건물처럼 값비싼 부동산은 오랫동안 부자나 기관 투자자만의 전유물이었다. 일반 직장인이나 학생 혹은 자산이 많지 않은 이들에게는 그저 먼 이야기에 불과했다. 그만큼 과거에는 거액의 자본이 있어야만 부동산, 예술품, 고급 와인, 희귀 자동차와 같은 고급 실물 자산에 투자할 수 있었기 때문이다.

하지만 토큰화 기술이 등장하면서 투자 장벽이 허물어지고 있다. 토큰화는 하나의 자산을 디지털 토큰이라는 단위로 잘게 나누는 기술이다. 예를 들어 100억 원짜리 빌딩을 100만 개의 토큰으로 나누면 하나의 토큰 가격은 1000원이 된다. 다시 말해 1000원이나 1만 원만 있어도 빌딩 일부를 소유할 수 있는 구조가 만들어진다.

토큰화는 이처럼 소액 투자의 문을 활짝 열어주는 기술이라 할 수 있다. 바꿔 말하면 소액 투자의 민주화라고 부를 수 있다. 과거에는 투자를 하려면 큰돈이 필요했지만 이제는 그렇지 않다. 누구나 스마트폰만 있으면 전 세계 어디서든 다양한 자산에 소액으로 투자할 수 있다. 부동산뿐만 아니라 채권, 예술품, 농산물, 에너지 자원 등 다양한 실물 자산이 토큰화를 거쳐 소액 투자 상품으로 탈바꿈하고 있다.

이미 우리에게 익숙한 실물 자산들이 디지털 토큰의 형태로 재탄생하며 투자와 소유의 방식을 완전히 바꾸고 있다. 예를 들어 홍콩의 한 상업용 건물은 토큰화 과정을 거쳐 1만 원 단위로 전 세계 투자자에게 분할 판매됐다. 대규모 자본을 보유한 투자자나 기관만이 접근할 수 있었던 상업용 부동산이 이제는 평범한 개인도 소액으로 지분을 소유하고 임대 수익과 가치 상승의 혜택을 누릴 수 있는 자산이 된 것이다. 부동산 투자 시장의 진입장벽이 낮아지자 국경을 넘는 자금 유입이 활발해지고 특정 지역 자산의 유동성도 눈에 띄게 개선됐다.

예술품의 세계에도 변화가 찾아왔다. 디지털 아티스트 비플Beeple의 NFT 작품이 세상에 알려진 후, 일부 갤러리들은 실제 명화를 토큰화하여 공동 소유 형태로 판매하고 있다. 이제 명화를 소유하기 위해 거액을 지불할 필요가 없다. 투자자는 작품 일부의 디지털 지분을 통해 가치 상승

— 비플 Beeple이라는 예명으로 활동하는 마이크 윈켈만. 2021년 3월 크리스티에서 경매된 비플의 〈매일: 첫 5000일 Everydays: The First 5000 Days〉이라는 작품은 NFT 시장에서 약 6930만 달러에 낙찰되며 디지털 아트 작품으로는 역대 최고가를 기록했다. ⓒCryptonews

분과 전시 수익을 나눌 수 있으며, 작품의 감상과 소유가 분리되는 새로운 투자 문화가 자리 잡고 있다. 이는 예술품 시장의 문턱을 낮추고 거래 투명성을 높이는 계기가 됐다.

채권 시장도 예외는 아니다. 싱가포르 DBS은행은 STO Security Token Offering 방식으로 디지털 채권을 발행했다. 그 결과, 기존에는 고액 투자자나 기관만이 참여할 수 있었던 채권 시장에 소액 투자자도 진입할 수 있게 됐고, 발행·거래·정산 과정이 블록체인 위에서 효율적으로 처리됐다. 거래 속도와 투명성이 향상되면서 국경을 넘는 채권 거래의 장벽도 낮아지고 있다.

유럽의 일부 증권거래소에서는 비상장 주식을 토큰화하여 거래할 수 있는 환경이 마련됐다. 비상장 주식은 전통적으로 유동성이 낮아 거래가 쉽지 않았지만 토큰화를 통해 실시간 거래가 가능해졌다. 이로써 유망 스타트업에 대한 조기 투자 기회가 전 세계 투자자에게 열렸고 동시에 기업은 새로운 자금 조달 경로를 얻게 됐다.

이처럼 부동산, 예술품, 채권, 주식 등 다양한 실물 자산이 토큰화되면서 투자와 소유의 개념이 전례 없이 확장되고 있다. 국경과 자본 규모의 제한을 허무는 이 변화는 자산 시장을 더 개방적이고 유연하며 접근하기 쉽게 만들었다. 실물 자산의 디지털 변환은 기술의 발전뿐만 아니라 법률, 회계, 자산 관리, 투자자 보호 체계 등 금융 인프라 전반의 변화를 요구한다. 디지털 자산 생태계의 등장으로 이러한 흐름이 시작됐고 점점 더 빠르게 확산되고 있다.

토큰화 기술이 불러온 변화는 투자 수단의 다양성을 넘어 금융 기회의 평등화라는 의미를 지닌다. 특히 아직 자산을 많이 축적하지 못한 청년 세대, 은행이나 투자 기관에 쉽게 접근하기 어려운 개발도상국의 투자자에게 새로운 가능성을 열어준다. 개인이 가진 소득 수준과 재무 상황에 맞춰 조금씩 분산 투자를 하면서 자산을 천천히 키워나갈 수 있는 기반을 마련해 주고 있다. 한마디로 소액 투자의 민주화는 금융의 패러다임 자체를 바꾸는 변화다. 부자만을 위한 금융이 아니라 모두를 위한 금융으로 나아가는 길, 토큰화는 그 길을 현실로 만들고 있다.

토큰화가 앞당길
디지털 자산의 미래

앞서 설명했듯 토큰화란 실물 자산이나 전통 금융 상품을 블록체인에 기록 가능한 디지털 토큰으로 바꾸는 과정을 말한다. 이 기술은 투명성과 추적 가능성, 자동화된 거래를 가능케 함으로써 더욱 효율적이고 신뢰할 수 있는 금융 생태계를 만드는 핵심 기술로 주목받고 있다. 이를 통해 토큰화는 자산의 접근성과 유동성을 극대화한다. 과거에는 일부 고액 자산가나 기관만 고가의 실물 자산에 접근할 수 있었지만 이제는 일반 개인도 소액으로 참여할 수 있는 형태로 전환되고 있다. 특히 상품, 채권, 주식, 부동산과 같은 다양한 자산 클래스에서 토큰화가 활발히 이뤄지고 있으며 그 파급력은 투자자, 개인, 기관 모두에게 큰 영향을 미치고 있다.

세계적으로 주목받는 세 가지 토큰화 프로젝트 사례와 토큰화가 디지털 자산 환경에 미치는 실질적 효과를 살펴보자.

첫 번째 토큰화 사례는 팍소스 골드 디지털 토큰PAXG이다. 팍소스가 발행한 PAXG는 실물 금에 일대일로 연동되는 디지털 토큰이다. 뉴욕 금융감독청의 승인과 규제를 받는 PAXG는 2019년 9월 출시된 이후 시가총액 3억 2700만 달러를 기록하며 꾸준한 성장세를 보이고 있다. PAXG의 특징은 실물 금을 실제로 보유해야만 발행할 수 있다는 점이다.

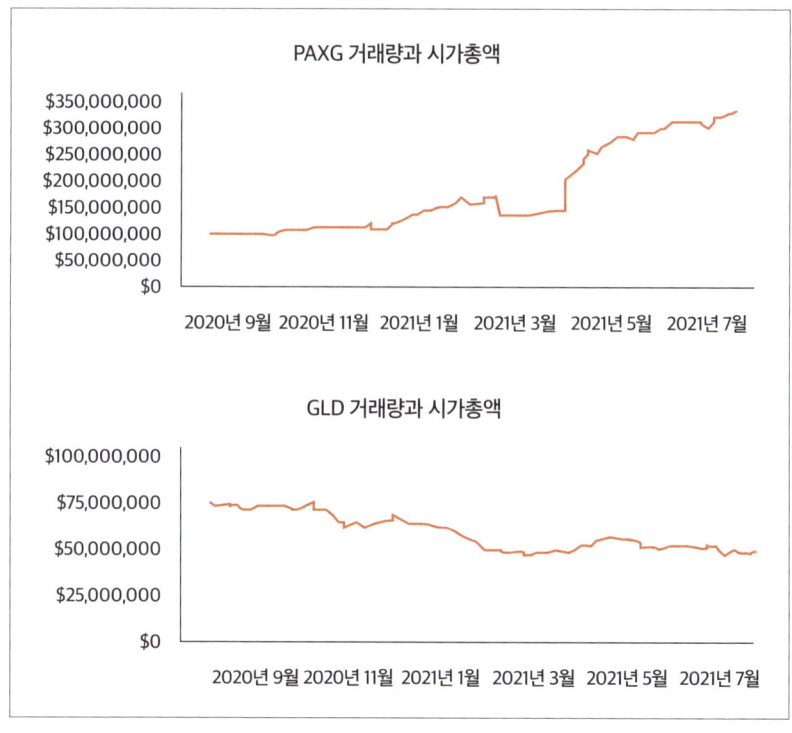

— 토큰화된 금과 금 ETF 비교 그래프. ⓒPaxos, Gold Share

즉, 새로운 PAXG가 발행될 때마다 금이 매수되므로 수요에 따라 공급이 자동으로 조절된다. 이는 투자자에게 자산의 보유를 실질적으로 체감할 수 있게 해주며 거래에 대한 신뢰를 높이는 요소로 작용한다. PAXG의 일일 거래량은 시가총액의 약 4.8% 수준으로 거래되고 있다. 대표적인 금 ETF인 GLD의 2.5%보다 높은 수치다. 이는 디지털 자산 토큰화가 투자자에게 얼마나 매력적으로 다가가는지를 보여주는 지표다. 또한 팍소스는 수수료 면제, 최소 구매 금액 인하, 실시간 결제 등의 혜택을 제공한다. 이를 통해 다양한 투자자가 금이라는 전통 자산에 디지털 방식으로 접근할 수 있게 되었다.

두 번째 토큰화 사례는 오버스톡Overstock.com의 증권형 토큰Security Token Offering, STO이다. 미국의 온라인 리테일 기업 오버스톡은 2억 7500만 달러 규모의 STO를 통해 디지털 방식으로 우선주를 발행하고 자동화된 배당 지급 시스템을 구현했다. 기존 주식 시장에서는 상장 요건이나 배당 지급 절차에 많은 시간과 비용이 들지만, 오버스톡은 블록체인을 활용해 과정을 자동화함으로써 디지털 배당을 더욱 효율적으로 제공하고 있다. STO는 2020년 테조스Tezos 블록체인 기반의 ERC-20 토큰 표준으로 발행됐으며 주주들은 현금 형태의 배당금을 받을 수 있다. 오버스톡의 사례는 토큰화 기술이 실제 상장 기업의 자본 구조와 배당 시스템에 적용돼 효과를 거두고 있음을 보여준다. 나아가 특정 목적에 맞는 주식을 별도의 거래소에서 토큰화 방식으로 유통할 수도 있음을 시사한다.

세 번째 토큰화 사례는 DBS 은행의 토큰화 채권 발행이다. 2021년 싱가포르 최대 은행 중 하나인 DBS는 총 1500만 싱가포르달러 규모의 토큰화 채권을 처음 발행했다. 이 채권은 DBS의 자체 디지털 채권 플랫폼인 FIX 마켓플레이스를 통해 전액 인수됐으며 아시아 금융 시장에서 의미 있는 첫 디지털 자산화 사례로 꼽힌다. 기존 채권은 발행, 유통, 결제 과정이 복잡하고 최소 투자 단위가 25만 달러 이상이지만 DBS의 토큰화 채권은 최소 1만 달러 단위로도 참여할 수 있다. 이는 더 많은 투자자에게 채권 시장 접근 기회를 열어주는 효과를 가져왔다. 또한 FIX 마켓플레이스 플랫폼은 발행, 유통, 법률 검토, 문서 관리까지 모든 과정을 자동화해 비용 절감과 처리 시간 단축에 큰 도움을 준다. DBS의 사례는 금융기관이 직접 발행한 토큰화 자산이 실제 시장에서 유의미하게 거래되고 있음을 보여주는 대표적 예다.

토큰화 시장에 참여하기 전 알아야 할 것들

토큰화가 앞당길 미래는 실물 자산의 디지털화 이상의 의미가 있다. 자산의 관리 방식 자체를 혁신하고 스마트 콘트랙트를 통해 거래가 자동으로 실행되며 중개 기관 없이도 신속하고 효율적인 처리가 가능하다. 이는 정산 속도를 높이고 거래 비용을 줄이며 자산의 가치 평가 및 관리의 신뢰도를 향상시키는 데 중요한 역할을 한다. 결국 이러한 구조는 더욱 투명하고 보안성이 높으며 글로벌 투자 환경에 최적화된 금융 생태계를 구축하는 데 기여한다. 세계 각지에서 실제 자산이 디지털 토큰으로 변환돼 거래되고 있으며 전통 금융을 보완하고 확장하는 방향으로 나아가고 있다. 토큰화는 유동성 향상, 시장 접근성 확대, 거래 효율성 개선 등 다양한 이점을 통해 새로운 금융 패러다임을 이끄는 핵심 기술로 자리 잡고 있다. 앞으로 더 많은 자산이 토큰화될 것이며 모든 투자자에게 새로운 기회와 전략을 제공할 것이다.

한편 블록체인 기술이 점차 기존 금융기관으로 확산됨에 따라 토큰화의 활용 사례도 빠르게 증가하고 있다. 각국에서는 디지털 자산에 대한 규제 지침과 법적 프레임워크를 마련하고 있다. 동시에 기존 금융기관은 자신이 보유한 기존 라이선스를 바탕으로 토큰화된 자산을 고객에게 제공할 수 있는 기반을 다져가고 있다. 이러한 흐름 속에서 토큰화를 활용한 기회가 계속 생겨나고 있다. 그 응용 범위는 발행사에서부터 증권사, 기관 투자자에 이르기까지 폭넓다. 토큰화 시장에 참여하려는 주체들은 몇 가지 핵심 요소를 반드시 고려해야 한다.

첫째, 블록체인 프로토콜 선택과 상호운용성이 중요하다. 토큰화를 고려할 때 어떤 블록체인 프로토콜 위에서 자산을 발행할지를 먼저 결정해야 한다. 블록체인 프로토콜에 따라 토큰의 성격, 유통 가능성, 거래 비용, 개발 생태계 등 다양한 요소에 직접적 영향을 받기 때문이다. 현재까지 가장 널리 사용되는 블록체인 프로토콜은 이더리움이다. 전체 토큰화 자산 중 약 86.7%가 이더리움 기반으로 발행되고 있다. 이는 이더리움의 높은 확장성과 스마트 콘트랙트 지원 기능 덕분이다. 이더리움 외에 스텔라(XLM), 바이낸스스마트체인(BSC), 테조스(XTZ) 등 다양한 대안 프로토콜도 있다. 이들은 저마다의 특성과 장점을 바탕으로 특정 용도에 적합한 플랫폼을 제공하고 있다. 특히 최근에는 여러 블록체인 프로토콜을 병행해 토큰을 발행하는 멀티체인 전략도 확대되고 있다. 대표적인 예가 담보 기반 스테이블코인인 USD 코인USDC이다. USDC는 다양한 프로토콜 위에서 동시 발행되며 각 체인의 장점을 적극적으로 활용하고 있다.

USDC가 활용하는 멀티체인 전략의 블록체인 프로토콜

이더리움: 디파이 애플리케이션을 위한 선도적 플랫폼으로 안정적인 스마트 콘트랙트 기능을 제공한다.
알고랜드: 높은 보안성과 처리 속도를 바탕으로 기업용 대규모 애플리케이션에 적합하다.
솔라나: 빠른 속도와 저렴한 수수료로 디파이 및 결제 관련 프로젝트에서 채택이 늘고 있다.
스텔라: 글로벌 결제 시스템과의 연계를 통해 소액 결제와 송금에 최적화돼 있다.
트론: 스테이블코인을 포함한 다양한 디지털 자산이 활발히 유통되는 생태계를 유지하고 있다.

블록체인	이더리움	알고랜드	솔라나	스텔라	트론
USDC 공급량	26,651,844,988	196,186,441	2,485,000,020	11,506,752	206,974,817
TPS(초당 거래 건수)	20 TPS	1,000 TPS	29,000 TPS	1,000 TPS	2,000 TPS
거래 처리 시간	6분	45초	3초	4초	5분

이처럼 다양한 프로토콜 간의 상호운용성은 점점 더 중요한 이슈로 떠오르고 있다. 하나의 체인에 국한되지 않고 여러 체인을 아우르며 토큰을 자유롭게 이동시키고 교환할 수 있는 환경을 만드는 것은 향후 토큰화 생태계의 지속적 성장과 활용도 확장을 위해 필수적이다.

둘째, 실물 경제와 블록체인의 연결 고리인 스마트 콘트랙트의 표준화가 필요하다. 자산을 디지털화해 블록체인상에 올리는 과정에서 스마트 콘트랙트는 핵심 역할을 담당한다. 스마트 콘트랙트를 활용하면 자산의 발행, 이전, 만기, 소각 등 자산의 수명 주기 전반에 필요한 모든 활동을 자동화할 수 있다. 스마트 콘트랙트가 표준화된다면 기존 금융 시스템과의 접점에서도 안정성과 신뢰도를 확보할 수 있다. 물론 간단한 과정은 아니다. 예를 들어 특정 자산군마다 특화된 스마트 콘트랙트가 필요하다거나 발행 기업의 특수한 ESG 요건, 산업 규제, 지역별 법적 요구 사항 등을 반영해야 할 수도 있다. 따라서 단일 규칙으로 정의하기보다 다양한 자산 유형에 공통적으로 적용할 수 있는 기능을 파악하고 점진적으로 표준화하는 작업이 필요하다. 스마트 콘트랙트의 표준화를 이루면 블록체인 기술의 진입장벽을 낮추고 더 많은 기관이 디지털 자산 시장에 진입하도록 돕는 데 중요한 열쇠가 될 것이다.

셋째, 디지털 자산 시대의 새로운 법률 및 규제가 갖춰져야 한다. 토큰화된 자산을 다룰 때 법률과 규제의 문제는 반드시 따라온다. 각국의 금융 규제 체계가 매우 다르므로 전 세계적으로 통일된 토큰화 프레임워크를 마련하기란 쉽지 않다. 부동산, 채권, 주식 등 자산군마다 적용되는 법이 다르고 한 국가 내에서도 관할 기관의 해석이 제각각일 수 있다. 그럼에도 오늘날 세계는 점차 공통된 기준을 만들어가고 있다. 2021년 G7 국가들이 다국적 기업의 조세 문제를 해결하기 위해 추진한 글로벌 세제 개혁처럼 디지털 자산 시장에서도 유사한 글로벌 규제 협력이 이뤄질 가능성이 높다. 디지털 자산이 금융 인프라로 자리 잡기 위해서는 기술뿐만 아니라 제도적 기반이 마련돼야 한다.

넷째, 자산이 토큰화를 거쳐 발행된 이후에는 투자자나 사용자가 실제로 거래하고 활용할 수 있는 1차 및 2차 시장이 필요하다. 디지털 자산 시장의 참여자들은 중앙화 거래소나 탈중앙화 거래소를 통해 토큰을 매매할 수 있고, 필요시 토큰을 은행, 기관 또는 비수탁형 개인 지갑으로 전송할 수 있다. 기존 금융 시장의 참여자들이 디지털 자산 생태계에 진입함에 따라 이들 거래소는 기존 증권사와 유사한 역할을 수행해야 한다. 자연스럽게 이들도 동일하거나 유사한 규제 요건을 따르게 된다. 미국의 오버스톡이 대표적인 예다. 오버스톡의 자회사 티제로tZero는 미국 증권거래위원회SEC와 금융산업규제국FINRA의 라이선스를 보유하고 있으며 합법적 증권형 토큰 거래소로 인정받고 있다. 유럽에서도 스위스 증권거래소SIX는 금융 시장감독청FSA의 승인을 받아 블록체인 기반의 증권거래소인 SIX디지털거래소SDX를 설립했다. 이를 통해 기업들은 기존 증권처럼 토큰화된 자산을 상장하고 유통시킬 수 있는 환경을 갖추게 됐다.

다섯째, 대출 및 담보 시장을 개척해야 한다. 토큰화된 자산의 보유나 거래를 넘어 실제 금융 활동에 활용되는 사례도 점차 늘고 있다. 대표적인 사례가 바로 대출과 담보 시장이다. 블록체인 기반 시스템에서는 중개 기관 없이도 스마트 콘트랙트를 통해 대출 조건을 명확히 정의하고 자동으로 집행할 수 있다. 이는 개인 간 직접 대출은 물론, 기관 간 대차거래에서도 효율성과 신뢰성을 동시에 확보하는 방법이 된다. 나아가 금융기관이나 기업은 장부에만 존재하던 비전통적 자산, 예를 들어 ESG 평가가 높은 자산이나 대체 투자자산을 담보로 설정해 유동성을 확보할 수 있다. 이미 디파이 플랫폼에서 이러한 활용이 활발히 이뤄지고 있다. 토큰화된 자산은 유동성 풀에 예치돼 자동화된 마켓 메이커Automated Market Maker, AMM에 참여할 수 있으며 자산 간 스왑이나 이자 수익 창출도 가능하다. 이러한 기술적 확장은 전통 금융이 제공하지 못했던 유연한

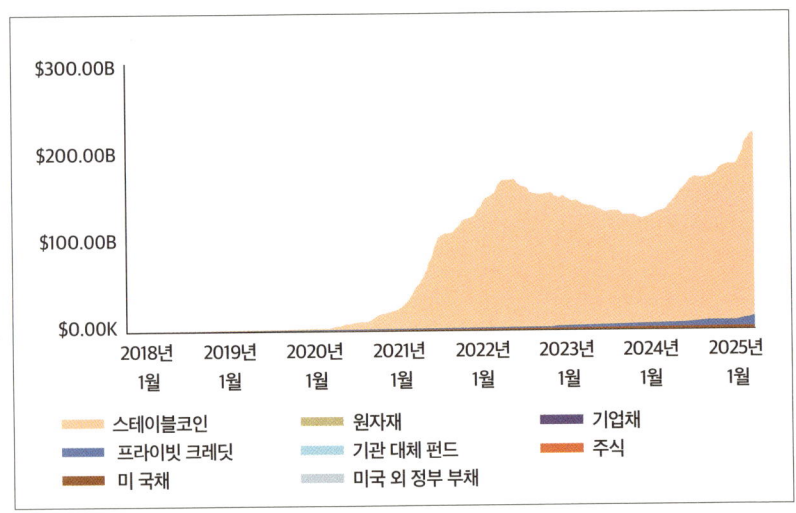

— 스테이블코인을 포함한 전체 RWA 시장 가치를 시계열로 나타낸 그래프. 2018년부터 2020년까지는 거의 움직임이 없었지만, 2020년 이후 스테이블코인을 중심으로 시장 규모가 급격히 성장했다. 특히 주황색으로 표시된 스테이블코인이 전체 RWA 가치에서 절대적인 비중을 차지하며 2025년 들어 2000억 달러를 넘어섰다. 다른 자산군(프라이빗 크레딧, 미 국채, 기업채, 주식 등)은 여전히 미미한 규모지만 점차 증가세를 보이며 스테이블코인 외 자산의 토큰화도 서서히 확산되고 있음을 알 수 있다. ⓒrwa.xyz

금융 서비스를 가능케 한다.

토큰화된 자산의 활용은 이제 기존 금융의 인프라와 결합되는 방향으로 발전하고 있다. 다만 대부분의 전통 금융기관은 아직 비트코인이나 이더리움 같은 디지털 네이티브 자산을 직접 다룰 준비가 되어 있지 않다. 이에 반해 기존 자산의 토큰화는 전통 금융기관들에 익숙한 자산 유형을 새로운 방식으로 제공하는 전환점이 될 수 있다. 디지털 자산 시장의 발전은 1990년대 초 인터넷이 산업 구조를 뒤흔들었던 변화와 유사한 흐름을 보이고 있다. 앞으로의 5년 그리고 그 이후의 금융 산업은 토큰화 기술을 얼마나 효과적으로 수용하고 활용하느냐에 따라 확연히 달라질 것이다.

토큰화된 화폐와 스테이블코인

토큰화된 화폐, 그중에서도 스테이블코인은 강력한 자본 통제와 통화 변동성에 시달리는 지역에서 크게 주목받고 있다. 스테이블코인이 제공하는 가장 큰 가치는 24시간 연중무휴로 가능한 실시간 청산 및 결제 기능, 스마트 콘트랙트를 통해 거래 조건을 자동으로 실행할 수 있는 통제력, 경제적 불안정성이 큰 시장에서의 상대적 안정성이다. 예를 들어 방콜롬비아는 디지털 USD 자산을 출시해 환율 변동성에 민감하게 반응하는 지역의 고객들이 급여를 더욱 안정적인 디지털 통화로 환전할 수 있도록 지원하고 있다. 이를 통해 고객 지갑 내 점유율을 확대할 뿐 아니라 지역 고객들의 실질적 문제 해결에 기여하고 있다. 또 유럽의 뱅킹서클은 MiCA 규제를 준수하는 최초의 은행 발행 스테이블코인을 선보였다. 뱅킹서클은 사전 감사를 완료한 스마트 콘트랙트와 API 기반 솔루션을 통해 규제 기준을 충족하면서도 보안성과 효율성을 갖춘 서비스를 구현했다. 2030년까지 스테이블코인의 유통량은 무려 1조 1000억 달러에 이를 것으로 전망된다. 이는 토큰화된 화폐가 미래 금융의 핵심 인프라가 되고 있음을 보여준다.

전 세계의 디지털 자산 실험

지난 30년 동안 등장한 다양한 디지털 금융 혁신 중 블록체인은 가장 큰 변화를 이끌어갈 잠재력을 지닌 기술이다. 비트코인이나 이더리움 같은 암호화폐처럼 대중적으로 크게 알려지거나 논란의 중심에 서지는 않았지만 암호화폐의 기반이 되는 기술이 바로 블록체인이다. 블록체인은 기업, 사용자, 시장이 더욱 안전하고 효율적이며 투명하게 상호작용할 수 있도록 돕는 기술이다. 지난 5~6년 사이 블록체인 기술은 비약적으로 발전해 대규모 환경에서도 충분히 검증된 바 있다. 그 결과, 현실 세계에서 활용할 수 있는 다양한 사례와 안정적인 애플리케이션을 지원하는 수준에 도달했다.

오늘날 하드웨어 발전 속도와 클라우드 기술의 보안 역량이 향상되면서 블록체인은 암호화폐에 국한되지 않고 독립적 기술로서 강력한 역할을 수행하고 있다. 그 덕분에 복잡한 전문 지식 없이도 블록체인을 도입할 수 있는 시대가 열렸다. 다양한 산업에서 활용하는 속도도 가파르게 상승하고 있다. 대표적으로 채권, 탄소배출권, 부동산, 로열티 포인트, 매출 채권 등 전통적 자산을 블록체인 위에 올려 거래할 수 있는, 이른바 토큰화의 확산을 이끌고 있다. 암호화폐보다 상대적으로 주목은 덜 받았지만 이제 블록체인은 새로운 수익 모델을 창출하고 더 안전하고 유동적이며 투명한 시장을 구축할 수 가능성을 보여주고 있다.

블록체인과 함께 스테이블코인도 주목할 만한 디지털 자산으로 떠올랐다. 스테이블코인은 기존의 암호화폐가 가진 가격 변동성 문제에 대한 해결책으로 등장했다. 달러, 유로 등의 법정통화에 가치를 연동시켜 안정성을 확보하면서도 블록체인의 빠른 전송성과 투명성을 그대로 유지한다. 스테이블코인은 글로벌 금융 시장에서 새로운 투자 수단으로 주목받고 있으며 특히 국가 간 결제, 자산 이전, 무역 금융 등 다양한 분야에서 활용 범위를 넓혀가고 있다.

토큰화는 블록체인을 통해 자산의 소유권과 권리를 설정한 후 이를 토큰 형태로 만들어 거래하는 개념이다. 토큰화를 통해 일부 자산가들만 접근할 수 있었던 시장에 일반 대중도 참여할 수 있게 됐다. 토큰화된 자산 시장이 확장됨에 따라 이 자산들을 직접 대출 시장이나 디파이 시장 등에서 담보 자산으로 활용하는 등 기존과는 다른 방식으로 사용할 수 있는 길이 열리고 있다. 블록체인, 스테이블코인, 토큰화는 기존 금융 시스템이 가진 한계를 넘어설 수 있는 실질적 해답이 되고 있으며 앞으로의 금융 생태계를 바꾸어갈 핵심 축이 될 것이다.

그런 가운데 전 세계 각국의 중앙은행과 금융기관은 디지털 자산을 더 이상 미래의 가능성이 아닌 현재의 과제로 인식하고 있다. 다양한 형태의 CBDC, 스테이블코인, 토큰화된 실물 자산 실험이 현실에서 실행되고 있다. 여기서는 각국이 어떻게 디지털 자산을 생활 금융에 접목하고 있는지 대표 사례들을 살펴보자.

호주와 뉴질랜드, 실생활 결제 실험을 시작하다

호주와 뉴질랜드 지역에서 가장 활발하게 디지털 자산 실험을 주도한 기관은 바로 호주뉴질랜드은행과 내셔널오스트레일리아은행이다. 2022년 3월, 호주뉴질랜드은행은 A$DC라는 이름의 호주 달러 기반 스테이블코인을 처음 발행했다. A$DC는 호주 달러 가치에 일대일로 연동되며 전액 담보형 구조를 가진 결제 토큰이다. 처음에는 은행 내부의 재무 운영을 효율화하기 위해 개발됐지만 곧 고객 간의 자산 이전에 사용됐다. 최근에는 퍼블릭 블록체인에서 탄소배출권을 토큰 형태로 매입하는 데도 활용되었다.

2023년 3월, 내셔널오스트레일리아은행은 이더리움 기반의 다중 통화 스테이블코인을 활용한 국경 간 결제를 세계 최초로 실행했다. 2022년 12월에는 은행이 전액 보증하는 디지털 부채 형태의 스테이블코인을 이더리움 메인넷상에 총 7개 발행했다. 그중 하나인 AUDN은 호주 달러에 연동된 스테이블코인이다. 특히 내셔널오스트레일리아은행은 스마트 콘트랙트 기반의 거버넌스 체계를 구축해 시스템 전반에 비상 대응 기능, 계층적 접근 제어, 감사 추적 기능 등을 탑재했다. 이에 따라 은행권 내에서도 그 기술적 완성도에 대해 매우 높은 평가를 받고 있다. 내셔널오스트레일리아은행의 실험은 전통 은행이 어떻게 디지털 자산의 발행자이자 운영자가 될 수 있는지를 보여준다.

이스라엘, 토큰화 국채와 셰켈 기반 결제 실험

2023년 6월, 이스라엘의 텔아비브증권거래소TASE는 획기적인 프로젝트를 출범시켰다. 프로젝트 에덴Project Eden은 셰켈 기반의 결제 토큰과 토큰화된 국채 발행을 결합한 실험으로 전 세계적으로도 보기 드문 사례다. 이스라엘 재무부 산하의 공공기관이자 회계감사기구는 텔아비브증권거래소와 협력해 디지털 국채를 발행했고 국내 5개, 해외 7개의 총 12개 은행이 블룸버그 플랫폼을 통해 경매에 참여했다. 이후 낙찰된 국채는 허가형 블록체인상에서 실시간으로 결제됐다. 이로써 기존 금융 시스템에서는 불가능했던 원자적 결제를 현실화했다. 프로젝트 에덴은 금융 시장 인프라 측면에서 가장 진보된 시도 중 하나로 평가받는다. 향후 증권 결제의 구조를 근본적으로 변화시킬 가능성도 보여주었다.

국제결제은행의 다국간 CBDC 실험, 프로젝트 마리아나

독일에서 발행된 유로화를 스위스 프랑이나 싱가포르 달러로 바꾸는 데 며칠씩 걸리지 않고 단 몇 초 만에 결제까지 끝난다면 어떨까? 단순한 편리성 이상의 변화로 국제 무역, 해외 투자, 글로벌 금융 서비스의 속도·비용·투명성을 완전히 바꿀 수 있다. 바로 이것이 프로젝트 마리아나Project Mariana가 꿈꾸는 세계다.

국제결제은행, 프랑스 중앙은행, 싱가포르 통화청, 스위스 국립은행은 프로젝트 마리아나라는 공동 프로젝트를 통해 매우 의미 있고 눈여겨볼 만한 실험을 진행했다. 프로젝트 마리아나의 핵심은 도매용 CBDC를 서로 다른 국가 간에 안전하게 주고받을 수 있는 구조를 만드는 것이다. 각국에서 자기 나라의 네트워크 안에서 도매용 CBDC를 발행하고 이를 국제 네트워크로 전송해 자동화된 마켓 메이커로서 교환할 수 있도록 설계했다. 쉽게 말해 나라 안에서는 허가받은 금융기관만 참여할 수 있는 안전한 네트워크permissioned network를 사용하고, 여기서 발행된 디지털 화폐는 국경을 넘어 국제 거래를 위한 공통 네트워크로 이동하게 된다.

공통 네트워크에서는 여러 나라의 디지털 화폐가 만나 자동으로 서로 교환될 수 있다. 현재는 제한된 기관만 국제 네트워크를 이용할 수 있지만 향후에는 누구나 접근할 수 있는 퍼블릭 네트워크로 전환될 가능성도 있다. 물론 보안과 규제 요건을 충족하는 방안을 함께 검토 중이다. 국가 간 네트워크 구조가 현실화되면 각국의 디지털 화폐가 더 넓은 시장에서 자유롭게 거래될 수 있고 유동성은 높아지며 투자자들의 접근성도

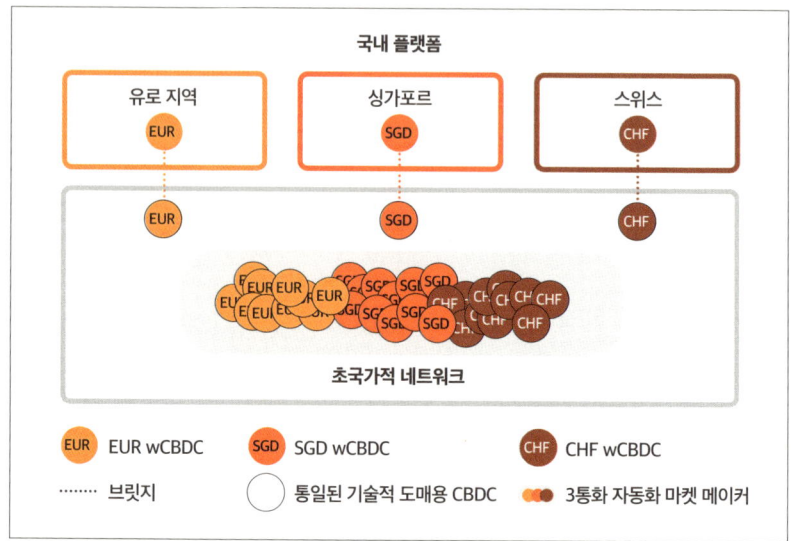

— 프로젝트 마리아나. 각국 중앙은행은 서로 다른 블록체인을 운영하면서도 자동화된 마켓 메이커를 활용해 외환 거래를 실시간으로 처리할 수 있는지를 검토했다. 이를 통해 외환 시장의 비효율성과 리스크를 제거하고 완전 통제 가능한 디지털 브리징 시스템을 설계했다.
ⓒBIS

크게 향상될 것이다. 다시 말해, 중앙은행의 디지털 화폐가 단지 국내에서 머무는 것이 아니라 글로벌 자산으로 사용되는 기회도 함께 열리는 것이다.

예를 들어 독일의 자동차 부품 회사가 싱가포르 전자 부품 공급업체에 50만 싱가포르 달러를 지급해야 한다고 가정해 보자. 기존에는 여러 중개 은행을 거치며 1~3일의 기간이 걸렸겠지만 마리아나 네트워크에서는 순식간에 진행된다.

1. 독일 출발 → EUR wCBDC 발행 후 국내 플랫폼에서 네트워크로

전송

2. 브릿지 통과 → 공통 표준으로 변환되어 다른 통화와 호환 준비 완료
3. AMM 환전 → 실시간 환율로 SGD wCBDC로 자동 변환
4. 싱가포르 도착 → 수취인 계좌에 즉시 입금, 결제 완료

결제 시간은 단 몇 초, 수수료는 최소화된다. 마리아나 프로젝트는 단순한 기술 실험을 넘어 국제 결제 인프라의 패러다임 전환을 모색한다. 즉, 무역 결제 속도와 비용을 절감할 수 있고, 환율 변동으로 인한 리스크를 최소화할 수 있다. 그리고 금융 시장의 투명성도 강화할 수 있다. 성공적으로 상용화된다면 은행·기업·개인 누구나 빠르고 투명하며 저렴한 국경 간 결제를 경험하게 될 것이다.

브라질, PIX 기반의 소매형 CBDC 실현을 향해 가다

2023년 6월, 브라질 중앙은행도 자국의 CBDC 실험 계획을 공식 발표했다. 브라질은 이미 실시간 결제 시스템인 PIX를 통해 디지털 금융에 친숙한 환경을 갖추고 있으며, 이를 기반으로 프로그래밍 가능한 소매형 CBDC의 비전을 제시했다. 특히 브라질의 CBDC 시스템이 부분 담보 디지털 부채(은행 발행)와 완전 담보 디지털 부채(비은행 결제 기관 발행)가 공존하는 혼합형 구조로 설계됐다는 점이 눈에 띈다. 또한 고객확인제도를

철저히 적용해 특정 유형의 디지털 부채는 반드시 등록된 고객만 보유할 수 있도록 제한했다. 브라질의 모델은 기존 금융 시스템의 기능을 유지하면서도 지급 결제 효율성과 확장성, 보안성을 동시에 강화하려는 시도로 이해할 수 있다.

호주, 부동산 토큰화로 주거 문제에 도전하다

2023년 7월, 호주의 디지털엑스DigitalX는 부동산 스타트업인 브릭렛Bricklet과 협력해 주거용 부동산의 토큰화 상품을 출시했다. 이는 실제 부동산 자산을 디지털 토큰으로 분할해 누구나 일부 지분만으로도 주택 투자에 참여할 수 있게 만드는 실험이다. 디지털엑스 모델은 예비 주택 소유자에게는 보증금을 마련할 수 있는 자본을 제공하고 투자자에게는 임대 수익 분배라는 실질적 수익을 제공하는 구조다. 또한 온체인 펀드 오브 펀드 구조를 통해 다양한 자산군을 유연하게 조합할 수 있는 구조적 유연성을 확보했다. 이 실험은 청년층 주거 문제와 부동산 시장 유동성 부족이라는 현실 문제에 대한 디지털 금융의 응답이라 할 수 있다.

HSBC와 홍콩, e-HKD의 소매 유통 가능성을 실험하다

2023년 9월, 세계적 금융기관인 HSBC는 홍콩 과학기술대학교HKUST와 공동으로 전자 홍콩달러e-HKD의 소매 활용 가능성에 대한 시범 운영을 실시했다. 이 실험에는 약 200명의 교수와 학생이 참여했으며 캠퍼스 내 상점에서의 소액 결제, 로열티 포인트 지급, 디지털 상품 구매 등의 방식으로 e-HKD를 사용했다. 이 실험은 다단계 유통 구조에서도 CBDC가 원활히 작동할 수 있는지를 실제 환경에서 검증한 매우 의미 있는 사례다. 또한 향후 소매형 CBDC가 실생활에서 어떻게 활용될 수 있을지에 대해 구체적 방향성을 제시한 실험이라 할 수 있다.

위 사례들을 통해 우리는 각국이 디지털 자산을 어떤 시각으로 바라보는지 엿볼 수 있다. 어떤 국가는 국경 간 결제와 외환 시장 효율성에 집중하고, 어떤 국가는 소비자 보호와 실생활 결제를 중심으로 실험을 진행한다. 이제 디지털 화폐는 선택이 아니라 필수 과제로 자리 잡고 있는 것이다.

24시간 깨어 있는 시장

크립토 업계에 몸담은 뒤, 새로운 개념과 용어를 수없이 접했지만 그중에서도 가장 인상 깊은 문장이 있다면 "크립토는 잠들지 않는다Crypto never sleeps"라는 것이다. 처음에는 그저 멋진 표현이라고 생각했지만 시간이 지날수록 이 문장이 담고 있는 의미를 점점 더 실감하게 됐다.

우리에게 익숙한 전통 금융 시장, 특히 주식 시장은 매일 정해진 운영 시간이 있다. 예를 들어 한국 증시는 매일 오전 9시에 개장해 오후 3시 30분에 마감된다. 이 시간 외에는 거래가 불가능하며 주말이나 공휴일에는 시장 자체가 열리지 않는다. 투자자 입장에서는 일종의 시간 장벽을 체험할 수밖에 없다. 만약 갑작스러운 뉴스나 글로벌 이슈가 밤사이 발생하더라도 여기에 대응하기 위해서는 다음 거래일까지 기다릴 수밖에 없다.

디지털 자산 시장, 즉 크립토 시장은 완전히 다른 원칙 위에서 작동한다. 블록체인 기술 기반의 디지털 자산 시장은 전 세계 어디에서든, 누구든지, 언제든지 참여할 수 있도록 설계돼 있다. 미국에 거주하는 투자자는 늦은 밤 잠들기 전에도 비트코인을 거래할 수 있고 한국에 있는 투자자는 새벽 시간에도 알트코인을 사고팔 수 있다. 플랫폼은 잠들지 않으며 기술은 24시간 깨어 있는 세상을 만든다. 거래소는 닫히지 않고 스마트 콘트랙트는 쉼 없이 작동하며 블록은 매초마다 새로운 기록을 써 내려간다.

지금 우리가 경험하는 변화의 물결은 단순히 편리를 제공하는 데 그치지 않는다. 시장 참여자가 전례 없는 유동성을 경험하고 지역과 시간이라는 제약을 뛰어넘도록 이끈다. 글로벌 투자자가 각자의 시간대에 맞춰 자율적으로 거래할 수 있는 환경은 곧 시장 참여자의 저변 확대와 직결된다. 더 많은 사람이 다양한 시간대에 자유롭게 거래에 나서면 이는 곧 시장 전체의 깊이와 안정성을 높이는 긍정적 효과로 이어진다.

24시간 시장은 리스크 관리 측면에서도 매우 큰 장점이 있다. 오늘날의 세계 금융 환경은 주요 국가의 경제 관련 정책 발표나 돌발 뉴스, 지정학적 이슈 등이 언제든 발생할 수 있는 구조로 바뀌고 있다. 투자자들에겐 매 순간 등장하는 정보에 실시간으로 반응할 수 있는 시장이 필요하다. 크립토 시장은 바로 이러한 요구를 충족시킨다. 실시간 대응이 가능하다는 것은 변동성 높은 환경 속에서도 위험을 최소화하고 기회를 빠르게 포착할 수 있다는 의미다.

 무엇보다 토큰화된 자산 시장 역시 이처럼 항상 열려 있는 시장을 구현하고 있다. 이제 기존의 자산이 블록체인상에서 토큰화되면서 24시간 언제든 거래 가능한 형태로 재탄생하고 있다. 이는 전통 금융이 가진 가장 근본적 제약, 즉 시간이라는 한계를 허무는 혁신이다.

 "크립토는 잠들지 않는다"라는 말은 단지 기술의 진보를 상징하지 않는다. 이것은 금융의 미래가 어떻게 바뀌고 있는지를 가장 잘 보여주며, 전통 금융이 어디로 나아가야 하는지를 조용히 말해준다. 그리고 이제 우리는 그 변화의 한복판에 서 있다.

법적 복잡성과 기술적 과제들

물론 토큰화가 모든 문제를 해결해 주는 만능열쇠는 아니다. 아직 넘어야 할 산도 많다. 가장 큰 문제는 법적 복잡성이다. 자산을 토큰화했을 때, 과연 토큰이 법적으로 어떤 지위를 가지는지, 증권이나 화폐 또는 단순한 소유권 증명 수단인지에 대해 명확한 정의가 내려져야 한다. 나라마다 법적 기준이 다르고 기존 금융법은 디지털 자산에 대한 정의가 명확하지 않아 많은 혼란을 빚고 있다. 규제 기관과의 마찰이나 투자자 보호 이슈가 발생하기도 한다.

 기술적 문제도 남아 있다. 토큰화를 구현하는 블록체인 네트워크가 얼마나 안전한지, 토큰을 관리하는 스마트 계약은 해킹에 강한지, 서로 다른 플랫폼 간에 토큰을 이동시킬 수 있는지 등 수많은 기술 과제가 산적해 있다. 특히 대규모 금융 시스템에 적용하려면 수십만, 수백만 건의 거래를 신속하고 정확하게 처리할 수 있어야 하는데, 현재 일부 블록체인 기술은 아직 그런 수준에 도달하지 못했다.

결국 토큰화의 성공은 기술과 법이 손을 맞잡고 조화를 이뤄야 가능하다. 제도 정비와 기술 고도화가 동시에 이뤄질 때, 토큰화는 진정한 금융 혁신으로 자리 잡을 수 있다.

13장

스테이블코인, AI 그리고 인간 없는 비즈니스의 출현

모든 혁신의 중심에는 여전히 사람이 있다. 인간은 실수하고,
기회를 놓치며, 때로는 불완전하다. 자율적으로 돈을 벌고 인간 없이도
회사를 운영하는 시대, 자율 경제의 거대한 물결 앞에서
인간의 역할은 사라질 것인가 아니면 재정의될 것인가?

"AI가 모든 일을 처리한다면
인간은 무엇을 해야 하는가?"

인간 없이 움직이는
자율 경제의 서막

"우리는 왜 일하는가?" 인류 역사를 관통해 온 이 질문에 대한 답은 놀랍도록 단순했다. 생존하고 더 나은 삶을 영위하기 위해서다. 산업혁명 이후 인류의 경제활동은 크게 두 가지 축, 즉 노동소득과 자본소득을 중심으로 움직여 왔다. 아침에 출근해 정해진 시간 동안 노동력을 제공하며 월급을 받는 구조가 노동소득의 전형이다. 자본소득은 내가 가진 돈, 즉 자본을 주식, 채권, 부동산 등에 투자해 배당, 이자, 시세차익을 얻는 것을 의미한다. 토마 피케티가 『21세기 자본』에서 날카롭게 지적했듯이 역사적으로 자본 수익률(r)이 경제 성장률(g)을 앞지르면서 자본소득의 중요성은 갈수록 커져왔다. 우리는 돈이 돈을 버는 속도가 노동으로 돈을 버는 속도를 추월하는 시대에 살고 있다.

하지만 전통적 자본소득 창출 과정 역시 비효율성으로 가득 차 있었다. 최고의 투자처를 찾기 위해 수많은 보고서를 읽고 시장의 변동성에 노심초사하며 복잡한 세금 문제를 처리해야 했다. 자본소득 창출의 모든 과정은 인간의 시간과 노력을 쏟아야 했고 감정과 편향이라는 치명적 약점에 노출돼 있었다. 2008년 글로벌 금융 위기는 소수의 전문가가 내린 잘못된 판단이 전 세계를 어떻게 위기에 빠뜨릴 수 있는지 극명하게 보여줬다. 결국 전통적 금융 시스템 안에서 돈이 일한다는 말은 사실상 돈을 가진 사람이 끊임없이 신경 쓰며 일한다는 말과 같았다.

앞서 스테이블코인이라는 디지털 화폐가 어떻게 현대 금융의 풍경을 바꾸고 있는지 살펴봤다. 예치를 통한 이자 수령, 디파이 프로토콜 간의 자산 이동, 글로벌 송금 등의 모든 기술은 돈이 일하게 만드는 혁신적 방법이었다. 하지만 이 모든 혁신의 중심에도 여전히 사람이 있다. 스마트폰 앱을 켜고 이자율을 비교하고 버튼을 클릭하고 때로는 실수하며 기회를 놓치는 불완전한 인간 말이다.

만약 인간의 개입을 완전히 제거할 수 있다면 어떤 일이 벌어질까? 만약 돈이 스스로 생각하고 조직을 만들고 사업을 운영하는 세상이 온다면 어떻게 될까? 더 이상 SF 소설 속 이야기가 아니다. 우리는 지금 자율경제autonomous economy라는 거대한 패러다임의 입구에 서 있다. 이 문을 여는 핵심 열쇠는 바로 스테이블코인, 인공지능AI 그리고 탈중앙화 자율조직DAO의 결합에 있다.

인간의 개입을 최소화한 프로그래머블 머니

오늘날 스테이블코인이라는 프로그래머블 머니가 등장해 게임의 판도가 바뀌고 있다. 스테이블코인은 블록체인과 스마트 콘트랙트라는 혁신적 기술 위에서 작동하는 새로운 형태의 돈으로 조건과 규칙에 따라 스스로 움직일 수 있다. 예컨대 블록체인상에 "만약 A 조건이 충족되면 B에게 100USDC를 즉시 전송하라"라는 식의 명령을 스마트 콘트랙트 코드로 새겨 넣을 수 있다. 이를 통해 스테이블코인은 전통적 돈이 가진 지급과 결제라는 단편적인 역할을 넘어 돈 자체에 지능과 자율성을 부여한다.

기업의 급여 지급 과정을 생각해 보자. 기존의 방식이라면 인사팀 직원이 매월 말 급여를 계산해 은행에 이체 목록을 보내고 수많은 확인 절차를 거쳐야 했다. 하지만 프로그래밍 가능한 스테이블코인을 활용하

— 스트리밍 기능을 갖고 있는 뉴라이트 스테이블코인. ⓒNerite

면 "매월 25일 0시에 각 직원의 지갑 주소로 계약된 급여를 자동으로 이체하라"라는 스마트 콘트랙트 코드 하나로 모든 과정이 해결된다. 인간의 개입 없이, 실수 없이 투명하게 실행되는 것이다. 실제로 뉴라이트Nerite와 같은 프로젝는 스테이블코인의 자체 기능에 실시간 급여 및 결제 스트리밍 서비스를 제공하며 프로그래머블 머니의 가능성을 현실로 만들고 있다.

인공지능 두뇌와 탈중앙화 자율조직 신체의 만남

스테이블코인이라는 프로그래머블 머니의 등장은 시작에 불과하다. 진정한 혁신은 프로그래머블 머니가 인공지능이라는 두뇌와 탈중앙화 자율조직이라는 신체를 만났을 때 시작된다. 인공지능은 방대한 데이터를 실시간으로 분석해 최적의 의사결정을 내릴 수 있는 지능을 제공한다. 탈중앙화 자율조직은 의사결정을 실행하고 여러 주체가 국경 없이 협업하며 보상을 분배할 수 있는 조직적 틀을 제공한다. 그리고 스테이블코인은 두뇌와 신체를 연결하며 모든 경제활동을 기록하고 정산하는 혈액의 역할을 수행한다.

세 가지 요소의 결합은 인간 없는 비즈니스, 즉 자율 경제의 탄생을 예고한다. 자율 경제란 인간의 직접적 개입 없이 AI 에이전트가 자본(스테이블코인)을 운용하고 탈중앙화 자율조직이라는 조직 형태를 통해 사업 목표를 달성하며 수익을 창출하고 재투자하는 경제 시스템을 의미한다.

이는 단순한 업무 자동화 이상의 의미를 담고 있다. 기업의 설립, 운영, 의사결정, 가치 분배의 전 과정이 코드에 의해 자율적으로 이루어지는 새로운 차원의 패러다임이다.

예를 들어 당신이 "내 스테이블코인 1만 달러를 연 7% 이상의 수익률을 목표로, 신용 리스크가 낮은 프로토콜에 분산 투자해 줘"라고 인공지능 에이전트에게 명령한다고 상상해 보라. 에이전트는 즉시 전 세계 수백 개의 디파이 프로토콜을 스캔하고 각 프로토콜의 스마트 콘트랙트 코드를 분석해 보안 취약점을 평가하며 유동성, 거래량, 거버넌스 토큰의 안정성까지 고려해 최적의 포트폴리오를 구성하고 자산을 배치한다. 만약 시장 상황이 변하면 포트폴리오를 24시간 내내 자동으로 리밸런싱도 해준다. 당신이 할 일은 최초의 목표를 설정하는 것뿐이다.

스테이블코인, 인공지능, 탈중앙화 자율조직의 조합이 바로 자율 경제의 핵심 원리다. 자연스럽게 인간은 실행의 영역에서 벗어나 목표 설정과 전략 구상이라는 더 높은 차원의 역할을 부여받는다. 이제 우리는 더 이상 돈을 벌기 위해 반복 노동을 하거나 시장을 전전긍긍하며 지켜볼 필요가 없다. 그 대신 자신의 자본을 운용할 인공지능 에이전트를 고용하고 그들이 활동할 규칙과 윤리를 설계하는 자본의 설계자 역할을 맡으면 된다. 앞으로 다가올 시대는 내가 일해서 돈을 버는 시대가 아니라 나의 자본과 나의 인공지능이 나를 위해 일하는 시대가 될 것이다. 그 거대한 전환의 중심에 모든 것을 가능하게 하는 운영체제OS로서 스테이블코인이 자리하고 있다.

자율 경제를 움직이는 두뇌와 신체

자율 경제라는 새로운 대륙을 탐험하기 위해서는 두 가지 핵심 도구가 필요하다. 바로 인공지능 에이전트라는 나침반과 탈중앙화 자율조직이라는 지도다. 인공지능 에이전트가 무엇을 어떻게 할지를 결정하는 두뇌라면, 탈중앙화 자율조직은 그 결정이 실행되고 여러 주체가 함께 항해할 수 있도록 만드는 신체이자 골격이다. 이 둘을 완벽하게 연결하며 생명력을 불어넣는 것이 바로 스테이블코인이라는 혈액이다.

자율 경제의 지능적인 두뇌, 인공지능 에이전트

인공지능 에이전트는 명령에 따라 작업을 수행하는 챗봇이나 자동화 스크립트를 넘어선 개념이다. 이들은 명확한 목표를 부여받으면 스스로 데이터 수집, 환경 인지, 계획 수립, 실행은 물론이고 그 결과를 학습해 다음 행동을 개선하는 자율적인 행위자autonomous agent다. 오픈AI OpenAI의 GPT-4와 같은 대규모 언어 모델LLM의 등장은 인공지능 에이전트의 상용화를 급격히 앞당겼다. 이제 인공지능은 텍스트 생성의 수준을 넘어 웹브라우저를 조작하고 API를 호출하며 코드를 실행하는 등 디지털 세계에서 구체적 작업을 수행할 수 있게 됐다.

금융 영역에서 활용되는 인공지능 에이전트의 역할은 가히 혁명적이다. 앞서 언급했듯이 인공지능 에이전트는 인간 트레이더가 따라갈 수 없는 속도와 정확성으로 시장을 분석한다. 수천 개의 뉴스 기사, 소셜미디어 게시물, 기술적 지표, 온체인 데이터를 실시간으로 처리해 시장의 미세한 변화까지 포착하고 이를 바탕으로 스테이블코인 거래를 밀리초 단위로 실행한다. 이미 비트텐서Bittensor와 같은 플랫폼에서는 다양한 AI 알고리즘을 사고파는 마켓플레이스가 형성되고 있으며 투자자들은 자신의 자산을 운용할 최고의 인공지능 트레이딩 에이전트를 고용할 수 있다.

인공지능 에이전트의 진정한 잠재력은 인간이 생각하지 못했던 새로운 금융 전략을 창출하는 데 있다. 예를 들어 여러 디파이 프로토콜에 복잡하게 얽혀 있는 유동성 풀과 대출 이자율, 토큰 보상 시스템을 동시에 최적화하는 다차원 수익 농업Multi-dimensional Yield Farming 전략을 스스로 설계하고 실행할 수 있다. 이는 마치 3차원 공간에 익숙한 인간에게 4차원 공간의 지름길을 찾아주는 것과 같다.

하지만 아무리 뛰어난 두뇌라도 혼자서는 복잡한 비즈니스를 완성할 수 없다. 여러 인공지능 에이전트와 인간 전문가들이 협력하고 공동의 목표를 향해 나아가며 그 성과를 투명하게 나눌 수 있는 조직이 필요하다. 바로 이 지점에서 탈중앙화 자율조직이 등장한다.

자율 경제의 투명한 신체, 탈중앙화 자율조직

탈중앙화 자율조직은 말 그대로 코드로 운영되는 인터넷 기반의 조직이다. 전통적 기업처럼 CEO, 이사회, 중간 관리자가 존재하는 위계적 구조가 아니라 스마트 콘트랙트에 의해 규칙이 설정되고 조직의 구성원(주로 거버넌스 토큰 보유자)이 투표를 통해 주요 의사결정을 내리는 구조다. 모든 제안, 투표, 자금 집행 내역은 블록체인 위에 투명하게 기록되어 누구나 확인할 수 있다.

2024년 기준, 딥다오DeepDAO의 데이터에 따르면 수천 개의 탈중앙화 자율조직이 활동하고 있다. 이들이 관리하는 자산 규모는 총 200억 달러(약 27조 원)를 넘어섰다. 탈중앙화 자율조직이 실질적 경제활동을 수행하는 새로운 조직 형태로 자리 잡고 있음을 보여주는 증거다. 대표적인 디파이 프로토콜인 메이커다오는 수십억 달러 규모의 스테이블코인

다이를 관리하며, 유니스왑 DAO는 세계 최대 탈중앙화 거래소의 방향성을 결정한다. 이들은 모두 중앙의 통제 기관 없이 전 세계에 흩어져 있는 토큰 보유자들의 집단적 의사결정으로 운영된다.

탈중앙화 자율조직은 신뢰가 아닌 코드에 기반해 실행되고 그 실행 속도가 빠르다는 점에서 전통적인 주식회사와 근본적으로 다르다. 기존 주식회사에서는 안건이 주주총회에서 통과되더라도 실제 집행까지는 이사회의 결의, 법무팀의 검토, 실무 부서의 실행 등 복잡하고 느린 절차를 거쳐야 한다. 그 과정에서 본래의 의도가 왜곡되거나 지연되는 경우도 많다. 반면 탈중앙화 자율조직에서는 투표가 가결되는 순간, 그 결과가 스마트 콘트랙트를 통해 즉시, 자동으로 실행된다. "새로운 투자 자산 X를 프로토콜에 추가하자"라는 제안이 통과되면 사람의 개입 없이 코드가 자동으로 업데이트돼 해당 기능이 활성화된다.

탈중앙화 조직이 모든 상황의 답은 아니지만, 이러한 특성은 효율성을 중시하는 AI 시대에 활용할 수 있는 구조적 옵션으로서 가능성을 보여준다.

인간 없는 비즈니스의 완성

이제 자율 경제의 그림이 더욱 선명해진다. 인공지능 에이전트가 두뇌로서 최적의 전략을 제안하면 탈중앙화 자율조직이라는 신체가 그 제안을 검토하고 실행한다. 그 과정을 간단하게 살펴보면 제안-투표-실행의 구조로 설명할 수 있다.

우선 인공지능 에이전트는 제안의 역할을 한다. 시장 분석 인공지능 에이전트가 "현재 시장 변동성을 고려할 때, 우리 DAO의 자산 중 10%를 A 프로토콜에서 B 프로토콜로 옮기면 연 2%의 추가 수익과 함께 리스크를 3% 낮출 수 있다"라는 구체적 제안을 탈중앙화 자율조직에 제출한다. 그러면 탈중앙화 자율조직의 구성원이 투표에 들어간다. 토큰 보유자들(인간 또는 다른 인공지능)은 제안을 검토하고 투표를 통해 승인 여부를 결정한다. 마지막으로 투표가 가결되면 탈중앙화 자율조직의 재무를 관리하는 스마트 콘트랙트가 자동으로 실행 단계로 넘어가 스테이블코인을 A 프로토콜에서 인출해 B 프로토콜로 예치한다.

그러나 현재 탈중앙화 자율조직은 여전히 초기 단계다. 낮은 투표 참여율로 인해 사업의 방향성이 흔들리거나, 토큰 기반 의사결정이 소수 자본의 논리에 따라 움직이는 부자들의 민주주의라는 비판이 제기된다. 실제로 아비트럼 DAO에서는 한 사용자가 약 5ETH(당시 약 1만 달러)를 지불하고 로비파이LobbyFi 플랫폼을 통해 1900만 개 이상의 ARB 토큰에 해당하는 투표권(약 650만 달러 규모)을 확보해 특정 위원회 안건에 영향력을 행사한 사례가 보고됐다. 또한 위임delegate 구조에 권력이 집중되면서 신규 참여자의 성장이 어려워지고 일부 예산 프로그램 집행 과정에서도 과도한 자원 배분과 투명성 부족 문제가 지적되었다. 여기에 2016년에는 더다오 해킹 사건처럼 스마트 콘트랙트 취약점을 노린 공격 위험과 법적 지위가 불명확해 각국 규제 당국과 충돌할 수 있는 리스크까지 겹치며 DAO는 여전히 해결해야 할 제도적·기술적 과제가 많은 과도기적 모델로 남아 있다.

　그럼에도 인공지능과 탈중앙화 자율조직이 스테이블코인을 매개로 결합하는 흐름은 거스를 수 없는 미래다. 이는 자본과 노동이 결합하는 방식, 기업이 운영되는 방식 그리고 부가 창출되고 분배되는 방식 자체를 근본적으로 바꾸는 거대한 변화의 시작이다. 자율 기업들이 실제로 국경 없는 디지털 조직을 만들어내고 인간의 일하는 방식을 바꾸는 방식에 관한 사례도 점차 누적되고 있다.

국경 없는
디지털 기업의 탄생

인공지능 에이전트와 탈중앙화 자율조직의 결합은 현실에서 국경 없는 디지털 기업의 탄생으로 이어진다. 이는 회사의 법적 실체, 고용 관계, 보상 시스템, 심지어 협업 방식까지 근본적으로 다른, 새로운 형태의 조직이다. 예를 들어 런던에 사는 세계적 수준의 인공지능 개발자, 서울에 있는 감각적인 UI/UX 디자이너 그리고 상파울루에 거주하는 Z세대 전문 마케터가 함께 글로벌 핀테크 서비스를 만든다고 상상해 보자. 전통적 방식을 따른다면 가장 먼저 법적 문제에 부딪히게 된다. 어느 나라에 법인을 설립할 것이고, 어떤 국가의 노동법을 따를 것이며, 급여는 어떤 통화로 지급하고 복잡한 국가별 세금 문제는 어떻게 처리할 것인가? 국경을 넘는 순간, 비즈니스의 본질보다 행정적·법률적 장벽이 더 큰 골칫거리로 다가온다. 하지만 인공지능과 탈중앙화 자율조직 그리고 스테이블코인으로 무장한 자율 기업은 기존의 모든 문제를 우회한다.

기업의 미래 모습까지 바꾸다

우선 기업의 설립 과정에서 특정 국가에 법인을 등록하는 대신 이더리움이나 솔라나 같은 글로벌 블록체인 위에 탈중앙화 자율조직을 생성한다. 회사의 정관과 정책은 더 이상 두꺼운 문서가 아니라 스마트 콘트랙트가 되는 것이다.

자본 조달 방식도 달라진다. 과거에는 벤처캐피털 몇 곳의 심사 문턱을 넘어야 했다면 이제는 전 세계 누구나 참여할 수 있다. 투자자들은 거버넌스 토큰을 사서 초기 자본을 댈 수 있다. 이 자본은 대부분 스테이블코인 형태로 들어오며, 투자자는 주주가 아니라 토큰 홀더로서 의사결정 과정에 참여할 권리를 가진다.

업무와 협업의 방식도 달라진다. 런던의 개발자는 핵심 알고리즘을, 서울의 디자이너는 앱 디자인을, 상파울루의 마케터는 소셜 캠페인 전략을 제안한다. 이들은 정규직 직원이 아니라 프로젝트에 기여하는 컨트리뷰터contributor다. 회사는 고용 계약서로 묶인 관계가 아니라 목표와 과업을 제안 시스템에 올려두고 필요한 사람이 들어와 투명하게 참여한다.

보상도 자동화된다. 특정 마일스톤이 달성되는 순간 스마트 콘트랙트는 약속된 보상을 스테이블코인으로 즉시 전송한다. 국경과 은행은 더 이상 장벽이 아니다. 더 나아가 프로젝트의 성과는 추가적인 거버넌스 토큰으로 돌아와 단순한 임금이 아니라 성공을 함께 나누는 구조가 된다.

이 새로운 형태의 자율 기업에는 세 가지 장점이 있다. 첫째, 고정비가 거의 사라진다. 사무실 임대료, 정규직 급여, 복리후생 같은 비용이 프로젝트 기반의 변동비로 바뀐다. 둘째, 인재 채용의 경계가 사라진다. 더 이상 지역에 묶일 필요 없이 인터넷만 있으면 누구나, 어디서든 실력만으로 프로젝트에 참여할 수 있다. 고용 시장은 지역 단위에서 글로벌 단위로 확장된다. 셋째, 이해관계가 하나로 묶인다. 모든 기여자와 투자자는 토큰을 통해 조직의 성패와 직접 연결된다. 토큰의 가치가 오르면 모두가 그 이익을 나누기 때문에 누구도 수동적이지 않다. 모두가 주인처럼 움직이게 되는 것이다.

모두가 주인인 기업이 탄생하다

2024년에 마이크로소프트가 발표한 업무동향지표 Work Trend Index에 따르면 지식 근로자의 75%가 이미 업무에 인공지능을 사용하고 있다고 한다. 또한 많은 사람이 인공지능이 자신의 업무 부담을 덜어주고 창의성을 높여준다고 믿는다. 무엇보다 인공지능이 조직 구조 자체를 바꾸고 있다는 점에 주목해야 한다. 전통적 조직에서는 사람이 인공지능을 사용했지만 자율 기업에서는 인공지능 에이전트가 동료 또는 팀원으로서 인간과 함께 일하게 될 것이기 때문이다.

글로벌 핀테크 기업의 탈중앙화 자율조직에서 인공지능 에이전트가 맡은 역할을 살펴보자. 첫째, 시장 분석 에이전트로서 경쟁 서비스의 가격 정책, 사용자 리뷰, 관련 규제 변화를 24시간 모니터링하고 주간 보고서를 탈중앙화 자율조직에 자동 제출한다. 둘째, 코드 리뷰 에이전트로서 개발자가 제출한 코드를 분석해 버그나 보안 취약점을 찾아내고 수정안을 제안한다. 셋째, 재무 관리 에이전트로서 탈중앙화 자율조직의 자금(스테이블코인)을 관리하며 유휴 자금을 디파이 프로토콜에 예치해 추가 수익을 창출하고 모든 거래 내역을 투명하게 기록한다. 넷째, 커뮤니티 관리 에이전트로서 소셜미디어 채널에서 자주 묻는 질문에 자동으로 답변하고 중요한 커뮤니티 여론을 요약해 인간 관리자에게 보고한다. 이처럼 반복적이고 분석적인 업무를 인공지능 에이전트에 위임하면 인간은 전략적이고 창의적인 판단이 필요한 핵심 업무에만 집중하는 고도로 효율적인 협업 체계를 갖출 수 있다.

물론 디지털 기업 조직이 모든 종류의 일을 대체할 수는 없다. 물리적 제품을 생산하는 제조업, 대면 서비스가 필수인 의료나 요식업 등은 여전히 전통적 조직 형태로 운영돼야 할 것이다. 하지만 소프트웨어 개발, 디자인, 마케팅, 콘텐츠 제작, 컨설팅, 연구 등 디지털 형태로 결과물이 산출될 수 있는 거의 모든 지식 기반 산업은 점차 탈중앙화 자율조직 기반의 디지털 조직으로 전환될 가능성이 높다. 이미 많은 프리랜서와 디지털 노마드가 유사한 방식으로 일하고 있다. 탈중앙화 자율조직은 이들이 신뢰 기반 위에서 더욱 체계적으로 협업할 수 있게 만들어주는 강력한 도구가 될 것이다.

국경 없는 디지털 기업의 등장은 결국 회사에 다닌다는 기존 개념 자체를 바꾸어놓을 것이다. 우리는 더 이상 특정 조직에 평생 소속되는 것이 아니라 여러 탈중앙화 자율조직 프로젝트에 유연하게 참여하고 기여하며 살아가는 프로젝트 기반 경제project-based economy로 이동하게 될 것이다. 이 새로운 경제의 중심에서 스테이블코인은 국경 없는 가치 교환을, 인공지능은 지능적 의사결정을, 탈중앙화 자율조직은 투명한 협업을 가능하게 하는 핵심 인프라로 작동할 것이다.

AI 시대, 인간은 무엇을 해야 하는가

인공지능 에이전트가 자율적으로 돈을 벌고 탈중앙화 자율조직이 인간 없이 회사를 운영하는 시대. 최근 한 CEO가 던졌다는 "인공지능이 모든 일을 처리한다면 인간은 뭘 해야 하나요?"라는 질문은 더 이상 기우가 아닌, 우리 모두가 마주한 시대적 질문이다. 자율 경제의 거대한 물결 앞에서 인간의 역할은 사라지는 것일까? 아니면 근본적으로 재정의되는 것일까?

    결론부터 말하자면 인간의 역할은 절대 사라지지 않는다. 오히려 더욱 중요해진다. 단, 그 역할은 기계와 경쟁하는 효율성의 영역이 아니라 기계가 가질 수 없는 의미와 목적의 영역으로 이동한다. 심리학자 조던 피터슨의 말을 빌리자면 "기계는 효율성을 추구하지만 인간은 의미를 찾는 존재"다. 인공지능이 어떻게how를 해결하는 문제를 푸는 데 탁월하다면 인간은 왜why 문제를 풀어야 하는지를 질문하고 결정해야 한다.

인공지능 에이전트와 스테이블코인의 조합은 명확한 규칙과 목표가 주어진 게임에서는 무적에 가깝다. 즉, "수익률을 최대화하라" "비용을 최소화하라"와 같은 명령을 인간보다 훨씬 빠르고 정확하게 수행한다. 하지만 이들은 스스로 게임의 규칙을 만들거나 게임의 목적 자체를 설정할 수는 없다. 2016년, 구글의 AI 알파고가 이세돌 9단을 꺾으며 전 세계에 충격을 주었지만 알파고는 왜 바둑을 두어야 하는지, 승리가 왜 중요한지는 영원히 이해할 수 없다. 마치 완벽한 성능의 계산기가 "왜 계산을 하는가?"라는 질문에 답할 수 없는 것과 같다.

기계는 효율을, 인간은 의미를 추구한다

자율 경제 시대에 인간이 기계와 차별화되는 고유한 역할은 네 가지 핵심 영역에서 더욱 빛을 발할 것이다. 첫째, '왜'를 묻는 목표 설정the visionary의 영역이다. 인공지능 에이전트는 당신이 원하는 수익률을 달성하는 최적의 방법을 찾아줄 수 있다. 하지만 당신이 왜 그 수익률을 원하는지, 그 돈으로 무엇을 이루고 싶은지에 대해서는 답을 줄 수 없다. 그 답은 개인의 가치관, 철학, 삶의 비전에 따라 달라진다. 단기 수익 극대화를 목표로 설정하면 인공지능은 가장 공격적인 전략을 택할 것이다. 지속 가능한 사회에 기여를 목표로 설정하면 ESG(환경, 사회, 지배 구조) 관련 자산에 투자할 것이다. 어떤 목표를 설정하고 어떤 가치를 추구할 것인지를 결정하는 게임의 설계자 역할은 온전히 인간의 몫으로 남는다.

둘째, 불확실성 속에서 예외 상황에 대응하는 판단력 the crisis manager의 영역이다. 인공지능은 과거의 데이터를 기반으로 미래를 예측한다. 하지만 현실 세계는 데이터에 없는 예외적 사건들로 가득하다. 2020년 코로나 팬데믹, 2022년 우크라이나 전쟁 그리고 예측 불가능한 지정학적 위기들은 과거 데이터의 패턴을 무용지물로 만든다. 실제로 많은 인공지능 트레이딩 시스템이 급격한 블랙 스완 이벤트 앞에서 큰 손실을 기록했다. 반면 역사적 통찰과 시대의 흐름을 읽는 직관을 가진 노련한 투자자들은 위기를 기회로 바꾸기도 한다. 이처럼 구조적인 변화와 불확실성 속에서 복합적 변수를 고려해 결단을 내리는 능력은 여전히 인간의 중요한 역량이다.

셋째, 인간 심리의 복잡성을 해독하는 사회적 맥락 이해 the contextualizer 영역이다. 금융과 경제는 숫자와 논리만으로 움직이지 않는다. 그 기저에는 인간의 탐욕, 공포, 희망 그리고 비이성적 열광이 흐르고 있다. 2021년을 휩쓴 밈 코인 Meme Coin 열풍을 생각해 보자. 어떤 인공지능도 인터넷의 농담 meme 문화에서 시작된 도지코인 Dogecoin이 수십조 원의 가치를 갖게 될 것이라고 예측하지 못했다. 사회적 트렌드, 문화적 코드, 인간의 집단 심리를 이해하고 이를 비즈니스 기회로 연결하는 능력은 여전히 인간이 AI보다 우위에 있다.

넷째, 옳고 그름의 경제를 설정하는 윤리적 판단 the ethicist 영역이다. 수익을 내는 것이 유일한 목표가 될 때, 인공지능은 윤리적으로 문제가 있는 방법을 택할 수 있다. 예를 들어 규제의 허점을 파고들어 사회적 약자를 착취하는 대출 상품을 만들거나 환경을 파괴하는 기업에 투자해 단기 수익을 올리는 식이다. "이것이 합법적인가?"를 넘어 "이것이 옳은가?"를 묻는 윤리적 판단은 기계에 위임할 수 없는 인간의 마지막 보루다. 자율 경제 시스템이 사회에 긍정적 영향을 미치도록 윤리적 가이드라인을 설정하고 끊임없이 감독하며 책임의 소재를 규명하는 역할은 더욱 중요해질 것이다. 인공지능과 인간의 관계는 대체가 아니라 협력이라는 기반 위에서 빛을 발할 수 있다. 인공지능은 인간을 반복적이고 고된 노동에서 해방시켜 더 높은 차원의 질문에 집중할 수 있도록 돕는 강력한 도구다.

우리는 지금 돈과 일의 미래가 새롭게 쓰이는 역사적 전환점에 서 있다. 거대한 변화의 물결 앞에서 우리는 기술을 두려워할 것이 아니라 기술을 활용해 인간의 삶을 어떻게 더 풍요롭게 만들 수 있을지 고민해야 한다. 반복적 계산과 분석은 인공지능에게 맡기고 인간은 우리만이 할 수 있는 일, 즉 새로운 가치를 창조하고 공동체의 비전을 제시하며 더 나은 세상의 의미를 묻고 답하는 일에 집중해야 한다. 기술이 발전할수록 우리는 역설적으로 더욱 인간다워져야 한다. 그것이 바로 스테이블코인과 인공지능이 열어가는 자율 경제 시대를 살아갈 우리 모두의 과제이자 기회다.

에필로그 1

디지털 사회에서
우리가 돈 버는 법

우리는 지금, 기술이 인간의 존재 방식을 근본적으로 바꾸는 시대를 살아가고 있습니다. 손에 잡히지 않는 코드와 숫자가 신뢰의 기반이 되는 세상, 즉 화면 속의 숫자를 진짜 돈처럼 믿는 시대입니다.

인공지능과 자동화는 산업 구조를 넘어 우리가 돈을 벌고 쓰는 방식을 재편하고 있습니다. 독일 철학자 리하르트 다비트 프레히트는 이러한 전환을 일찍이 예견했습니다. 그는 전통적 노동 중심 사회가 해체되고 디지털 기술과 금융 시스템이 결합된 새로운 경제 질서가 등장할 것이라 보았습니다. 그는 이렇게 질문합니다. "일하지 않아도 돈을 벌 수 있는 세상에서, 우리는 자본주의 안에서 어떻게 살아갈 것인가?" 이 글을 읽는 여러분도 아마 이와 비슷한 질문에 이끌려 여기까지 오셨을 것입니다.

지금 전 세계 스테이블코인 시장은 폭발적으로 성장하고 있습니다. 2025년 1월 기준, 스테이블코인 시장 규모는 약 2900억 달러에 달하며 디파이 생태계의 총예치자산도 약 1290억 달러로 꾸준히 증가하고 있습니다. 스테이블코인을 활용하는 인구는 매일 증가하고 기존 금융 시스템을 대체하거나 보완하는 디파이 플랫폼의 실험이 전 세계에서 진행되고 있습니다.

디지털 금융 혁명은 새로운 투자 수단의 등장, 그 이상의 의미가 있습니다. 이는 근본적으로 다른 금융 인프라, 다른 신뢰 구조, 다른 경제 질서의 출현을 의미합니다. 블록체인과 스마트 콘트랙트는 중개자 없이 거래를 가능하게 했고 모든 거래가 실시간으로 기록되고 추적되는 구조는 투명성과 효율성을 높였습니다. 예를 들어 스테이블코인을 통한 국경 없는 송금은 기존 은행보다 빠르고 저렴하며 디파이 프로토콜은 누구나 금융 서비스에 접근할 수 있는 문을 열었습니다. 이제 돈은 종이가 아닌 코드로, 신뢰는 국가가 아닌 알고리즘으로 옮겨 가고 있습니다.

고용이 명확하고 월급이 정기적으로 입금되던 시대는 점점 과거가 되고, 플랫폼 노동, 프리랜서 경제, 암호화폐 기반 수익 모델이 새로운 일상이 되고 있습니다. 디파이를 통해 누구나 자신의 자산을 예치해 이자를 벌거나 스테이블코인을 활용해 글로벌 시장에서 거래할 수 있는 시대입니다. 우리가 믿던 돈은 컴퓨터 속 숫자가 됐고 돈을 벌고 쓰는 방식은 점점 더 개인화되고 탈중앙화되고 있습니다.

하지만 디지털 경제로의 변화는 모두에게 기회의 문을 열어주지 않습니다. 디지털 경제는 부의 격차를 더 벌릴 가능성을 내포하고 있습니다. 기술에 접근하지 못하거나 디파이의 복잡한 생태계를 이해하지 못하는 이들은 소외될 수 있습니다. 암호화폐 시장의 투기적 열풍은 단기적 부를 좇는 이들에게 손실을 안기기도 했습니다. 2022년 테라 루나 사태는 스테이블코인의 안정성에 대한 신뢰를 흔들었고 그로 인해 수많은 투자자가 손해를 입었습니다. 또한 쿠팡 등 플랫폼 경제에서 노동자들은 여전히 불안정한 수입과 권리 침해에 직면해 있습니다. 이처럼 디지털 경제는 기회만큼이나 새로운 불평등과 불확실성을 낳고 있습니다.

디지털 경제로의 변화는 기술의 문제가 아니라 인간과 사회의 문제입니다. 스테이블코인과 디파이가 돈의 미래를 재정의한다면 우리는 그 속에서 어떤 가치를 지킬 것인지 고민해야 합니다. 기술이 변화의 동력이라면 정책과 윤리는 그 변화를 사람에게 맞추는 장치가 되어야 합니다.

이 책이 신뢰라는 키워드를 중심에 놓고 디지털 시대의 돈을 다시 바라보는 계기가 되길 바랍니다. 화폐와 금융, 돈을 벌고 쓰는 구조, 그리고 그 안에 놓인 인간의 위치를 다시 떠올려 보길 권합니다. 여러분께 마지막 질문을 드리고자 합니다. 우리는 어떤 인간상을 바탕으로 돈과 신뢰의 새로운 질서를 설계해야 할까요?

이지민

에필로그 2

변화의 물결 위에서
다시 신뢰를 묻다

지금 이 순간, 우리는 조용하지만 거대한 변화의 물결 위에 서 있습니다. 눈에 잘 띄진 않지만 그 파도는 점점 더 가까워지며 우리의 일상과 금융, 사고방식 전반에 큰 흔들림을 일으키고 있습니다. 그 중심에 바로 스테이블코인이 있습니다.

스테이블코인이라는 단어가 많은 이에게 아직 생소하고 낯설게 느껴질지도 모릅니다. 하지만 스테이블코인이라는 새로운 화폐의 흐름은 이미 우리가 살아가는 세상의 틈새로 스며들고 있습니다. 그 파동은 언젠가 우리가 돈을 보내고 받으며 저장하는 방식 자체를 근본적으로 바꿔 놓을지도 모릅니다.

돌이켜 보면 2022년, 디지털 세상은 NFT라는 새로운 대상에 열광했습니다. 사람들은 JPEG 한 장에 열광했고 소유라는 개념의 정의를 다시 썼습니다. NFT는 예술의 영역을 넘어 인간의 정체성과 감정 그리고 디지털 공간 안에서의 존재 의미까지 다시 묻는 계기를 만들어주었습니다. 그리고 이제 NFT 이후의 흐름은 가치의 상징에서 멈추지 않고 가치의 전송과 보존이라는 실용성과 기능성을 품은 스테이블코인으로 이어지고 있습니다.

이러한 변화가 유독 더 강렬하게 다가오는 이유는 단순합니다. 스테이블코인은 기술의 진보에 머무르지 않기 때문입니다. 그것은 우리로 하여금 '신뢰란 무엇인가', '돈이란 어떤 시스템 위에 존재해야 하는가'라는 오래된 질문을 다시 던지게 만듭니다.

오랜 시간 금융계에서 일하면서 저는 돈이란 단순한 숫자를 넘어 사람과 사람 사이의 신뢰를 토대로 만들어낸 하나의 약속이라는 것을 배웠습니다. 그렇기에 블록체인이라는 기술이 아무리 진보하더라도 결국 진짜 가치를 갖기 위해선 신뢰를 담보할 수 있는 구조가 필수임을 누구보다 실감해 왔습니다. 스테이블코인은 바로 그 중심에서 기술과 신뢰 그리고 현실 세계를 잇는 다리가 되어주고 있습니다.

우리가 은행에 돈을 맡기고 거래소에서 암호 자산을 사고 결제를 하며 무언가를 믿는 순간, 그 기반에는 언제나 눈에 보이지 않는 사람과 사람 사이의 약속 그리고 신뢰가 있었습니다. 그 신뢰가 무너지면 금융은 흔들리고 기술이 아무리 발달해도 무용지물이 됩니다. 블록체인이라는 기술이 아무리 정교하고 빠르게 진화해도 신뢰 기반의 설계가 없다면 그

것은 단지 복잡한 코드 덩어리에 지나지 않습니다. 스테이블코인이 흥미로운 이유가 바로 여기에 있습니다. 기술, 신뢰, 실생활에서의 필요성이라는 세 가지 요소를 모두 연결하려는 시도가 바로 스테이블코인이라는 새로운 화폐에서 이뤄지고 있기 때문입니다.

이 책을 집필하며 저는 수많은 질문과 마주했습니다.

"이 변화는 과연 일시적 유행일까, 아니면 진짜 흐름일까?"

"기술은 정말로 사람들의 삶을 바꿀 수 있는가?"

"우리는 이 거대한 전환의 순간에 어떤 선택을 해야 할까?"

정답은 아직 완성되지 않았습니다. 그리고 아마도 쉽게 나오지 않을 것입니다. 하지만 이 질문들에 대해 진지하게 고민해 보는 과정 자체가 이미 우리가 변화의 한가운데에 있다는 방증이 아닐까요?

스테이블코인을 통해 우리는 돈의 의미를 다시 정의하고 있습니다. 탈중앙화, 규제, 사용자 신뢰, 글로벌 송금, 디지털 결제 등 모든 키워드가 결국 한 가지 질문으로 귀결됩니다.

"우리는 무엇을 믿을 것인가?"

이 책이 독자 여러분에게 디지털 자산이라는 새로운 세계에 대해 조금 더 따뜻하게 다가갈 수 있는 문이 되었기를 바랍니다. 스테이블코인이 우리 시대의 기존 시스템을 넘어 새로운 장으로 나아가려는 징후이자 더 나은 금융 질서를 위한 여정의 시작임을 느꼈다면, 그것만으로도 이 책은 충분히 의미가 있었을 것입니다.

모든 변화는 낯섦을 동반합니다. 그 낯섦 속에는 언제나 두려움도 뒤따릅니다. 하지만 그 이면에는 희망과 가능성이라는 보석이 숨어 있기 마련입니다. 스테이블코인은 단지 기술이 아닙니다. 그것은 우리가 새로운 미래를 상상하고 그 안에서 살아갈 방법을 모색하는 사람들의 이야기입니다.

    이 책이 여러분의 마음에 작은 물결 하나를 남겼기를 바랍니다. 그리고 그 물결이 언젠가 여러분만의 생각과 삶 속에서 또 다른 변화의 씨앗이 되어 피어나기를 진심으로 소망합니다.

이은진

주

프롤로그

1. Helen Partz, *Stablecoin volumes surpassed Visa and Mastercard combined in 2024*, cointelegraph, 2025.1.31.

1장

1. Eric L. Cripps, https://cdlj.earth/articles/cdlj/2017-2.
2. Wikipedia, *History of Chinese currency*, https://en.wikipedia.org/wiki/History_of_Chinese_currency.
3. Glen Davies, *History of Money: from acient times to the present day*, 2002.
4. Manisha Patel, Safari Kasiyanto, Andre Reslow, *Positioning Central Bank Digital Currency in the Payments Landscape*, Fintech Notes 2024, 006, 2024.
5. 강민정, 이재희, 정원, 「소상공인 금융실태 및 시사점」, 2021.
6. 「2024년 가계부채 1,927조 원 최대치 기록」, 영남경제신문, 2025.02.18.
7. Bailey Decker , *Korea: Blanket Guarantee*, 1997, 2022.
8. Chunyu Yang, *What Ails Korea's Housing Market?*, 2021.

9. 「5개 은행 파생상품 손실 1조 2000억 원 넘어」, 경향신문, 2009.11.15.
10. 「은행들, 지난해 이자로만 60조 원 벌었다… 당기순이익 역대 최대」, 경향신문, 2024.02.08.
11. 2023년 국민은행 경영 현황 보고서, 2024.
12. 정상혁 신한은행장, 「비이자이익 늘려 순이익 '3.6조' 선방」, 한국금융, 2024.2.8.
13. 하나은행 경영 현황 공개 보고서, 2024.
14. 2023년 우리은행 현황.
15. KIS Credit Opinion: 농협은행, 한국신용평가, 2025.
16. 2023년 12월 금융기관 가중평균금리, 한국은행, 2024.
17. *World military spending hits $2.7trillion in record 2024 surge*, Reuters, 2025.4.28.
18. *China ramps up global yuan push, seizing on retreating dollar*, Reuters, 2025.4.30.
19. *China advances in 'Silent War' against US Dollar*, GlobalPost, 2025.8.8.
20. *How the war in Ukraine is accelerating international use of the yuan*, Le Monde, 2024.10.23.
21. *Creation of the Bretton Woods System*, Federal Reserve History, https://www.federalreservehistory.org/essays/bretton-woods-created.
22. Wikipedia, *Bretton Woods System*, https://en.wikipedia.org/wiki/Bretton_Woods_system.
23. *1973: The end of Bretton Woods When exchange rates learned to float*, Deutsche Bundesbank Eurosystem.
24. *Nixon Ends Convertibility of US Dollars to Gold and Announces Wage/Price Controls*, Federal Reserve History.
25. *Oil Embargo: 1973-1974*, Office of the Historian.
26. Hung Tran, *Is the end of the petrodollar near?*, atlantic council, 2024.6.20.
27. Wikipedia, *Saudi Arabia-United States Relations*, https://en.wikipedia.org/wiki/Saudi_Arabia%E2%80%93United_States_relations.
28. *Trump signs, executive order to establish government bitcoin reserve*, AP, 2025.3.7.

29. *USD Coin and USDT stablecoins occupy 90% market share: Report*, Yahoo Finance, 2025.3.19.
30. ERUC, Coinmarketcap, https://coinmarketcap.com/currencies/euro-coin/.
31. EURe, Coinmarketcap, https://coinmarketcap.com/currencies/monerium/.
32. XSGD, Coinmarketcap, https://coinmarketcap.com/currencies/xsgd/.

2장

1. CoinGecko, 2025.5 기준.
2. Jonathan Ponciano, *South Korea Issues Ban On ICOs As Trading Volume Climbs At Nation's Exchanges*, Forbes, 2017.9.29.
3. *Ethereum and the ICO Boom*, Cryptopedia, 2022.3.11.
4. David Z. Morris, *CoinDesk Turns 10: The ICO Era – What Went Right?*, Coindesk, 2023.7.3.
5. *The History of Stablecoins*, Deltec Bank.
6. *Beyond the Peg: An Analysis of Modern Stablecoin Ecosystems*, Tren Finance.
7. Wikipedia, *Tether*, https://en.wikipedia.org/wiki/Tether_%28cryptocurrency%29.
8. IQWiki, *USDT*, https://iq.wiki/wiki/tether.
9. Wikiepdia, *Stablecoin*, https://en.wikipedia.org/wiki/Stablecoin.
10. *Introduction to Stablecoins*, Stable School, 2025.2.25.
11. *Explore the latest articles*, Stable School, 2025.2.25.
12. *CDP-Backed Stablecoins: A Detailed Exploration*, Stables School.
13. *Collateralized Debt Position-backed Stablecoins: Step-by-Step Lifecycle of a CDP*, Stable School, 2025.2.25.
14. *Tether*, Messasri, https://messari.io/project/tether/profile.
15. Andrey Shevchenko, *Tether to report reserves and pay $18.5M fine after settlement with NYAG*, Cointelegrah, 2021.2.23.
16. *Stablecoin Stability Assessment: Tether(USDT)*, S&P Global, 2024.12.3.

17. *Runs and Flights to Safety: Are Stablecoins the New Money Market Funds?*, 2023.
18. Wikipedia, *Collapse of Silicon Valley Bank*, https://en.wikipedia.org/wiki/Collapse_of_Silicon_Valley_Bank.
19. Kevin George, *SVB Collapse Sparks Stablecoin Turmoil as USDC Loses Dollar Peg*, Investopedia, 2023.3.11.
20. Wikipedia, *Dai*, https://en.wikipedia.org/wiki/Dai_%28cryptocurrency%29.
21. MEW, *What is USDe?*, My Ether Wallet(MEW), 2025.5.9.
22. 0xKira, *$1.5 Billion TVL in Under 2 Months: What Is Ethena?*, Coinmarketcap, 2024.
23. *What is Ethena? A Comprehensive Guide to the Synthetic Dollar Protocol*, 2025.4.28., https://www.nansen.ai/post/what-is-ethena.
24. Alex Thorn, *Examining UST's Collapse*, Galaxy, 2022.3.13.
25. *Understanding the Demise of UST and What Makes a Stablecoin Stable*, PAXOS Blog, 2022.3.13.
26. White Star Capital, *Deep Dive: UST/LUNA Explained and The Future of Stablecoins*, medium, 2022.5.25.
27. Jordan Cole, *Understanding the Collapse of TerraUSD (UST): Lessons and Implications for Stablecoins in Cryptocurrency*, 2024.12.26.
28. Joshua Mapperson, *Stablecoin RAI launches, a pure, decentralized alternative for DeFi*, Cointelegraph, 2021.2.19.
29. *Reflexer Finance*, https://members.delphidigital.io/projects/reflexer-finance.
30. *Asset Tokenization: What It Is and How It Works*, Chainlink Blog, 2025.5.21.
31. *BlackRock Launches Private Tokenized Money Fund, BUIDL; BVI Domicile*, Crane Data, 2024.5.22.
32. *What is Ondo US Dollar Yield (USDY) and how does it work?*, ByBit, 2025.4.30.

3장

1. Shobhit Seth, *Public, Private, and Permissioned Blockchains Compared*, Investopedia, 2024.11.02.
2. *Blockchain Explained*, https://www.web3labs.com/blockchain-explained-what-types-of-blockchain-are-there.
3. Corey Barchat, *What is ERC20? A Guide to the Ethereum token standard*, 2024.12.6.
4. Jose Aquino, *What are ERC-20 Tokens?*, 2025.8.28.
5. *TRC20 Token Standard: Understanding TRC20 in the Tron Network*, Ecos Blgo.
6. *TRC-20: What is the token standard on the Tron Blockchain?*, Crypternon, 2025.5.30.
7. *What Is Tron (TRX) And How Does It Work?*, Cryptomus, 2025.2.25.
8. Jones, *A Deep Dive into Token Standards: ERC-20, BEP-20, TRC-20, and More*, 2025.6.3.
9. Wikipedia, *Smart Contracts*, https://en.wikipedia.org/wiki/Smart_contract.
10. 메이커다오 백서, MakerDao Technical Dcos, https://docs.makerdao.com/.
11. *What Was The DAO?*, Cryptopedia, 2025.8.23.
12. *Most Common Smart Contract Attacks*, Hacken, 2025.8.15.
13. 비트코인 백서, https://bitcoin.org/bitcoin.pdf.
14. Sankrit K., *Stablecoins vs. Bitcoin: 7 Major Differences Explained*, 2025.8.16.
15. Pablo D. Azar 외 10인, *Financial Stability Implications of Digital Assets*, Federal Reserve Bank of New York, 2024.
16. 이더리움 백서, https://ethereum.org/whitepaper/.
17. Shaun Paul Lee, *Ethereum and Tron Dominate Stablecoins With 83.9% Share, Valued at $144.4 Billion*, coingecko, 2024.9.30.
18. *Stablecoin Surge Incoming: Could Ethereum Benefit from This?*, moomoo, 2025.7.15.
19. Chainspect, https://chainspect.app/chain/solana.

20. Andrey Sergeenkov, *Ethereum's Surge Roadmap Targets 100,000+ Transactions Per Second*, Forbes, 2024.10.17.

21. Crypto Trailblazer, *How Many Transactions Per Second Ethereum Can Handle*, Bitget, 2025.5.11.

22. Matthew Nay, *State of Solana Q1 2025*, Messari, 2025.5.17.

23. Ethereum 노드 트래커, https://etherscan.io/nodetracker.

24. Ethereum 노드 트래커, https://ethernodes.org/.

25. Solana Validators 홈페이지, 2025년 5월 방문, https://solana.com/validators.

26. XRP Validators 홈페이지, 2025년 5월 방문, https://xrpscan.com/validators.

27. Kacper Michalik, *Solana vs. Ethereum: What's the Difference?*, builtin, 2025.8.21.

28. *Solana vs Ethereum: Which is Better in 2025?(Pros and Cons)*, Backpack Learn.

29. Jack Neureuter, *The Rise of Layer 2 Scaling on Ethereum*, Fidelity Digital Assets, 2023.5.11.

30. Scroll 기술 문서, https://docs.scroll.io/.

31. Lily Hay Newman, *Hacker Lexicon: What Are Zero-Knowledge Proofs?*, Wired, 2019.9.14.

32. Wikipedia, *Zero Knowledge Proof*, 2025.6.2., https://en.wikipedia.org/wiki/Zero-knowledge_proof.

33. *What Is a Blockchain Oracle?*, Chainlink, 2025.6.2.

34. Taha Zerarka, *A Deep Dive into Chainlink Oracles*, coinsbench, 2023.12.25.

35. Jin Kwon, *Every chain is an island: crypto's liquidity crisis*, Cointelegraph, 2025.4.20.

36. *Blockchain Interoperability Explained*, Light Spark, 2025.7.3.

37. *What Is a Cross-Chain Bridge?*, Chainlink, 2024.1.12.

38. *Lessons from the Wormhole Exploit: Smart Contract Vulnerabilities Introduce Risk; Blockchains' Transparency Makes It Hard for Bad Actors to Cash Out*, Chainlink Anlysis, 2022.2.3.

39. *What Is a Blockchain Bridge?*, ledger, 2022.4.19.

40. *What Is Blockchain Interoperability?*, Chainlink, 2023.8.9.

41. Jon Ganor, *Cross-Chain Messaging: The Key to Blockchain Interoperability*, ChainPort, 2025.3.27.
42. LayerZero 기술 문서, https://docs.layerzero.network.
43. IBC 홈페이지, https://ibcprotocol.dev.
44. Austin Weiler, *LayerZero: Scaling Stablecoin Issuers with the OFT Standard*, Messari, 2025.6.25.
45. *Digital Asset Custody and Transaction Processing Leading Practices Using Fireblocks' MPC solution*, Fireblocks Blog.
46. Salick Cogan, *Fireblocks' New Developer APIs: Build on Blockchain Without Complexity*, Fireblocks, 2025.3.27.
47. Harvey, *Sui Integrates with Fireblocks to Enable Institutional DeFi*, Suipiens, 2025.7.30.
48. Emily Ekshian, *What it Chain Abstraction and What Does it Solve?*, Crypto Council for Innovation, 2024.12.7.
49. *The definitive guide to chain abstraction*, Blockworks, 2024.5.24.
50. *Chain Abstraction and Improving the UX of Crypto*, EQ, 2024.7.1.
51. *Fireblocks and Chainlink Labs Announce Strategic Collaboration To Accelerate Regulated Stablecoin Issuance*, Fintech Finance News, 2024.9.17.
52. Particle 백서, https://whitepaper.particle.network/.
53. Near 기술 문서, https://docs.near.org/chain-abstraction/chain-signatures.
54. *What is NEAR's Chain Signatures?*, Messari, 2025년 7월 방문, https://messari.io/copilot/share/understanding-near-s-chain-signatures-67ec9493-afdd-415d-8427-27b737b48e82.

4장

1. 로버트 기요사키, 『부자 아빠 가난한 아빠』, 민음인, 2000.
2. 강민승, 조미현, 「트럼프 일가, 밈코인 만들더니…이번엔 스테이블 코인 출시」, 한경, 2025.3.29.

3. 「2030년, 스테이블코인 시장 규모 최대 3조 7,000억 달러 전망」, 블록미디어, 2025.5.13.
4. *Crypto-Assets Monitor*, IMF, 2025.5.23.
5. *Deposit Interest Rate in South Korea*, Trading Economics, 2025년 8월 방문, https://tradingeconomics.com/south-korea/deposit-interest-rate.
6. 대한민국 예금 이자율, Trading Economics, 2025년 8월 방문, https://ko.trading-economics.com/south-korea/deposit-interest-rate.
7. Amin Haqshanas, *Yield-bearing stablecoins surge to $11B, now 4.5% of market: Report*, cointelegraph, 2025.5.21.
8. USX 홈페이지, usx.captial.
9. Ondo Finance 홈페이지, https://ondo.finance/.
10. 아반트 홈페이지, https://www.avantprotocol.com/.
11. 팔콘 홈페이지, https://falcon.finance/.
12. 이주엽, 「시중은행 금리 1%대로 '뚝'… 저축은행은 3%대 '역주행'」, 인더스트리뉴스, 2025.7.17.
13. 강혜린, 「주담대 줄였더니 신용대출 급등…8월 가계대출, '4조 2천억' 증가」, 오피니언 뉴스, 2025.9.1.
14. Aave: The Basics, Global X, 2023.3.14.
15. 디파이라마 플랫폼 수수료 현황, Defillama, 2025년 9월 방문, https://defillama.com/fees.
16. Jona Jaupi, *Aave Outperforms DeFi Sector with 52% TVL Surge in Q2*, The Defiant, 2025.7.11.
17. Gino Matos, *Aave reaches multiple all-time highs as protocol hits $3 trillion deposits*, Crypto Slate, 2025.8.15.
18. Pendle 기술 문서, https://docs.pendle.finance/Introduction.
19. *What is Pendle Finance? Yield Tokenization Explained & How to Earn*, Nansen, 2025.5.30.
20. Sergey Boogerwooger, Pavel Morozov, *Yield Tokenization Protocols: How They're Made: Pendle*, Mixbytes, 2025년 9월 방문, https://mixbytes.io/blog/yield-tokenization-protocols-how-they-re-made-pendle.

21. Corwintines 외 19인, *Proof of Stake(POS)*, Ethereum, 2025년 8월 방문, https://ethereum.org/developers/docs/consensus-mechanisms/pos/.
22. Sophie Roots, *What Is Proof-of-Stake (PoS)? A Beginner's Guide*, Chagelly Blog, 2025.5.9.
23. Manoj Sharma, *How to Stake Ethereum*, Investopedia, 2025.7.1.
24. Gaurav Roy, *What is Ethereum Proof of Stake?*, Ledger Academy, 2023.2.16.
25. Lido 기술 문서, https://docs.lido.fi/.
26. Jacob Wade, *Ethereum Merge*, Investopedia, 2024.5.25.
27. Rahul Nambiampurath, 2022.10.13., https://thedefiant.io/education/defi/what-is-lido.
28. Beefy 기술 문서, https://docs.beefy.finance/beefy-products/vaults.
29. *What is Beefy Protocol? Ultimate Guide to Automated Yield Farming*, Nansen, 2025.5.26.
30. *What is Beefy? All You Need to Know About BIFI*, Gate, 2024.5.30.
31. *Uniswap 101: What is Uniswap?*, Uniswap Labs, 2023.6.1.
32. 유니스왑 디파이라마 수치, https://defillama.com/protocol/uniswap.
33. 유니스왑 기술 문서, https://docs.uniswap.org/contracts/v2/concepts/advanced-topics/understanding-returns.
34. Michael Egorov, *Curve (CRV): How it Works*, Cryptopedia, 2025.6.5.
35. Anthony Clarke, *Curve Finance Review: What is CRV and Curve DeFi?*, 99Bitcoin, 2025.5.28.
36. *Curve Your Enthusiasm: Curve and the Curve Ecosystem DeFi Primer*, Amberdata, 2024.6.19.
37. Curve Finance 기술 문서, https://resources.curve.finance/crv-token/faq/.
38. *'White hat' hacker behind $610m crypto heist returns most of money*, The Guardian, 2021.
39. *DeFi Protocol Hacks: Understanding Security Risks and Solutions*, startup defense.
40. Nexus Mutual 기술 문서, https://docs.nexusmutual.io/overview/cover-products/.

41. Jones, *Create a DeFi Insurance Protocol Like Nexus Mutual: Protecting Users Against Smart Contract Risks*, Blockchain App Factory, 2025.6.13.

5장

1. https://www.youtube.com/watch?v=Bp-zX3Q0FE0&t=7s.
2. https://www.youtube.com/watch?v=sXXflLyuqDg.
3. 에테나 홈페이지, https://ethena.fi/.
4. 에네타 기술 문서, https://docs.ethena.fi/video-guides/how-to-stake-usde.
5. https://aave.com/.
6. 아베 기술 문서, https://aave.com/docs.
7. Gino Matos, *Aave reaches $41.1 billion TVL record, equivalent to being the 54th largest US bank*, Yahoo Finance, 2025.8.26.
8. 도예리, 「[정부 보고서-디파이AtoZ] ②디파이는 머니레고⋯레고 쌓듯 코드 조합으로 다양한 서비스 가능해」, 디센터, 2021.2.26.
9. Marcin Kazmierczak, *The Era of Real-World Assets DeFi Looping is Here*, CoinDesk, 2025.8.21.
10. 이더파이 홈페이지, https://www.ether.fi/cash.
11. Etherfi 기술문서, https://etherfi.gitbook.io/etherfi.
12. *Who Was to Blame for the Subprime Crisis?*, Investopedia, 2024.8.31.
13. Yuliya Demyanyk, Otto Van Hemert, *Understanding the Subprime Mortgage Crisis*, 2008.
14. Will Kenton, *Subprime Meltdown: What Was It, What Happened, Consequences*, Investopedia, 2024.9.10.
15. *How Does DeFi Enhance Transparency in Transactions?*, Block Telegraph, 2025.2.2.

6장

1. Rahul Nambiampurath, *What Was Terra?*, Defiant, 2022.10.31.
2. Jefferson W., *Terra LUNA/UST Collapse Was it Fraud?*, Bianace Sequare.
3. Rahul Nambiampurath, *SEC Sues Terra Founder for Fraud, Says Kwon Removed 10,000 Bitcoin From Ecosystem*, Investopedia, 2023.2.17.
4. *The Collapse of Anchor*. Greythorn, 2022.6.8.
5. Brady Dale, *Why Terra's stablecoin fell apart as bitcoin fell: Report*, Axios, 2022.6.6.
6. Andrew R. Chow, *The Real Reasons Behind the Crypto Crash and What We Can Learn from Terra's Fall*, Time, 2022.5.17.
7. *Do Kwon*, Wikipedia, 2025년 8월 방문, https://en.wikipedia.org/wiki/Do_Kwon.
8. *Stablecoin depegging: The what and why*, Kraken, 2024.12.5.
9. Elizabeth Howcroft, Gertrude Chavez-Dreyfuss, Hannah Lang, *Crypto collapse intensifies as stablecoin Tether slides below dollar peg*, Reuters, 2022.3.13.
10. William Foxley, *MakerDAO Adds USDC as DeFi Collateral Following 'Black Thursday' Chaos*, Coindesk, 2020.3.18.
11. *Paxos Will Halt Minting New BUSD Tokens*, Paxos, 2023.2.13.
12. Kevin George, *Binance and Paxos Caught up in Crypto Regulatory Crackdown*, Investopedia, 2023.2.13.
13. Cristina Polizu, Anoop Garg, Miguel de la Mata, *Stablecoins: A Deep Dive into Valuation and Depegging*, S&P Global, 2023.9.7.
14. *USD Coin value falls after revealing $3.3bn held at Silicon Valley Bank*, The Guardian, 2023.3.11.
15. Rashad Ahmed 외 2인, *Public information and stablecoin runs*, 2025.
16. Antonio Briola, David Vidal-Tomás, Yuanrong Wang, Tomaso Aste, *Anatomy of a Stablecoin's failure: The Terra-Luna case*, 2023.
17. *Notice Regarding Paxos-Issued BUSD*, Department of Financial Services, New York State.

18. *Reentrancy Attack in Smart Contracts*, Metana, 2024.11.10.
19. Mustafa Akbulut, *Reentrancy Attack in Smart Contracts*, 2024.8.25.
20. *What Was The DAO?*, Cryptopedia, 2025.8.23.
21. 써틱 홈페이지, https://www.certik.com/products/smart-contract-audit.
22. *Top 10 Blockchain Security Companies: Protection Against Potential Attacks*, Binance Square, 2023.6.10.
23. Jona Jaupi, *DeFi TVL Surges 41% in Q3 to Three-Year High*, Defiant, 2025.9.4.
24. *What Are Flash Loans?*, Chainlink, 2023.5.24.
25. *Oracle Manipulation Attacks are Rising, Creating a Unique Concern for DeFi*, Chainalysis, 2023.3.7.
26. *10 Common DeFi Security Risks & How to Mitigate Them*, Security Sense, 2024.12.16.
27. Daniel Vahedi, *Tether vs. MiCA: Why USDT Is No Longer Available in the EU*, O2K, 2025.6.9.
28. Helen Partz, *Crypto.com to delist Tether USDT, 9 other tokens in Europe on Jan. 31*, Cointelegraph, 2025.1.29.
29. Jared Kirui, *Binance Finally Delists Tether USDT from European Spot Trading in Compliance with MiCA*, Finance Magnets, 2025.1.4.
30. *ESMA and the European Commission publish guidance on non-MiCA compliant ARTs and EMTs (stablecoins)*, ESMA, 2025.1.17.
31. *ESMA Q&A*, ESMA, 2025.1.17.
32. *What MiCA Means for Tether (USDT): Delistings, Custody and the Future of Stablecoins in the EEA*, Vaultody, 2025.4.1.
33. Lorena Nessi, *USDT Being Delisted in Europe? MiCA-Compliant Stablecoin Alternatives To Consider*, CCN, 2025.3.17.

7장

1. 카펠라 호텔 그룹 홈페이지, https://capellahotelgroup.com/digital-payment-to-

kens/.

2. Adrian Zmudzinski, *Western Union joins stablecoin race, eyes crypto partnerships*: CEO, cointelegraph, 2025.07.22.

9장

1. *Worldpay's Global Payments Report 2025*.
2. Sveriges Riksbank, *2024 Payments Report*.
3. Atlantic Council, 2025, https://www.atlanticcouncil.org/cbdctracker/.
4. *CBDC vs Stablecoins*, Stable School, 2025.8.1.
5. *The Current State of Central Bank Digital Currencies (CBDCs) in 2023*, Chainanalysis, 2023.3.27.
6. Sandra Waliczek, *CBDCs come in two forms: retail and wholesale. What's the difference?*, World Economic Forum, 2024.2.6.
7. Digital Sand Dollar 공식 웹사이트, https://www.sanddollar.bs/.
8. Wenker, *Retail Central Bank Digital Currencies (CBDC), Disintermediation and Financial Privacy: The Case of the Bahamian Sand Dollar*, 2022.
9. Nicholas Anthony, *CBDC Lessons from the Caribbean: Analyzing Central Bank Digital Currency Adoption in Jamaica and The Bahamas*, CATO Institute, 2025.7.24.
10. IMF, 2023년 인터뷰.
11. *Implementing a CBDC: Lessons Learnt and Key Insights Policy Report*, Central Bank Digital Currencies Working Group, 2020.
12. 디지털화폐 활용성 테스트(프로젝트 한강), 한국은행, https://www.bok.or.kr/portal/bbs/B0000544/view.do?nttId=10090439&menuNo=201671.
13. 문성주, 「한은 CBDC 실험 두 달…금융권 "프로젝트 한강…갈 길 멀다"」, 뉴스웨이, 2025.5.28.
14. 박유민, 「'절반의 성공' CBDC 한강 프로젝트…예금토큰 지갑 8만 개 개설」, 전자신문, 2025.6.29.

15. 「IMF 부총재 "스테이블코인, 분류 명확해야…기준 없인 금융 혼란 커질 것" 경고」, 블록미디어, 2025.6.26.
16. Barry Elad, *Crypto Regulations in China Statistics 2025: Bans, Trends, and Hidden Impacts*, Coin Law 2025.8.25.
17. Stewart Paterson, *China's quiet inroads on its digital currency for global trade*, Hinrich Foundation, 2025.5.27.
18. Yuliya Guseva 외 2인, *On the Coexistence of Stablecoins and Central Bank Digital Currencies*, 2024.
19. Sam Reynolds, *Donald Trump Vows to 'Never Allow' Central Bank Digital Currencies if Elected*, Coindesk, 2024.3.9.
20. Ian De Bode, Matt Higginson, Marc Niederkorn, *CBDC and stablecoins: Early coexistence on an uncertain road*, McKinsey and Company, 2021.10.11.
21. *Governor Ron DeSantis Signs First-in-the-Nation Legislation to Protect Against Government Surveillance of Personal Finances*, Executive office of the governor Ron Desantis, 2023.5.12.
22. Stephanie Murray, *DeSantis touts bill that would ban use of any Fed-backed digital currency in Florida*, The Block, 2023.3.20.
23. *CFTC Orders Tether and Bitfinex to Pay Fines Totaling $42.5 Million*, Commodity Futures Trading Commission, 2021.10.15.
24. *Crypto firms Tether, Bitfinex to pay $42.5 mln to settle U.S. CFTC charges*, Reuters, 2021.10.16.
25. Guneet Kaur, *Privacy implications of central bank digital currencies (CBDCs): a systematic review of literature*, tandfonline, 2024.
26. Norbert Michel, *Digital Dollar Dilemma: The Implications of a Central Bank Digital Currency and Private Sector Alternatives*, CATO Institute, 2023.9.14.
27. *Central bank digital currencies: System design*, BIS, 2024.
28. *Central Bank Digital Currencies (CBDCs) and democratic values*, OECD, 2023.
29. Rakesh Arora, Han Du, Raza Ali Kazmi, Duc-Phong Le, *Privacy-Enhancing Technologies for CBDC Solutions*, Bank of Canada. 2025.1.8.

13장

1. 다오 운영 데이터, https://deepdao.io/organizations.
2. Nerite 기술 문서, https://docs.nerite.org/docs/user-docs/streaming.
3. *2024 Work Trend Index Annual Report*, Microsoft, 2024.
4. *Introduction to Decentralized Autonomous Organizations(DAOs)*, Chainanalysis, 2023.4.7.
5. Nathan Reiff, *Decentralized Autonomous Organization(DAO): Definition*, Purpose, and Example, Investopedia, 2025.4.14.
6. Miles Jennings, *The end of the foundation era in crypto*, a16z Crypto, 2025.6.2.
7. *Arbitrum DAO shaken after $6.5 million in votes bought for just 5 ETH*, Mitrade, 2025.4.9.
8. *User spends $10k to control $6.5M in votes on Arbitrum DAO, sparks governance concerns*, Coinmarketcal, 2025.
9. Cupojoseph, *Arbitrum DAO's Delegate Engagement Apathy Determent program (Arb DAO DEAD Program) – Pilot*, Arbitrum Forum, 2024.
10. *Proposal: Roll back the changes introduced in the Delegate Incentive Program (DIP) v1.6 and v 1.7*, Arbitrum Forum, 2025.

스테이블코인 부의 대이동

초판 1쇄 발행 2025년 10월 13일
초판 2쇄 발행 2025년 11월 14일

지은이 이지민, 이은진
펴낸이 김선식

부사장 김은영
콘텐츠사업본부장 임보윤
책임기획 여소연 **책임편집** 여소연 **디자인** 마가림 **책임마케터** 이현주
콘텐츠사업1팀장 한다혜 **콘텐츠사업1팀** 윤유정, 문주연, 조은서, 여소연
마케팅사업팀 이고은, 지석배, 최민경, 이현주, 김은지
브랜드사업본부 정명찬 **브랜드홍보팀** 오수미, 서가을, 박장미, 박주현
홍보1팀 김민정, 변승주, 홍수경
영상홍보팀 이수인, 염아라, 이지연, 노경은
편집관리팀 조세현, 김호주, 백설희 **저작권팀** 성민경, 이슬, 윤제희
재무관리팀 하미선, 임혜정, 이슬기, 김주영, 오지수
인사총무팀 강미숙, 이정환, 김혜진, 황종원
제작관리팀 이소현, 김소영, 김진경, 이지우, 황인우
물류관리팀 김형기, 김선진, 주정훈, 양문현, 채원석, 박재연, 이준희, 문명식

펴낸곳 다산북스 **출판등록** 2005년 12월 23일 제313-2005-00277호
주소 경기도 파주시 회동길 490 다산북스 파주사옥
전화 02-704-1724 **팩스** 02-703-2219 **이메일** dasanbooks@dasanbooks.com
홈페이지 www.dasan.group **블로그** blog.naver.com/dasan_books
용지 신승INC **인쇄·제본** 한영문화사 **코팅·후가공** 평창피엔지

ISBN 979-11-306-7052-2 (03320)

- 책값은 뒤표지에 있습니다.
- 파본은 구입하신 서점에서 교환해드립니다.
- 이 책은 저작권법에 의하여 보호를 받는 저작물이므로 무단 전재와 복제를 금합니다.

> 다산북스(DASANBOOKS)는 책에 관한 독자 여러분의 아이디어와 원고를 기쁜 마음으로 기다리고 있습니다.
> 출간을 원하는 분은 다산북스 홈페이지 '원고 투고' 항목에 출간 기획서와 원고 샘플 등을 보내주세요.
> 머뭇거리지 말고 문을 두드리세요.